誰もがその顚末を話したくなる 日本史のネタ全書

歴史の謎研究会［編］

青春出版社

はじめに

知っているようで知らないのが日本の歴史。学校の授業で学ぶのは、歴史のほんのさわりだけで、その陰には、無数の興味深い事実が存在しています。

たとえば、弥生時代に「銅鐸《どうたく》」という道具が使われていたことは、知られているとおりですが、では、あなたは、古代の人々が銅鐸の原料の青銅をどうやって入手していたかご存じでしょうか？　あるいは、古墳時代には巨大な古墳群が造られましたが、どのような人々が巨大建造物を設計し、現場を監督していたか、ご承知でしょうか？

そして、時代は下り、戦国時代。大合戦の後、兵士らの遺体は誰がどうやって片づけていたのでしょう？　お城の石垣用の巨石はどこからどうやって運んできたのでしょうか？

というわけで、知っているつもりの歴史的事実でも、その周辺を少し掘り下げるだけで、初耳の話が溢れ出てくるのが、日本史の奥深さ。「誰もがその顚末を話したくなるネタ」を集めたこの本で、歴史の深層まで達していただければ幸いに思います。

２０１６年７月

歴史の謎研究会

4 刻印
どうして無人島にも古墳があるの？……125

5 運命
なぜ高橋是清はアメリカで「奴隷生活」を味わった？……147

目　次

7事情 律令時代の役人の「勤務時間」はどうなっていた？ 239

◉カバー写真提供　shutterstock
alphabe/shutterstock.com

◉本文写真提供　shutterstock
Miloje/shutterstock.com
Ola Tarakanova/shutterstock.com

◉DTP　フジマックオフィス

1 核心

信長、秀吉はなぜ「将軍」にならなかった？

そもそも、巨大な古墳を造った目的は？

ヤマト王権が日本統一に向かう四世紀から六世紀にかけての時代を「古墳《こふん》時代」と呼ぶ。数々の豪族が生まれ、またヤマト王権が誕生して、有力者の墓である古墳が多数造られた時代だ。そして、ヤマト王権の勢力拡大によって、古墳は各地へ広まっていく。

そもそも古墳は、水田経営を積極的に進めた豪族たちが、自らの開発地域を一望できる場所に墓所を造営したことが始まりだとみられる。そして、豪族の力が高まると、「首長霊信仰」が生まれ、巨大な墓所が次々と造られるようになったと考えられている。

当時の「首長」とは、蘇我《そが》氏や物部《もののべ》氏といった中央政界で力をもつ豪族や、地方を支配する豪族を束ねる者のこと。たとえば、蘇我氏という組織全体が「豪族」であり、蘇我馬子のような人物が「首長」となる。

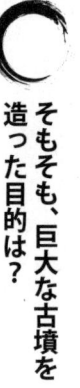

豪族を率いる首長は、その家の神が守る唯一の人間として、豪族の構成員に命令を下すことができる。そして、首長が死ぬと、首長霊の一員となって、次の首長を守る。したがって、新たな首長は、前の首長のため、神を祀るにふさわしい墓を造る必要があり、当時の最高の技術を駆使して古墳がつくられることになった。逆にいえば、先代の古墳を築く人物こそ、周りから正統な後継者と認められたのだ。

もちろん、もっとも有力な首長が「大王《おおきみ》」だった。大王を守る首長霊は日本全体を支配すると考えられ、その古墳はいよいよ巨大化していくことになった。

隋の人々は、七世紀前半の日本人をどう見ていた？

『隋書《ずいしょ》』東夷伝《とういでん》は、倭国の政治制度や社会、風俗が記され、七世紀前半の日本の様子を知るうえで貴重な資料となっている。

たとえば、服装については、男性は肌着をつけるが、袖は小さく、漆《うるし》を塗った浅い木の履《くつ》を足にくくりつけていると紹介されている。また、頭に冠をかぶることはなく、髪を両耳に垂らしているとも記されている。また、婦人は、髪を後ろに束ね、肌着をつけていたという。竹を薄くそいで櫛《くし》とし、草を編んで敷物としていると書かれている。

食事は、皿や食卓はなく、カシの葉を敷いて手で食べる。結婚は自由恋愛で行われ、花嫁が初めて夫の家に入るときには、必ず火をまたぐ習慣があったという。また、漁獲の方法として鵜飼《うかい》が行われ、囲碁《いご》、双六《すごろく》など博打《ばくち》が好まれていたという。

地方の政治については、地方長官のような存在が一二〇人いて、その下に、八〇戸に一人のリーダーがいるという二段階の行政組織が存在したという。

刑罰については、殺人、強盗、姦通《かんつう》は死罪で、窃盗《せっとう》には財産刑が課されていた。財産のない者は、被害者の奴婢《ぬひ》となった。また、罪状の軽重によって、流罪や杖罪《じょうざい》もあった。犯人を調べる際には、熱湯のなかの小石を拾い上げさせたり、甕《かめ》のなかのヘビをつかませるといった拷問も行われていたと伝えられている。

ヤマト王権が都を転々とさせた動機はどこにあった？

大化の改新後、孝徳天皇は、都を飛鳥（現在の明日香村付近）から、難波宮《なにわのみや》（現在の大阪市中央区）へ遷《うつ》す。飛鳥が蘇我氏の勢力圏だったからだ。

しかし、その後、飛鳥へ戻ったかと思えば、天智天皇の時代には、飛鳥から近江（滋賀県大津市）へ遷し、壬申《じんしん》の乱で勝った天武天皇は、再び飛鳥へ都を戻し、その後、藤原京（奈良県橿原《かしはら》市）へと遷される。

ヤマト王権がこのように都を転々と遷したのは、政治的な思惑のほかにも、いくつかの動機があったと考えられている。まず、この時代は、天皇中心の政治だったため、天皇が死ぬと、穢《けが》れを忌んで都を遷すことがあった。また、当時は、宮殿や貴族の邸宅といっても、基本的には掘立柱建築だったので、耐用年数はそう長いものではなかった。しかも、都の規模が簡単に遷せるほど、小さかったこともある。

さらに、道路網が整備されていなかったため、皇室所領からの収穫を一ヵ所に集めることが難しかった。そこで、収穫を動かすのではなく、天皇のほうが地方の所領を移動していくほうが効率的だったという見方もある。

ところが、社会全体が複雑化すると、政治効率の点から、都を固定することが必要になる。また、律令国家となって中央集権化が進むと、官僚の人数が増え、邸宅などの規模も大きくなって、計画的な都の築造が求められるようになった。こうして造られたのが、中国の都をモデルに、日本で初めて条坊制《じょうぼうせい》を取り入れた藤原京だった。藤原京は、持統天皇時代の六九〇年に着工され、六九四年に完成した。

平城京が短命に終わり、平安京が長く栄えた理由は？

藤原京、平城京、平安京といえば、いずれも古代日本に造られた都。すべて、中国の長安を真似て造られ、道路が碁盤の目のようになっている「条坊制」が採用されていた。

三都の規模は同じくらいで、一番大きいのは藤原京の二十五平方キロ。平城京の二十四平方キロ、平安京の二十三平方キロと続くが、おおむね似たような広さだ。

これだけ似通った三都だが、違いもある。最大の違いは、周辺に大きな河川が流れているかどうかである。奈良の内陸盆地にある藤原京、平城京の周辺には、大きな河川がなかった。そのため、都への人・物の出入りは、陸路のみにとどまった。

一方、平安京の近くには淀川水系がある。淀川を下れば、大阪湾、瀬戸内海という水上交通の要路へ出ることができる。一方、淀川を上れば、日本最大の湖である琵琶湖に到着する。そこから山を一つ越えれば、もう日本海だ。平安京は、陸路の交通の要衝になる条件だけでなく、水路の要衝にもなる条件を備えていたのである。

船を使った水上交通では、馬や人の力頼みの陸上交通よりも大量の物資を運搬できる。平安京には、全国から大量の物資が流入し、商業、工業が発達するようになったのだ。

振り返れば、藤原京、平城京、平安京は、すべて政治都市として生まれた。藤原京、平城京は、最後まで政治都市のままだったが、水上交通によって大量の物資が集散するようになった平安京には、商業都市、工業都市という一面も加わった。

平安京には、物資に加えて人も集まることで、長い間栄えたのだ。

坂上田村麻呂の時代、東北まで進軍できる道があったのか？

奈良時代から平安時代にかけて、朝廷が頭を痛めたのは、東北地方の統治・経営である。蝦夷《えみし》がときおり反乱を起こすと、その平定のため、都から大軍勢を送りこまなければならなかったのだ。

この蝦夷平定をなし遂げたヒーローといえば、坂上田村麻呂《さかのうえのたむらまろ》である。田村麻呂は、八世紀末から蝦夷平定に加わり、七九七年（延暦一六）には征夷大将軍に任ぜられている。

田村麻呂の成功を陰で支えたのは「道路」である。その時代には、すでに大軍勢を東北まで進軍させられるだけの道路が整備されていた。古代王朝は、租税を全国から都へ集めたこともあって、地方道路網の整備に大きな勢力を注ぎ込んでいたのだ。

古代の道路は、都と地方を結ぶルートを中心に整備された。なかでも幹線となったのは、大和と筑紫の大宰府を結ぶ山陽道だ。東北方面には、都から東山道が造られた。東山道は、美濃から飛騨、信濃を抜け、いまの前橋市を通って、いまの宮城県の内陸部から日本海側にはいり、最終的にはいまの秋田県まで達していた。田村麻呂率いる軍勢は、おもにこの東山道を通って、東北に遠征したのだ。

　その道幅は広く、幹線道路の場合、十メートル以上に達することもあった。東山道の一部が埼玉県所沢市で発掘されたが、道幅は十二メートルもあった。それだけ広い道があれば、大軍勢も容易に移動できたというわけだ。

藤原氏が宮廷で権力を掌握できた本当のワケは？

　奈良・平安時代は、藤原氏が長く政治の中枢を占めた時代である。藤原氏は、婚姻政策によって、天皇家と結びつくという手口で、政権を掌握《しょうあく》しつづけたといっていい。

　その原型は、一族の祖である藤原鎌足の息子、藤原不比等《ふひと》にある。藤原不比等は、天武天皇の時代から自らの政治的力量によって出世した人物だったが、その一方で、不比等は天皇家と通婚を図った。不比等は、娘・宮子を文武天皇の夫人に稼がせ、彼女は聖武《しょうむ》天皇の生母となる。さらに、不比等の光明子という娘は、聖武天皇の皇后となる。彼女が生んだのが、後の孝謙《こうけん》天皇である。不比等は、臣下の者の娘が皇后となる道を開き、自らは天皇の祖父という地位を獲得したのだった。

　不比等の子孫らは、その手法を習い、権力の拡大に役立てた。たとえば、藤原冬嗣《ふゆつぐ》の娘・順子は仁明《にんみょう》天皇に嫁ぎ、文徳天皇を生んでいる。冬嗣の子・良房は、彼の娘・明子を文徳天皇の皇后とし、この夫婦からは清和天皇が生まれている。その後、清和天皇が幼くして即位したため、良房が摂政となり、政権を掌握した。良房は、皇族以外から誕生した初の摂政だった。

以後も同様の手口で、藤原氏は天皇家の外戚となり、宮廷を操った。最盛期の道長に至っては、五人の娘を天皇に嫁がせ、後一条、後朱雀《ごすざく》、後冷泉《ごれいぜい》天皇と、三代にわたる天皇の外祖父として君臨したのである。

『万葉集』はそもそもどんな構成になっている？

『万葉集』には、全二〇巻、四五〇〇以上の歌が収められている。天武天皇や額田《ぬかたの》王《おおきみ》ら高貴な人々の歌があったかと思えば、「よみ人知らず」の歌も多い。雑多な歌をどのようにして一つの歌集にまとめたかをめぐっては、古来いろいろな説が唱えられてきた。

『万葉集』の最終的な編者は、政治家としても力のあった大伴家持《おおとものやかもち》だったとされる。ただ、大伴家持が一人で編纂したものではなく、家持は、すでにまとまりつつあったものを最終的に編纂したという見方が強い。

じつのところ、『万葉集』は日本最古の歌集ではなく、それ以前にも歌集のようなものはあった。編者不明の「古歌集」、柿《かきの》本人麻呂《もとのひとまろ》や他の歌人の歌を集めた「柿本朝《かきのもとのあそ》臣人麻呂歌集《みひとまろのかしゅう》」、山上憶良《やまのうえのおくら》が集めた「類聚《るいじゅう》歌林《かりん》」などだ。それらが大伴家持のもとに集められ、整理されたと考えられるのだ。

『万葉集』全二〇巻は三層構造になっていて、額田王、天智天皇、柿本人麻呂ら八世紀初頭までの歌をまとめた一～二巻が一層目。

三～一六巻は二層目にあたり、一～二巻の増補版と考えることができる。三～四巻に八世紀半ばまでの歌を集め、あとはテーマ別にまとめられている。

一七～二〇巻は三層目となり、大伴家持の歌日記のようなもので、異色の部分といことができる。

平氏を祖先とする北条氏が源氏をかついだ理由は？

鎌倉幕府は、源頼朝によってはじまるが、源氏は三代で跡継ぎを失う。源氏に代わって、鎌倉幕府の実質的な主導者となったのは、北条一門である。北条一族のトップが執権として幕政を担い、モンゴル軍の襲来にも対抗した。

その北条氏、もともとは源氏と対立する一族である。北条一族は、平家を祖先とするのだ。

北条氏は、桓武平氏の流れをくみ、平直方を始祖とする。平直方は、一族の内紛から、平忠常を追討するため、京都から関東に向かった。この追討はうまくいかず、平直方一族は、伊豆の北条という地（現・静岡県伊豆の国市）に土着。その地名から、北条氏と呼ばれるようなった。

平氏である北条氏が、源氏の頼朝をかついだのは、色恋沙汰からである。源頼朝は一一五九年（平治元）の平治の乱で父義朝に従って敗れ、伊豆に流された。その頼朝の動向監視役の一人が北条時政だったが、その時政の娘である政子は、頼朝と恋仲になる。

やがて、源頼朝と北条政子は結婚。こうなると、平氏の流れをくむ時政も、源平どちらの味方をするか、思案せざるをえない。当時、時政は、京都の情勢を見てきたばかりであり、時政は、平家政権にヒビがはいりはじめていることに気づいていたのだろう。時政は、源氏をかつぐことを選択し、以降、時政は頼朝の補佐役となる。

実際のところ、頼朝は京都育ちのため、関東に地縁・血縁があったわけではない。また、源氏の名は全国で通用しても、人は名前だけで動くものではない。関東に地盤を築き、打倒平氏に向かうには、北条一族の手助けが不可欠だったのだ。

頼朝と政子の間には、二人の息子がいて、頼朝の死後、二人とも将軍となる。二代頼家、三代実朝とつづくが、彼らは北条の血もひいた者だ。北条氏は、将軍家の外戚としての地位を得て、他の関東の豪族を制していくことになる。

暗殺された源実朝の首が、その後行方不明になったのはなぜ？

鎌倉幕府の三代将軍・源実朝は、悲劇の将軍といわれる。実朝は、源頼朝と北条政子との間に生まれた次男である。兄・頼家が二代将軍となるものの、乱脈な言動から廃されたため、一一歳の若さで三代将軍となった。

当時、彼の周辺では、さまざまな暗闘がくりひろげられていた。鎌倉幕府と京都の朝廷は対立、幕府内部でも御家人同士が対立していた。幕府の内外で、実朝を亡き者にしたいという策謀が渦巻いていた。

そんななか、実朝は苦悩し、和歌の世界にはいっていった。また、中国・宋に渡るという計画を建てて大船を建造させたが、これは失敗に終わっている。

実朝が暗殺されたのは、一二一九年（承久元）正月二七日のこと。右大臣昇進の拝賀のため、鶴岡八幡宮に参詣した折り、甥の公暁《くぎょう》に襲われ、その首をはねられた。公暁の犯行動機は謎であり、背後に黒幕がいたともささやかれる。北条氏が操っていたとも、三浦一族が動いていたともいわれる。

暗殺後、公暁は、実朝の首を持って逃走する。途中、後見人であった備中阿闍梨《びっちゅうあじゃり》の元に立ち寄って、食事をしているが、そのときも実朝の首を傍らに置いていたという。

公暁は、実朝の首を持ったまま、三浦義村の元に向かうが、ここで執権・北条義時が公暁を討ち取るよう、御家人らに命じる。義村は、長尾定景を討手に命じ、定景は、義村のもとに向かう途中の公暁に遭遇、討ち取っている。このとき、定景は、公暁の首を義村の元に持ち帰ったのだが、その後実朝の首は、いったんどこにいったかわからなくなってしまった。

実朝の首が行方不明状態のまま、葬儀は首なし遺体のまま行われた。埋葬されたのは、実朝の首から下だけである。

その後、実朝の首は、雪の中から発見された。ただ、その首がどこで荼毘《だび》に付され、どうなったかは史書は伝えていない。

戦国時代、室町幕府は何をしていたのか？

足利尊氏によって室町幕府が開かれたの

は、一三三六年のこと。最後の足利将軍である十五代義昭《よしあき》が信長によって京都から追放され、同幕府が完全に滅びるのが、一五七三年である。

一応、この年まで室町幕府は存在していたことになり、室町時代後半の約一世紀が「戦国時代」となる。

では、この戦国時代に室町幕府は何をしていたかというと、ひとことでいえば、「何もしていなかった」ということになる。逆にいえば、幕府が有名無実化したので、戦国時代が始まったともいえる。

戦国時代幕開けのきっかけとなった応仁の乱は、将軍家の後継者争いが原因の戦乱である。八代将軍義政の子の九代義尚《よしひさ》は、一四七三年に将軍になると、失墜した幕府権力の再興に努めるが、二十五歳で亡くなってしまう。その後に将軍となるのは、日野富子が擁立した義植《よしたね》。だが、義植は富子や管領の細川氏と対立して幽閉され、富子らは、義澄《よしずみ》を十一代将軍に擁立。だが、義植は脱走して、義澄を廃して将軍に返り咲く。こんなお家騒動をしているうちは、幕府もまだ元気だったといえる。

義澄、義植とも幕府の力を強めることができないまま亡くなると、義澄の子の義晴が一五二一年に十二代将軍となるが、守護大名に都を追い出され、各地を転々としながら死ぬという始末。

十三代義輝は剣の達人で、実力をつけてきた戦国大名の信長や上杉謙信、武田信玄たちと親交を結び、将軍としての威光を取り戻そうと努力したが、一五六五年に松永久秀に殺されてしまう。

十四代義栄《よしひで》の在位は一五六八年のわずか一年。義輝を殺した松永久秀に代わって畿内の実権を握った三好三人衆の傀儡に過ぎなかった。

その次の、最後の将軍となる義昭は、信長の助力を得て将軍になったが、その信長打倒をはかったために追放され、ここに室町幕府は完全に崩壊した。

戦国大名の家臣団はどんな編成になっていた？

戦国大名の家臣を分類すると、大きく四つに分かれる。

まずは、大名の血縁である「一族衆」（一門衆ともいう）。次に、古くからの家臣である「譜代衆」。その次が、もともとその領国の武士で、その大名が権力を握ったことで家臣になった「国衆」。そして、征服した土地の武士や新たに召し抱えられた「新参衆」となる。そして、それぞれの家臣に、さらに家臣がいるという構造になる。

現在の企業に置き換えれば、創業者の一族、創業時からの幹部社員、平社員として入り長く働いている人、吸収合併したその相手先の社員、といった感じである。

これらの家臣団、人数が少ないうちは、大名自らが全家臣を直接、監督・命令できた。しかし、領土が広がり、家臣の数が増えてくると、そうもいかなくなる。そこで、ピラミッド型の組織をつくり、有能な家臣に一定数の部下を預けるようになる。これが、寄親・寄子という制度である。その場合、有力な家臣を寄親、配属される武士たちを寄子という。

こうして、信頼できる有能な家臣の下に、大名直属の武士を配属して、戦闘集団を形成させたのである。寄子は寄親の指揮下に置かれるが、身分はあくまで大名直属の家臣であり、その点、いまの企業に近いものがある。平社員は課長の部下だが、課長個人に雇われているわけではないのと、同種の人事システムである。

一方、寄親には、自分の直属の部下もいたし、寄子となった武士にも自分の家来を持つ者もいた。戦国大名の組織は、こうした複雑な〝雇用関係〟のうえに成り立っていた。

信長、秀吉はなぜ「将軍」にならなかった？

武家が政権をとるには、平清盛のように、公家になり太政大臣にまでのぼりつめるか、源頼朝のように征夷大将軍になり、幕府を開くかの二つの方法がある。

信長は、将軍にはならなかった。その理由として、征夷大将軍には源氏しかなれない、という決まりがあったからだと説明される。信長は平氏を名乗っていたので、将軍になれなかったというわけだ。だが、最近の研究では、これは俗説で、「征夷大将軍は源氏しかなれない」というのは結果論であり、当時そんな決まりはなかったことがわかっている。その証拠に、信長は、朝廷から将軍職を打診されたのに断ったという記録が残されている。

では、どうして信長は、将軍職を断ったのか。これは、ひとつには、朝廷の権威を認めていなかったからと考えられる。将軍とは、ようするに天皇を守る仕事である。ひょっとすると、天皇にとってかわろうと考えていた信長にとって、そんなポストは必要なかったのかもしれない。少なくとも、将軍になるということは、天皇の家臣であると認めることを意味し、その地位が固定されてしまう。何にも縛られたくなかった信長には、そんなポストは無意味だったという見方もある。

なお、豊臣秀吉も将軍にはなっていない。秀吉の場合は、本人は将軍になりたいと思ったのだが、なれなかったというのが真相のようだ。秀吉は最下層に生まれながらも、運をつかんで大出世を果たしたわけだが、当時すでに生まれが低いことはあまりにも有名だった。そのため、天下統一を果たしても、いまさら武家の棟梁である源氏や平氏の子孫だと名乗ることができなかった。そこで、しかたなく、新しい姓として「豊臣」を朝廷からもらい、関白の地位を得たのである。

鉄砲伝来のさい、ポルトガル人とどうやって話をした？

鉄砲は、一五四三年（天文一二）、三人のポルトガル人によって日本にもたらされたのだが、そのとき、種子島の人々はポルトガル人とどうやって話をしたのだろうか？　日本にポルトガル語を話せた人物がいたはずはないし、ポルトガル人が日本語を話せたはずもない。

答えは簡単で、ポルトガル人が乗っていた船には、中国人も乗っていたのだ。中国人と日本人なら、会話はできなくとも筆談ができる。

彼らが種子島に来たのは、シャムから中国に向かう途中、暴風雨にあって、船が漂着したためだった。漂着した砂浜の上で、種子島の人々は、杖を使って砂に字を書いて、中国人乗組員と筆談を交わし、船に西洋から来たポルトガル人が乗っていることや、彼らが鉄砲を持っていることを知ったのだ。

鉄砲の伝来について記した『鉄炮記』によれば、ポルトガル人は鉄砲を時の島主・種子島時尭《ときたか》の前で撃ってみせ、その威力に驚いた時尭は二〇〇〇金を投じて鉄砲二丁を譲り受けたという。

時尭は、自ら練習を重ね、ついには百発百中の腕前となると同時に、家臣に火薬や鉄砲の製造法について学ばせ、まもなく国産化することに成功している。

織田信長はどうやって今川義元の本陣を探りあてた？

桶狭間の戦いといえば、織田信長の軍勢が、当時、東海最強といわれた今川義元軍の本陣を襲撃し、大将の義元を討ち取った合戦だ。

桶狭間襲撃の直前まで、織田方は敗色濃厚だった。今川軍が、織田方の領地になだれこみ、織田方の支城はつぎつぎと危うい状況に陥っていた。

そんななか、信長の手勢は、義元の本陣に強襲をかけた。今川の大軍は、織田方の各地の城を攻めていたので、義元本陣にそれほどの軍勢は残っていなかった。それもあって、信長は義元を倒すことができたのである。

信長が、どうやって義元の本陣を探り当てたかには、いろいろな説がある。一つは、信長が用意していた情報網が、義元本陣の動きを信長に逐一伝えていたというものだ。事実、桶狭間の合戦後の論考行賞で、信長が最大の功労者としたのは梁田《やなだ》政綱である。彼は織田方のスパイの元締め役を担い、今川軍の情報をよく集めたからだ。

ほかに、桶狭間周辺が、織田方にとっては勝手知ったる土地だったからという見方もある。戦いの少し前まで、桶狭間周辺は織田方の勢力圏であり、織田方の武将や信長自身には土地鑑があった。だから、今川の大軍が来襲したとき、どういうコースで進軍し、どこに陣を張るかを予想できたのだ。

加えて、信長の統治能力が後押ししたという説もある。信長は、領民の安全にひときわ気を配った武将であり、彼の勢力下では「民家に鍵要らず」とさえいわれた。桶狭間周辺の旧領民も、信長の情報収集に一役買っていたと考えられるのだ。

桶狭間の戦いにおける秀吉の役割は？

織田信長が、戦国大名として一気にのしあがった桶狭間の戦いには、信長の有力な部下たちも参加していた。では、のちに天下をとる豊臣秀吉、当時の木下藤吉郎は何をしていたのだろうか？

このとき、秀吉は二四歳。織田軍にいたことは、確かである。しかし、織田信長に仕えてまだ二年程度であり、足軽組頭をしていたとみられるが、それ以上のことはよくわかっていない。

ただ、対今川の情報収集の担い手の一人だった可能性は高い。秀吉は、織田方に身を寄せるまえは、今川方の松下家に仕えていた。秀吉であれば、今川軍の実力や実態を知り、今川領の地理も掌握していたはずだ。さらに、今川内部に情報網をもっていた可能性もある。

実際、戦国時代の史料である『武功夜話』も、秀吉が駿河や三河といった今川領の事情に詳しかったことを伝えている。『武功夜話』には、後世の創作話も多いとみられるが、かつて今川家にいた秀吉が、今川方の情報をよく把握していたことには信憑性がありそうだ。

桶狭間の戦いに至る過程で、秀吉が情報収集能力で、信長の目にとまっていたという可能性もありそうだ。

なぜ、浅井長政は信長を裏切ったのか?

織田信長の同盟者といえば、徳川家康が有名だが、もう一人、近江の浅井長政も当初は強力な同盟者だった。信長は、長政の力を認め、妹のお市を嫁がせるほどだった。美濃を制した信長が、将軍・足利義昭を奉じて京都に入れたのも、同盟者の浅井長政が近江を押さえていたからこそできたことだった。

浅井は、織田方の強力な同盟者として、信長の天下取りを支えていくものと思われたが、一五七〇年(元亀元)、異変が起きる。この年、信長は、越前の朝倉義景の討伐を決意し、家康と連合軍を組んで朝倉領になだれ込んだ。

朝倉氏の滅亡は、時間の問題かと思われたとき、浅井長政が寝返った。浅井軍は、織田軍の退路を絶ち、朝倉軍と挟み打ちにしようとしたのだ。

さすがの信長も、この裏切りはまったく予想していなかったようだ。裏切りの報を聞いたとき、なかなか信じようとせず、しばしとまどっているほどである。

なぜ、浅井長政は裏切ったのか？ 一説には、朝倉氏との長い友好関係を重んじたからとされる。浅井氏は、六角氏との抗争中、朝倉氏の支援を受けてきた。その恩を仇で返すことはできなかったというわけだ。

朝倉氏を重視する長政は、信長と同盟を結ぶとき、自分たちに無断で朝倉氏を攻めないことを約束させていた。長政からみれば、約束を先に反故にしたのは、信長のほうだったのだ。

また、織田信長の勢力が、あまりに強大になることを恐れたからという説もあるし、ここで信長を滅ぼして、浅井・朝倉連合で天下を狙おうとしたという見方もある。

村上水軍、九鬼水軍の力のほどは？

源平の時代以来、近畿・瀬戸内地方では、漁業や海上輸送にかかわる者のなかから、武装集団が現れ、やがて「水軍」として一定の勢力をもつことがあった。そのなか、戦国時代に最強の水軍といわれたのが、織田信長に味方した「九鬼水軍」である。九鬼水軍は、伊勢、志摩の海賊衆を率いる九鬼嘉隆を中心とする水軍である。

まず、九鬼水軍は、一五七四年（天正二）、伊勢長島に一向一揆が起きたとき、これを鎮圧。さらに、二年後、新宮城主堀内氏善が、同国の三鬼城を攻めたときも、信長の命令で鎮圧に成功している。そして、七八年（天正六）には、瀬戸内海を本拠とする毛利水軍と激突。兵船四〇〇、雑船一〇〇、将兵八〇〇〇余の毛利水軍に対して、九鬼水軍は、七艘の大艦で応戦。大鉄砲の威力で、毛利水軍を蹴散らした。

信長が死ぬと、九鬼水軍は秀吉に仕え、九州平定、小田原北条氏攻め、さらには朝鮮出兵でも活躍をし、志摩・鳥羽城主の座におさまった嘉隆は、九七年（慶長二）、家督を次男守隆に譲った。

その後、転機となったのは、関ヶ原の合戦。秀吉への恩義があった嘉隆は西軍、守隆は東軍に分かれて参戦し、敗れた嘉隆は自刃。家康についた守隆は、五万六〇〇〇石の中堅大名となり、関ヶ原の合戦から三二年後の一六三二年（寛永九）に亡くなった。

ところが、守隆の息子の隆季と隆久が家督争いを演じたことから、幕府は分割相続を命令。同時に、隆季を丹波綾部二万石、隆久を摂津三田三万六〇〇〇石へ移す。かくて、戦国時代最強といわれた九鬼水軍は、現在の京都府と兵庫県のそれぞれ内陸部へ追いやられ、水軍としての歴史はとだえることになった。

その後、三田藩では、水軍時代の誇りを忘れないため、城の前に大きな池をつくり、軍船を浮かべて調練を行うという伝統行事が続いてきた。

本願寺門徒の一揆が「一向一揆」と呼ばれるのは?

戦国時代、農民の土一揆が、信長をはじめとする有力大名をさんざんに悩ませた。なかでも、「一向一揆《いっこういっき》」は、富樫《とがし》氏の支配する加賀の国を転覆させたくらいの一大勢力である。

その一向一揆は、浄土真宗本願寺派《じょうどしんしゅうほんがんじ》の門徒による一揆を指す。浄土真宗が一向宗とも呼ばれたところから、この名で呼ばれるようになった。親鸞を開祖とする浄土真宗は、ひたすら阿弥陀如来《あみだにょらい》に帰依する宗派である。「一向」には「ひたすら」という意味があるところから、「一向宗」と呼ばれるようになった。

浄土真宗の門徒は、信仰心が強く、死を恐れないうえに、緊密に組織化されていた。そのため、ひとたび門徒が立ち上がれば、その力は凄まじく、戦国大名が率いる兵たちもしばしば敗退した。

ただし、浄土真宗本願寺派自身は、この「一向宗」という名で呼ばれるのを嫌っていた。

開祖・親鸞が浄土真宗と名乗ったので、開祖が名乗ったものと違う名で呼ばれることに違和感があったのだ。

さらに、一向宗という名は、他の宗派と混同されやすかった。

一遍《いっぺん》を開祖とする時宗や時宗の一派である一向派も、一向宗と呼ばれていたので、混同を避けるためにも、浄土真宗としてはこの名を使わなかった。

にもかかわらず、実際には一向宗と呼ばれていたのは、日本全国で猛威を振るった一向一揆のイメージがあまりに強烈だったためだろう。

織田家の武将たちは、本能寺の変をいつごろ知った？

一五八二年（天正一〇）六月二日早朝、明智光秀軍は、ひそかに京都へ侵入、織田信長が宿舎としていた本能寺を襲い、信長を自害させた。これが、本能寺の変だ。

本能寺の変のさい、織田家の他の有力武将たちは、各地で戦国大名と戦っていた。いつ本能寺の変の情報を知ったかで、彼らのその後の明暗は大きく分かれる。

最も早く知ったのは、四国遠征を控えて堺に部隊を集めていた織田信孝と丹羽長秀である。

当日午後には、すでに情報が届いていたのだが、彼らはどうすることもできず、脱走兵まで出る始末だった。

次に知ったのは、中国戦線の備中高松《びっちゅうたかまつ》城《じょう》を水攻めにしていた羽柴秀吉である。彼が知ったのは、翌日の三日夜とみられる。明智方が毛利氏に送った密使を捕らえて情報を得たという説もあれば、信長の側近であった長谷川宗仁からの情報のほうが早かったという説もある。

いずれにせよ、早くに情報を知ったことで、秀吉は他の武将よりも早く行動し、明智光秀を討つことができた。

織田方の有力武将のうち、古参の柴田勝家やその配下の前田利家が情報を知ったのは、四日から六日の間とされる。彼らは上杉軍と対決中で、魚津城を陥落させ、その直後に情報を知った。

八日には、魚津から撤退したが、そのときにはすでに秀吉の軍勢が急速に京都に近づきつつあった。

関東の北条氏と対決していた滝川一益が情報を知るのは、七日とも九日ともいわれる。その後、滝川軍は北条軍と激突し、十九日の神流川の戦いで大敗、関東遠征を放棄している。

本能寺の変で倒れた織田信長の一族の行方は？

織田信長が明智光秀の軍に襲われたという知らせを受けた嫡男の信忠は、二条御所（二条城の前身）に立てこもるが、明智の大軍の前になすすべなく自害する。

その後、織田家の家督を継ぐことになったのは、秀吉に推戴《すいたい》された信忠の長男三法《さんぼう》師《し》だった。三法師は、当時わずか三歳。やがて、元服して「秀信」と名乗るが、秀吉の「秀」の字が信長の「信」の上に冠されていることからも、秀吉の意図は明白だった。秀吉は、自らの権威付けのため、三法師を利用することしか考えていなかった。

それでも、秀吉は、三法師をそれなりに優遇し、岐阜一三万三〇〇〇石の城主に据え、秀信もその境遇に不満を抱くことなく、過ごしていたようだ。彼には、戦国大名としての資質はなく、時世をみる目もなく、秀吉の死後は石田三成方につき、関ケ原の戦いの前哨戦で、福島正則や池田輝政らに攻められて、彼の城はあっけなく陥落している。

秀信は自刃《じじん》しようとしたが、福島正則に説得されて降伏。剃髪して高野山に入る。そこで、仏門の修行を積むが、最終的には、高野山からも追放されたようだ。その理由について、確かなことは不明だが、一説に、僧を斬るなどの乱行を働いたためという。そして、彼の死をもって、信長の嫡流は断絶したとされている。

また、信長の嫡男信忠には、もう一人、秀則という男の子があった。秀則も、本能寺の変後は秀吉に仕え、晩年は京都で静かに暮らしたと伝えられている。この秀則にも、男の子はなかった。

一方、嫡流以外の織田家は長く残った。たとえば、四男信良の系統は、上野小幡《こうずけおばた》藩を経て、出羽高畠《でわたかはた》藩、天童藩の大名として血統を伝え、五男高長の系統が大和宇陀松山《やまとうだまつやま》藩、丹波柏原《たんばかいばら》藩の大名となった。それぞれ二万石の小大名だった。

また、信長の七男信高、九男信貞の系統も、江戸時代には高家旗本となり、いまに続いている。フィギュアスケートで活躍し、現在はタレントの織田信成氏は、信長の七男信高の子孫（信長より一七代目）だという。

毛利が自分をだました秀吉を追撃しなかったのは？

一五八二年（天正一〇）六月、羽柴秀吉軍は、備中高松城を水攻めにし、城を救おうとする毛利軍と対峙していた。そこへ、信長死すの急報がもたらされた。秀吉は、即座に毛利方との和睦を決意する。

六月四日正午ごろには、備中高松城主・

清水宗治が湖上に浮かべた舟の上で切腹、午後三時ごろには和睦の誓書を取り交わしている。

毛利方が信長の死を知ったのは、その直後とも翌五日ともいわれる。

毛利方のなかで、吉川元春は、これを機に秀吉軍を追撃、殲滅《せんめつ》を主張した。一方、小早川隆景は、誓書の墨が乾かないうちに、和睦を反故にするのは武士の恥と反対したと伝えられる。

秀吉方は、毛利の動きが読めず、陣を払おうにも払えなかったが、五日になって毛利方は決断する。吉川元春、小早川隆景の両軍勢が陣を払いはじめ、秀吉も安心して反転することができた。

毛利方が、自らをだました秀吉を追撃しなかったことについては、いろいろな説がある。

一つには、毛利方には、ここで秀吉に恩を売っておけば、毛利家は安泰という読みがあったという。毛利軍を苦しめた秀吉への高い評価も手伝って、対明智戦に向かう秀吉を追撃しなかったというのだ。

また、秀吉軍と明智軍が正面衝突すれば、織田領は長く内戦状態となって、織田家というライバルが自滅することも考えられる。毛利氏なりに、先を読んでの決断だったというわけだ。

秀吉はなぜキリスト教を禁止した?

信長の後を継いだ秀吉は、キリスト教に対し、当初は寛容だった。ところが、一五八七年にバテレン追放令を発し、弾圧政策に転換する。バテレンとはキリシタン宣教師の司祭職のことなので、ようするに布教を禁止したのである。

　秀吉の追放令に書かれた追放理由には、神国である日本に邪法をもたらすのは許しがたい、ということがまずあげられている。さらに、バテレンが日本人を信徒にし、寺社を破壊させたのは前代未聞の行為だと断じている。

　キリスト教が日本人にとって異教であることも、信徒が増えていることも、そのときになって初めてわかったわけではない。すでに周知の事実だった。なぜ、秀吉はいまさらながらにバテレンを追放したのだろうか。

　この追放令を出す直前の秀吉の動向をみると、その謎が解けていく。秀吉は九州の島津氏を降伏させるため、九州の地に赴き、キリスト教の伸長ぶりを初めて目のあたりにしたのである。

　もともと、フランシスコ・ザビエルが来日したのが薩摩だったこともあり、九州はキリスト教が強い地域になっていた。その信徒の多さと、信心の深さから、秀吉はかつて信長を悩ませた一向一揆を思い出し、その再来になると恐れたのだ。

　さらに、九州の大名たちが、ポルトガルから武器弾薬を輸入し、その代償に領地を与えていたことを知った。これは軍事的脅威となるとともに、土地を外国人に委譲するのは、土地制度の根本を揺るがしかねない事態である。また、多くの日本人が拉致・誘拐されて、海外に奴隷として連行された事実も知った。

キリスト教をそのまま放置しておくと、自分の政権にとって大きな脅威となるうえ、日本がポルトガルに征服されるリスクを高めるのではないか――。秀吉は、そのような危機感を抱き、政策転換したのだろう。

秀吉はなぜ利休を死に追いやった？

秀吉が利休に切腹を命じた理由としては、俗説を含め、さまざまな説がある。有名なのは、「お吟様」として知られる利休の娘を、秀吉が側室に欲しいといったのを断ったからというもの。

次によく知られているのが、大徳寺山門の楼閣に、利休が自分の姿を模した木像を掲げさせ、これに秀吉が激怒したというもの。確かに、利休追放の後この木像は〝磔《はりつけ》の刑〟に処されている。

さらには、茶器の鑑定をめぐり、利休が不正を働いていたという説もある。茶の湯の第一人者である利休が「いい」といえば、その茶器の評価は圧倒的に高まる。それをいいことに、利休が経済的な利得をむさぼっていたというのだ。そして、その背景には、利休と秀吉の美意識がまったく違うこと、つまり侘び茶の利休と、黄金茶の秀吉という、茶の湯の上での路線対立があったという。

また、豊臣政権内の権力闘争に利休が巻き込まれたという説もある。利休は秀吉の弟の秀長と親しかった。だが、その秀長が病死し、政権内での後ろ盾を失う。さらに、利休は家康とも近かったので、石田三成の一派の策謀によって、秀吉から切腹を命じられることになったという見方である。

いずれの説も、決定的な証拠はなく、決め手に欠く。これらすべてが複合的にからんで、ついに秀吉がキレたというのが、真相に近いのかもしれない。

なぜ関白秀次は切腹させられた？

秀吉には何人もの養子がいたが、そのなか、いったんは後継者として指名されていたのが、甥にあたる秀次である。ところが、秀吉が五三歳のとき、あきらめていた子が生まれた。淀殿が産んだ鶴松である。だが、一五九一年、わずか三歳で死んでしまう。悲嘆した秀吉は、もう子は生まれないであろうと思い、甥の秀次に関白の座を譲り、太閤となった。


ところが、九三年、淀殿はまたも男の子を産む。秀頼である。そして、その二年後の一五九五年、秀次は「過ぎた乱行」を理由に、切腹を命じられる。その妻子や家臣もことごとく殺されてしまった。

秀次の乱行ぶりとしては、刀の切れ味を試すために、死罪の者を自分で処刑したとか、禁止されていた鹿狩りをしたとか、酒池肉林の暮らしぶりだったとか、さまざまに伝えられている。

「摂政関白」をもじって、「殺生関白」と呼ばれていたともいう。

だが、そうした乱行ぶりは、秀次に切腹を命じた秀吉が自分の正当性を裏付けるものとして、後にでっちあげたという見方が有力だ。

切腹させただけでなく、一族郎党まで皆

殺しにしたことから、後に後継者をめぐって養子と実子のあいだで争いが起きないようにするため、秀次とそれにつらなる者を抹殺したと考えられるのである。

秀頼の誕生というめでたい出来事を境にして、秀吉の生涯は暗さを増していく。ダークサイドに落ちたとしか思えない行動が続くのである。

刀狩りで集めた刀を秀吉は本当に大仏建立に使ったの？

豊臣秀吉は、一五八八年（天正一六）七月、農民から武器を取り上げるため、「刀狩令《かたながりれい》」を発した。

これによって、農民のもつ刀や脇差、槍、鉄砲などを没収。農民を武装解除すると同時に、武士と農民の身分をはっきりと分けた。

そのきっかけとなったのは、肥後での一揆である。

秀吉は、その前年、九州に遠征して平定した。そして、有力な国人の多かった肥後の国守として、佐々成政《さっさなりまさ》を任命し、国人の知行をそのままにすること、農民に酷税を課さないこと、一揆を起こさせないようにすることなどを指示した。

ところが、その方針を守ると、成政は外山（富山）から連れてきた家臣に知行を与えることができない。窮地に陥った成政が、肥後の旧秩序に手をつけはじめると、国人らが一揆を起こした。

秀吉は、黒田や毛利、島津らに出撃を命じて一揆を鎮圧させると、国人を一掃して一気に領主制を確立。同時に、その一揆に多くの農民が加わっていたことを知り、刀狩令を発したのだった。

　また、その刀狩令では、取り上げた武器は、方広寺の大仏の釘やカスガイにするので、刀などをさし出した農民はあの世まで救われると告知した。

　当時は、信仰の証として、刀を仏に捧げることが一般化されていた。たとえば、鎌倉時代にも、北条泰時が、鎌倉市中の僧侶の帯刀を禁じたときも、没収した刀を鎌倉大仏造立に使ったといわれる。そこで、秀吉も刀狩令発令にさいして、方広寺の大仏造立に捧げるとして、農民の抵抗心を奪ったのだった。

　しかし、現実には、大仏の釘やカスガイになった刀剣類は、ごく少量だったとみられる。

ヨーロッパ人はどんな目的で、はるばる日本にやって来た？

　ポルトガル人が日本に漂着して六年後の一五四九年（天文一八年）、スペインの宣教師フランシスコ・ザビエルをはじめ、四人の西洋人が日本にやって来た。ほかにも、貿易商人たちが西洋から日本にやって来るようになる。

　彼らの目的が、キリスト教の布教や交易にあったことはもちろんだが、遠くヨーロッパからはるばる日本までやって来たのには、もう一つの理由がある。

　そもそも、ポルトガル人が日本に漂着する前から、日本は西洋ではよく知られた存在だった。一二九九年にマルコ・ポーロの書いた『東方見聞録《とうほうけんぶんろく》』に、日本のことが記されていたからだ。

『東方見聞録』は、マルコ・ポーロが二五年間にわたる東方旅行・滞在で得た知識や体験を記録したもの。ポーロは、フビライ・ハーン時代の元王朝に仕えたこともあり、このとき聞いた話として日本についても述べている。

『東方見聞録』の中で、日本は「ジパング」と呼ばれ、「住民は色が白く、文化的で、物資に恵まれている」「黄金は無尽蔵にある」と、まさに東の海に浮かぶ楽園のように記されている。

この『東方見聞録』は、やがて多くのヨーロッパ人に読まれるようになって、彼らは遠い東洋の地に楽園のような島があると思い込んだ。

そして一六世紀に入り、ポルトガル人の漂着などによって、ジパングが実在の島であることを知った。ジパングをこの目で見てみたいと、多くのヨーロッパ人が日本を訪れることになったのだ。

三成の挙兵後、家康が一カ月も江戸にとどまったのは？

関ヶ原の合戦は、会津の上杉景勝が徳川家康を挑発したことが発端になる。家康は豊臣秀吉恩顧の武将らを率いて、上杉軍討伐のため、東に向かう。

その隙に、石田三成が徳川軍打倒のため、西軍を集めていったのだが、そのさい家康はことさらゆっくりした行動をとっている。

八月五日に江戸入城してから、九月一日に西上を始めるまで、およそ一カ月間も江戸にとどまっていたのだ。

西方では、石田三成らの西軍が美濃にまで進出してきているのに、なぜゆっくりした行動をとったかというと、そこには家康の読みがあった。東軍、西軍はにわかにできあがった大軍だけに、本当の敵か味方かがわかりにくい。

家康は、一カ月近い時間をかけて本当の味方を見極め、さらにはできるだけ多くの味方を得ようとしたのだ。そのため、家康は、多くの書状を諸大名に送っている。

また、西軍の中から寝返りそうな武将に、工作を行っている。この工作が結果的に当たり、小早川秀秋の裏切りによって家康は、関ヶ原の合戦に勝利することができた。

さらには、自軍から裏切り者が出ないように、自陣営の地固めをしている。東軍の中に小早川秀秋のような者が出れば、結果は逆になってしまうからだ。

もう一つ見逃せないのは、会津の上杉景勝対策だ。うかつに江戸を留守にすると、上杉軍に江戸を襲撃されかねない。そのため、伊達政宗らに上杉軍の身動きをとれなくさせ、それを確認したうえで西に向かったのだ。

関ヶ原の合戦のとき、加藤清正は何をしていた？

徳川家康が天下を取った関ヶ原の合戦は、家康が豊臣秀吉の旧家臣をうまく味方につけて勝った戦いといえる。秀吉子飼いの武闘派である福島正則らが、秀吉政権の官僚だった石田三成への反発から、徳川方についたからである。

ここで不思議なのは、福島正則と並ぶ武

闘派の加藤清正が、関ヶ原の合戦の現場にいなかったことだ。加藤清正と石田三成の確執は深く、清正は三成の暗殺を考えたほどである。

ふつうなら三成憎しの感情から、徳川方の先陣を務めそうなものだが、現実には徳川の味方を表明しただけで、関ヶ原には駆けつけなかった。家康もあえて、加藤清正の軍勢を呼び寄せなかった。

関ヶ原の合戦の折り、加藤清正は領国の九州・肥後にいた。肥後には、西軍に味方をした小西行長の宇土城や八代城があり、これらを攻め落としている。さらに、同じく西軍に加勢した立花宗茂の柳河城《やながわじょう》まで落とし、次いで南下して薩摩の島津領に侵入する用意もあった。

加藤清正は、九州で家康の味方をしていたわけだが、家康が清正を呼び寄せなかったのには理由があったようだ。清正は、秀吉の家臣団の中でも、とりわけ豊臣家への強い忠節心をいだいていた。

万が一、関ヶ原の合戦に、秀吉の子である豊臣秀頼が出陣するようなことがあれば、清正は秀頼に弓をひけないと、徳川方から寝返る可能性もある。その可能性があるかぎり、家康は清正を呼ばないほうが賢明と考えたのだ。

大坂夏の陣の後、生き残った真田一族はどこへ消えた？

最後には敗れたとはいえ、一六一四年（慶長一九）からの大坂の陣で大活躍して名を挙げたのが、真田幸村である。冬の陣では真田丸にこもって徳川方をさんざんに悩まし、翌年の夏の陣では徳川本陣近くまで攻め込み、家康をあと一歩のところまで追い詰めた。じっさい、真田軍の勢いに、家康は自害を覚悟した瞬間もあったと伝えられている。

しかし、最終的には、数で勝る徳川軍の反撃を受けて敗退。安居神社（大阪市天王寺区）の境内で、兵士の傷の手当てをしているところを襲われ、自ら首を差し出した。享年四九だった。

幸村には、正室と三人の側室がおり、四人の男の子があった。嫡男の幸昌（大助という名でも知られる）は大坂夏の陣に出陣、若いながらも奮闘するが、大坂城落城を目の当たりにする。将来ある身として逃亡を勧められるが、主君・豊臣秀頼自害後、後を追って自刃した。享年は一三とも一六とも伝えられる。むろん、子どもはいなかった。

これによって、真田家嫡男の系統は絶えたが、当時三歳だった二男の大八が、辛うじて逃げ延びる。そして、伊達家重臣の一人である片倉重長に保護され、「真田守信」と称した。

のちに、この片倉重長は、大八の姉で三女の阿梅と結婚する。徳川幕府からの守信に関する調査があったときも、伊達家や片倉家は偽証までして守信を護ったという。そのさい、幕府を欺くため、守信は「片倉守信」という名の仙台藩士と称していた。

再び、真田姓を名乗ることが許されたのは、守信の子辰信の時代。幸村の四人の男の子のうちでも、真田姓を名乗るのはこの守信の系統だけで、現在も「仙台真田家」

として受け継がれている。

三男の幸信は、大坂夏の陣の後に生まれたが、真田姓を名乗らず、「三好」と称した。その後、姉で五女の御田姫の嫁ぎ先である出羽亀田藩主岩城宣隆に引き取られたとみられている。四男の之親については、詳しいことがわかっていない。

天草四郎が十六歳でキリシタンを率いることができたのは？

江戸初期の一六三〇年代、九州地方は毎年のように凶作に見舞われ、餓死する者が絶えなかった。にもかかわらず、年貢の取立ては厳しく、農民の不満は極限に達していた。加えて、天草、島原の農民は、キリシタン弾圧という迫害にも苦しんでいた。

一六三七年（寛永一四年）、農民たちは圧政と迫害に耐えかねてついに蜂起、キリシタン一揆が勃発する。その盟主の座についたのは、天草《あまくさ》四郎という一六歳の少年だった。小西行長の家臣の子にすぎなかった少年が、一揆の象徴となったのは、次のような宣教師の予言があったからである。

その予言は、一六一三年（慶長一八年）の禁教令によって国外退去を命じられた宣教師マルコス・フェラロが残したもの。

「当年より二五年目に、美しい童子が現れ、応験天にあらたかに野山に白旗たなびき、諸人の頭に十字架をたて、東西に雲の焼くることあらん」。

この予言によって、民衆たちは二五年後の救世主の出現を待つようになった。

それからちょうど二五年目に、遊学先の長崎から戻ってきたのが、天草四郎だった。

伝えられるところによると、四郎は多くの農民の前で奇跡を行ったという。たとえば、彼が天を仰いで十字を切ると、一羽の白鳩が舞い降りて卵を産み、その中から天主の画像や経文が現れたという。おそらく、手品のようなトリックを使ったか、作り話だったのだろう。

しかし当時、こうした奇跡が宣伝されると、農民たちは四郎こそ救世主と信じ、宗教的な高揚感のなか、彼を象徴として一致団結し、幕府をさんざんに苦しませたのだった。

浅間山の噴火が東北に大打撃を与えたのはなぜ？

長野県と群馬県の県境にある浅間山は、江戸時代に約二〇回も噴火しているが、中でももっとも被害が大きかったのは、一七八三年（天明三年）七月六日～八日の天明の大噴火である。

火砕流《かさいりゅう》が群馬県側の鎌原《かんばら》村（現在の嬬恋《つまごい》村）を襲い、村全体が埋没、吾妻《あがつま》川流域を中心に一五〇〇人の死者が出た。日本最大の火山災害だったとされている。この大噴火で流れ出た溶岩流の跡が、今も見られる「鬼押出《おにおしだし》」の奇観である。

この年は、世界各地で火山の噴火が相次ぎ、浅間山の噴火もそれに連動したものと考えられている。この噴火によって、関東地方から東北地方にかけて大量の火山灰が降り、農作物に大打撃を与え、天明の大飢饉をもたらすことになった。東北地方を中心に約三〇万人もの餓死者を出し、江戸でも物価が急騰して庶民の生活を直撃した。

たとえば、その年の春、一両で六斗三升買えた米が、秋には四斗二升しか買えなかったという。時の老中田沼意次は、御救い小屋を設け、集まってきた窮民に一日三合の米を配給するとともに、関東近郊から江戸へ米を集め、なんとか危機を乗り切った。しかし、東北地方に対しては無策だったため、多くの犠牲者を出すことになった。

世界三大火災「明暦の大火」の被害とは？

火事とケンカは〝江戸の華〟というが、江戸時代の数多くの火事のなかでも、もっとも大きな被害を出したのは、明暦の大火である。

一六五七年（明暦三年）一月一八日の午後、火の手が上がったのは、本妙寺（現在の本郷四丁目にあった）の境内だった。その日は、朝から強い北西風が吹き、供養のために燃やした振り袖が、折からの強風にあおられて舞い上がり、それが火元となって、たちまち燃え広がった——と伝えられている。

そこから、別名「振り袖火事」とも呼ばれる。

この時期、江戸では、前年の一一月から八〇日間も雨が降らず、空気がカラカラに乾燥していた。

しかも、当時の家屋は木と紙でできていたうえ、とにかく密集していた。強風にあおられた炎は、たちまち本郷から湯島、駿河台、神田へと燃え広がった。

さらに、その火事が終息しかかったとき、今度は小石川の大番衆与力の宿所から出火。

それがおさまりかけたと思ったら、麹町の一般家屋からも火が出て、消火活動はまったく追いつかなくなった。

それらの火が飛び火しながら燃え広がり、江戸市中は二日間に渡って燃えつづけた。ついには江戸城にも飛び火して、天守閣が焼け落ちている。

この火事によって、外堀以内のほぼ全域が焼失。大名屋敷や古くからの市街地を焼き尽くし、死者は資料によって数字は違うが、三〜一〇万人にもおよんだ。江戸城の天守閣は、これ以降、再建されることはなかった。

この火災は、戦争や震災を除くと日本最大のもので、ロンドン大火（一六六六年）、ローマ大火（六四年）と並ぶ世界三大火災にも数えられている。

三大飢饉の被害はどれくらいだった？

江戸の「三大飢饉《ききん》」といえば、享保の大飢饉（一七三二〜三三年）、天明の大飢饉（一七八二〜八七年）、天保の大飢饉（一八三三〜三六年）の三つ。もっとも被害が大きかったのは、天明の大飢饉である。

異常気象による冷害に加え、岩木山（現在の青森県）、浅間山（現在の長野県）の大噴火が重なって、とくに東北地方に大凶作をもたらした。

米や野菜はたちまち不足し、人々は牛や馬、犬、草木の葉や根まで食べることになった。さらに疫病まで流行して、全国で三〇万人以上が死亡したとみられる。

『解体新書』で知られる杉田玄白《げんぱく》も、その

悲惨な様子を記録している。津軽や南部藩では、飢えた大人たちが子どもを殺し、頭蓋骨を割って脳みそをかき出し、それを草や葉にまぜて食べたと書き残しているのだ。

ほかにも、空腹で半狂乱になった大人が、子どもを殺して食べたという例は多くの書物に記されている。

それほど事態が悪化した原因は、前述のとおり幕府が東北地方の被害に対しては、何の対策も講じなかったことである。

事実、比較的余裕のあった西日本から東北地方へ、食糧が運ばれることは、ほとんどなかった。幕府が有効な手を打っていれば、東北地方の餓死者の数ははるかに少なかっただろう。

ちなみに、享保の大飢饉では、冷夏とイナゴ、ウンカなどの害虫大量発生によって、四国、中国、九州を中心に凶作に見舞われ、およそ二五〇万人の人が飢えに苦しみ、約一万二〇〇〇人の餓死者が出たという。

また、天保の大飢饉は、冷害や洪水によって東北地方を中心に飢饉が広がった。天明の大飢饉を経験していただけに、幕府も今度は救済施設を設けるなどして対応。約七〇万人がそれらの施設によって救済されたと伝えられている。

吉宗の改革で一番損をした人々は？

一七一六年（享保元年）、紀州藩主だった徳川吉宗が八代将軍に就任した。吉宗は就任まもなく、財政再建を中心に幕政改革に着手。そして、先例にとらわれない改革を次々と実施し、みごとに傾いた財政を立て直した。

吉宗は「幕府中興《ちゅうこう》の祖《そ》」と呼ばれ、享保の改革は、のちの寛政の改革や天保の改革のモデルとなった。

しかし、幕府財政を立ち直らせる一方、この改革は貧しい農民をいっそう苦しめることになった。

たとえば、改革以前、年貢率は、その年の米の作柄によって決定されていた。ところが、吉宗は、豊作凶作にかかわらず、一定額を徴収する「定免法《じょうめんほう》」を採用した。

これによって、幕府財政は安定したが、農民にとっては、凶作でも年貢が減免されないので、ひじょうに大きな負担となった。

また、この時期、新田開発が盛んに行われたが、開発された土地の大半は、もとは農民たちの共有地だった。

農民たちは、そこから草肥《くさごえ》や薪、山の幸などを調達していたのだが、新田開発によってそうした恩恵を受けられなくなった。

さらに吉宗は、それまでは低く抑えられていた畑の租税を重くし、税が免除されていた河川敷の土地にも課税した。

吉宗以前の家宣《いえのぶ》・家継《いえつぐ》時代の年貢は、平均で収穫の二七・六％程度だったのに、吉宗時代には五割にもなった。

年貢がおよそ二倍となっては、ただでさえ苦しい農民の暮らしはいよいよ苦しくなる。

実際、不満を募らせた農民一揆《いっき》が増加し、凶作になると飢えた親による子殺しなどが相次ぎ、享保の改革以降、日本の人口はほとんど増えなくなってしまった。

高杉晋作がつくった奇兵隊は、明治維新後どうなった？

一八六三年（文久三）、長州の高杉晋作《たかすぎしんさく》は、町人でも農民でも、身分を問わずに参加できる軍隊「奇兵隊」を創設した。

当時、正規軍は武士のみからなるのが常識だったが、下関戦争で外国軍の軍事力を目の当たりにした高杉は、西洋式の編成と訓練を施した戦闘部隊を育てる必要性を痛感した。

と同時に、太平の世で堕落した武士より、志をもった庶民の方が頼りになると考えた。現実に、幕末から維新にかけて、奇兵隊は官軍の一部となり、幕府軍相手に活躍した。

その奇兵隊は、維新後、どうなったのだろうか？

一八六九年（明治二）、長州藩は、奇兵隊をはじめとする長州諸隊を解散し、常備軍に再編成すると発表した。

ところが、新設される常備軍に組み込まれたのは、約五〇〇〇人の奇兵隊士のうち二〇〇〇人ほどで、残りの兵士は何の補償もなく、失業することになった。

つまり、常備軍の新設は、奇兵隊にとっては大リストラだったのだ。

もともと、身分にかかわらず結成された奇兵隊だったが、戦いを繰り広げるうち、戦功や家柄によって、幹部兵と一般兵の間に階級差が生じていた。

伊藤博文《いとうひろぶみ》や山県有朋《やまがたありとも》のように、政府の閣僚へと大出世した者もいたが、常備軍へ組み込まれたのも、大半が幹部クラス。下っ端の兵士たちは、使い捨て同然で放り出されることとなった。

怒った奇兵隊士たちは、諸隊の兵士とともに山口県庁を包囲。これが農民一揆と結びつく騒ぎになったが、かつて高杉晋作の同志だった参議の木戸孝允が、現地にかけつけて鎮圧軍を指揮。反乱軍を鎮圧して騒ぎは収まった。

捕えられた反乱兵のうち、一三三名が処刑され、逃亡兵は指名手配された。

奇兵隊は、時代の必要性から生まれ、動乱の時代の象徴的存在でもあったが、御用済みとなった後の末路は哀れだった。

また、初代総督の高杉晋作が、明治維新のときには、すでにこの世にいなかったことも、哀れな末路をたどらざるをえない理由だった。

池田屋騒動の後の池田屋の経営状態は？

「お二階のお方、逃げておくれやす。新撰組のお改めどす」

池田屋の主人は、新撰組が踏み込んできたとき、二階の広間で密談中だった浪士に向かって、そう叫んだと伝えられる。名前を惣兵衛といった。

池田屋は、京の三条小橋東入ル北側にあった旅籠で、もとは土佐藩の定宿だった。やがて、長州藩士をはじめ、諸国の脱藩浪士が出入りするようになる。京の市中警察だった新撰組は、浪人らの密会場として目をつけ、内偵を進めていた。

一八六四年（元治元年）六月五日の夜、新撰組は、祇園祭の人出をかきわけながら密会場を探索、池田屋を急襲する。激闘二時間余り。浪士七名が即死し、二七名が生け捕りになった。これが、世にいう「池田屋騒動」である。

壮絶な斬り合いのなか、主人の惣兵衛は、妻子を連れ出して身を隠した。しかし、見つけられるまでに時間はかからなかった。

情けによって、妻子は六カ月の町役人お預けという軽い処分ですんだが、浪人に密会場を提供していた主人の惣兵衛は、そうもいかない。厳重な取調べを受け、獄中で病死してしまう。

妻子は、家へ戻ったものの、家財・道具類はすべて没収された。さらに七カ月間の営業停止処分とされ、とても旅籠を続けられる状態ではなくなる。

なにしろ、七人もが斬り殺されたのだから、気味悪がって人も寄りつかない。結局、家屋は安く売り払われたという。

大政奉還後の徳川将軍家がたどったもう一つのドラマとは？

江戸幕府がさらに続いていたら、一六代将軍となったのは徳川家達《いえさと》だっただろう。

じっさい、大政奉還の翌一八六八年（慶応四）四月、一五代将軍慶喜《よしのぶ》が朝敵となると、維新政府から「徳川本家相続」の沙汰を受け、以後「上様」「十六代様」と呼ばれた。

その後、家達は貴族院議員として活動し、大正時代には、首相候補として名が挙がったこともある。

家達は、徳川御三卿の一つ田安家の出身で、一四代家茂《いえもち》が後嗣なく死去した後、慶喜と後継争いをしたこともある。しかし、当時はまだ四歳。幕末の動乱のなか、幼児が将軍の座につくわけにもいかず、慶喜が将軍の座に就いた。

もっとも、「十六代様」となったときでも、まだ六歳。一族の松平斉民らの後見を受け、駿府藩主として七〇万石を与えられる。

その後、静岡藩知事を経た後、一四歳から五年間、イギリス留学を経験している。

首相候補に浮上したのは、一九一四年(大正三)のことである。

当時、家達は、貴族院議員一三年の実績を経て、貴族院議長を務めていた。ドイツに本社を置く多国籍企業シーメンスの起こした贈賄事件(シーメンス事件)で、山本権兵衛内閣が総辞職した後、組閣の大命を受ける。

豊富な経験や人望の厚さ、柔らかな物腰などが買われたようだが、一族会議で大反対され、徳川内閣の成立はならなかった。

一九二一年(大正一〇)のワシントン軍縮会議には、加藤友三郎海軍大臣、幣原喜《しではらき》重郎《じゅうろう》駐米大使らとともに首席全権大使を務め、英、米、日の海軍主力艦保有比率を一〇・一〇・六とする条約を締結した。

昭和になってからは日本赤十字社の社長としても活躍、一九四〇年(昭和一五)に七八歳で亡くなっている。

その後、徳川本家は、家達の後を息子の家正(一七代)が継ぎ、家正の子・家英が二四歳で早世したため、会津松平家から養子に入った恒孝が一八代当主となった。

二・二六事件に参加した兵士はその後どうなった？

一九三六年（昭和一一）二月二六日、陸軍皇道派の青年将校らが、一四八三名の兵を率いて決起。首相官邸に岡田啓介《おかだけいすけ》首相（本人は脱出に成功、義弟が犠牲に）を襲い、高橋是清《たかはしこれきよ》蔵相（死亡）や斎藤実《さいとうまこと》内大臣（死亡）らの私邸を襲撃したうえで、東京の中心を軍事占拠、軍首脳を通じて昭和天皇に「昭和維新」を訴えた。

決起の中心となった陸軍皇道派とは、陸軍の派閥の一つで、青年将校らは武力をもって元老重臣を殺害すれば、昭和天皇による親政が実現し、政財界の癒着を断ち切り、深刻な不況などの現状を打破できると考えていた。

しかし、軍と政府は、武力鎮圧を決意、決起隊を包囲して投降を呼びかける。歩兵大尉と航空兵大尉は自決したが、青年将校のほとんどは投降に応じ、法廷闘争へと方針を転換した。

裁判では、事件の裏には、皇道派の大将クラスが存在するのではないかとみられたが、「血気にはやる青年将校が、偏った思想を吹き込まれて暴走した」という形で、決着が図られた。

軍法会議の結果、青年将校を含め、思想的指導者だった北一輝《きたいっき》ら一九人が処刑（銃殺）される。その処刑場となったのは、東京・渋谷区にある現在の渋谷合同庁舎（旧東京陸軍刑務所）で、その敷地には、二・二六事件による死没者を慰霊する観音像が建っている。

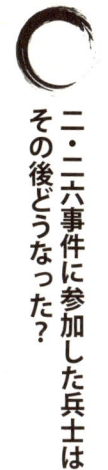

その一方で、命令されるままに参加した兵卒たちは原隊に戻り、罪に問われなかった。

　じっさい、彼らは直接の上官の命令に従って出動しただけで、青年将校らの思想とは無縁だった。後の人間国宝、落語家の五代目柳家小さんも、そういう兵士の一人だった。

　しかし、原隊にもどった彼らを待っていたのは、翌一九三七年（昭和一二）七月に勃発する日中戦争だった。

　二・二六事件の主力だった第一師団は、激戦の華北に投入された。その最前線で、彼らは連隊長らから「貴様たち、これが汚名返上の機会だぞ」と怒鳴られ、白兵戦のなかで、多数が戦死した。

　戦後、生き延びた元兵士たちの証言が、『二・二六と郷土兵』という本にまとめられた。

　さらに、二〇〇五年（平成一七）、処刑された青年将校一七人分の遺書が、六九年ぶりに発見され、毛筆で書かれた辞世の句や世話になった看守への言葉などが、七〇回忌の場で関係者に公開された。

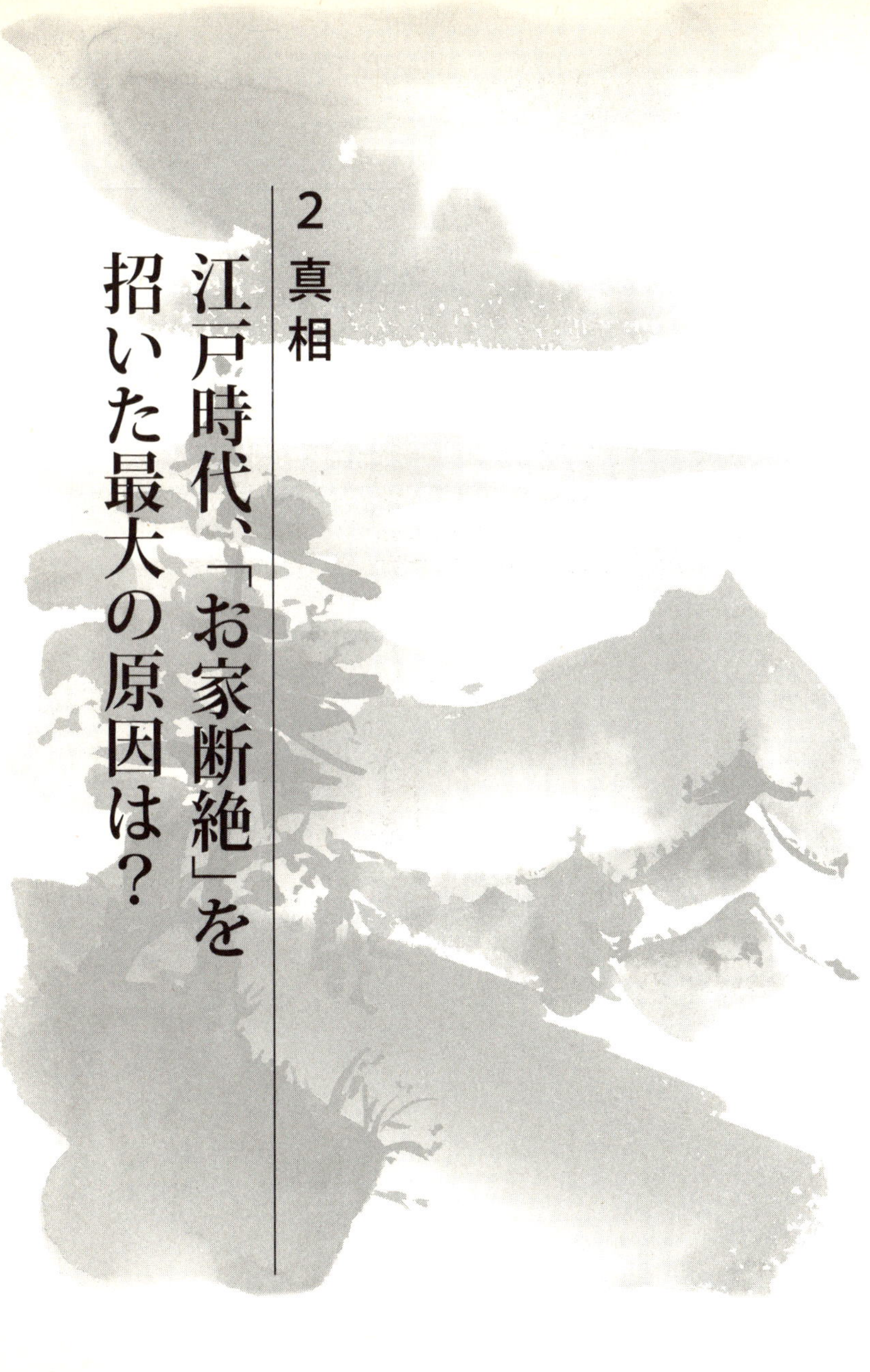

2 真相

江戸時代、「お家断絶」を招いた最大の原因は？

そもそも、どうして京都に寺が多いのか？

江戸の八百八町《はっぴゃくやちょう》、大坂の八百八橋《はっぴゃくやばし》、京の八百八寺《はっぴゃくやでら》と、昔からいわれる。それほど京都にはお寺が多いのだが、京都にお寺が増え始めたのは平安時代のことだった。

まず、奈良から都が遷《うつ》されたとき、奈良から移り住んできた公家《くげ》たちが、鴨川沿いや東山に、競い合って寺を建てた。当時の公家は宗教心が篤く、その証《あかし》として寺を建てることが流行したのである。

また、平安時代から鎌倉時代にかけては、仏教の末法思想《まっぽうしそう》が庶民の間に広まった。末法とは、仏法が衰えて、天変地異などが起こるという考えで、ちょうどその頃、政治腐敗が進み、武家の反乱や天災などで、庶民たちは大きな不安と不満を抱えていた。さらに、盗賊が横行し、火をつける者もいるなど、飢えに苦しむ人が無数にいた。

そうした社会不安の中で、人々は、来世へのあこがれをもつようになり、浄土信仰《じょうどしんこう》が広まっていく。

現世で阿弥陀仏《あみだぶつ》を信じれば、来世は極楽浄土に往生し、苦しみや不安から解放されるというのである。そこで、極楽往生を祈願するための寺が、続々と建てられた。

さらに、鎌倉時代には、禅宗《ぜんしゅう》や法華経《ほけきょう》が武士や庶民の間に広まり、南禅寺などのお寺が次々と建てられていった。

そして、豊臣秀吉が全国を統一すると、市中に散在していた寺をいまの京極や大宮通りの西側に集め、前者を寺町、後者を寺の内と呼ぶようになった。

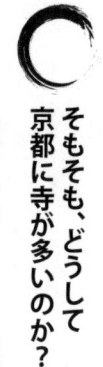

要するに、千年王城《せんねんおうじょう》の地だった京都には、日本の仏教信仰の歴史が集積されてきたといってもいい。

また、寺院を建てるには相当な財力がいるが、京都には、ほかの都市以上に金と権力が集まっていた。そのため、多数のお寺が残ることになったのだ。

「公卿」と「公家」はどこがどう違う？

平安時代は「お公家さん」の時代だが、その「公家」とよく似た言葉に「公卿《くぎょう》」がある。「公家」と「公卿」を同じような意味と思っている人もいるだろうが、じつは意味が違う。

「公家」は、もとは「こうか」「こうけ」と発音し、天皇や国家など「公《おおやけ》」を意味した。それが、しだいに朝廷の上層の官人《かんにん》を指すようになり、武士が台頭すると、武家に対する語としての意味合いが強くなった。

一方、「公卿」は、「公家」のなかでも、官位の高い人たちのこと。彼らは天皇に直属する太政官であり、国政の中心的存在だった。

どこまでが「公卿」かも厳密に決まっていた。官職でいうと、摂政、関白にはじまり、太政大臣、左右大臣、内大臣、大納言、中納言、左右近衛大将まで。位でいうなら、一位から三位《さんみ》まで。当時、臣下は一位から九位までの階級に分けられていて、その三位までが「公卿」と呼ばれたのだ。

四位以下の場合、「公卿」とは呼んでもらえず、ただの「公家」だった。例外は四位の参議で、「公卿」として扱ってもらえた。

というように、同じ「公家」でも、身分に差があり、「公卿」は「公家」のなかのスーパーエリート集団だったのだ。

「殿上人」って、そもそもどんな人？

平安時代の公家の中には、「殿上人《てんじょうびと》」と総称される人たちもいた。殿上人は「雲上人《うんじょうびと》」とも呼ばれ、公卿に次ぐエリート公家層だった。

殿上人とは、内裏《だいり》の清涼殿南面にある殿上の間に昇ることを許された人たちのこと。清涼殿は、天皇の日常生活空間であり、そこにはいることが許された一部の公家を指す。

彼らは清涼殿で宿直《とのい》をし、天皇の身辺の食事や雑事など、天皇の世話をするのが仕事だった。

天皇と結びつきが強い仕事であり、天皇が即位するたびに新たに選ばれた。

殿上人になれるのは、四位から五位までの人たちである。殿上人に選ばれるかどうかは、四位、五位の貴族にとって大きな問題で、殿上人かどうかで呼び方もちがった。殿上人になれない公家は「地下《じげ》」と呼ばれていたのだ。

一方、殿上人として仕事に精励《せいれい》すれば、天皇に認められる。天皇に認められれば、官位が上がって、四位の者が三位に昇格することもありえ、三位になれば晴れて「公卿」と呼ばれる身分になれる。殿上人の地位は、公卿になるためのステップボードでもあったのだ。

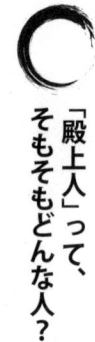

日本人は、いつ、どんな暦を使いはじめたのか？

近代以前の日本で採用されていた暦は、中国から伝えられた「太陰太陽暦」。「陰暦」「旧暦」とも呼ばれ、太陽の運行に基づく一年の長さと、月の運行にもとづく一月の長さを組み合わせたものである。『日本書紀』には、欽明《きんめい》天皇一四年（五五三）、百済に対して暦博士《れきはかせ》の来朝を要請し、翌年二月に来たという記述がある。そのため、遅くとも六世紀には、暦が伝わったと考えられている。当時の百済では、中国の「元《げん》嘉暦《かれき》」がつかわれていたので、日本に伝わったのも、この元嘉暦だったのではないかとみられている。

その後、六九七年（文武天皇元）に、元嘉暦が廃されて、儀鳳暦《ぎほうれき》が採用されたという記録がある。儀鳳暦は、元嘉暦の欠点を改良した新しい暦だった。

ちなみに、二〇〇三年（平成一五）、飛鳥時代の迎賓館跡とされる明日香村の石神遺跡から、元嘉暦にもとづく「具注暦《ぐちゅうれき》」を記した木簡が発見された。検証の結果、持統天皇三年（六八九）のものと発表された。

具注暦は、当時の役所である陰陽寮《おんみょうりょう》が作成し、吉凶判断のためのさまざまな暦注が記載されていたことから、「注が具《つぶ》さに」記載されているということで、「具注暦」と呼ばれるようになった。三段に分かれ、上段には日付、干支などの基本的な項目と暦注、中段に、冬至、夏至、立春などの二四節気と、節気をさらに三つに分けた七二候、下段にはその他の暦注が記載されていた。奈良時代からは、この具注暦に日記を書く習慣が生まれた。

平安時代、犯罪をおかすと、どんな刑に処せられた?

平安時代の律令では、犯罪をおかすと、その凶悪度によって処罰された。基本的には、笞《ち》・杖《じょう》・徒《ず》・流《る》・死《し》の五刑である。

笞刑と杖刑は、ともにムチ打ちの刑。竹製のムチで尻を打つのだが、杖刑のムチのほうが太くできていた。笞刑は十回から五〇回まで、杖刑の場合六〇回から一〇〇回までと、杖刑のほうが重い刑罰だった。徒刑は、労役を課す刑。現代の懲役刑に似ていて、一年、一年半、二年、二年半、三年と五段階の刑期に分かれていた。流刑は、島流しの刑である。都からの距離によって、近流《きんる》、中流《ちゅうる》、遠流《おんる》の三段階に分かれていた。

もっとも重い刑は死刑であり、絞首刑と斬首刑の二つがあった。とはいえ、平安時代は、その名のとおり平安な時代であり、めったなことでは死刑にならなかった。

八一〇年(弘仁《こうにん》元)の藤原薬子《くすこ》の変では、首謀者の一人・藤原仲成《なかなり》が禁錮のうえ死刑になった。しかしその後、一一五六年(保《ほう》元《げん》元)に保元の乱の始末で、約七〇名の武士が斬首刑になるまで、都では死刑が行われてなかった。その間、およそ三五〇年間である。

その間、都では何度か乱が起きた。八四二年(承和《じょうわ》九)の承和の変、八六六年(貞《じょう》観《がん》八)の応天門《おうてんもん》の変などだが、これらの変でも、死刑は出ていない。応天門の変の首謀者と見なされた伴善男《とものよしお》は、いったん死刑が決まったものの、罪を一等減じられ、伊豆への流刑となっている。

この時代、人の死がけがれを呼ぶと考えられていたこと、また怨霊を恐れていたことから、反乱者でさえ、流刑どまりだったのだ。

牢屋敷で囚人はどんなふうに過ごしていた？

江戸の牢獄といえば、小伝馬町《こでんまちょう》の牢屋敷が名高い。江戸だけでなく、日本一の牢屋敷であり、未決囚らが収容されていた。

牢屋敷内は、身分によって入牢する場所が違った。お目見以上の武士や高級僧侶は揚座敷、お目見以下の武士、普通の僧侶は揚屋といわれる牢に置かれた。庶民が入るのは、三〇畳ほどの大牢である。また無宿者は、二間牢と呼ばれる場に置かれた。

大牢内では、牢名主による自治制がしかれていた。牢名主は畳を一〇枚重ねた見張り畳の上に座り、その下に添役《そえやく》、角役《かどやく》、二番役から五番役、本番、本助番、五器番、詰之番、詰之助番という序列があった。ここまでが牢内役人と呼ばれ、牢内は彼らの意のままだった。

彼らに逆らったら、リンチを受け、命も危なかったといわれる。

牢内のスペースは、上位の役職にある者ほど広く与えられ、一番下の平囚らは狭い畳に押し込まれた。畳一枚に六～一二人もが詰め込まれることもあった。

畳一枚に六～一二人も押し込まれるとなると、昼でも大変窮屈だが、夜はさらに辛い。座ったまま、人の肩を枕にし、自分の肩を人の枕にするような恰好で寝なければならない。

そのため、睡眠不足の状態がつづき、昼にうとうとすることになる。そうなると、牢役人に叩かれる。体の弱い者は病気にかかり、正式の刑を受ける前に命を落とすことが少なくなかった。

牢内の食事は、朝八時、夕方五時の二回。牢内では食事は「ヤッコミ」と呼ばれ、食事の時間となると、囚人がいっせいに「ヤッコミ、ヤッコミ」と声をあげる。一日一人につき、米は四合五勺と決められていて、これに汁がつく程度だったが、牢内役人らには多少のおかずがついたようだ。

牢内で、平囚は苦しい思いをしなければならなかったわけだが、そこは地獄の沙汰も金次第。牢内役人にひそかに賄賂を渡せば、多少は待遇がよくなったという。

戦国武将はどうやって跡継ぎを教育した？

戦国時代を生き延びるうえで、跡継ぎを立派に育てることは、大名やその家臣団にとって重要なテーマだった。武将の跡継ぎには、軍事的な能力だけでなく、もっと幅広いさまざまな知識や能力が求められたからである。

そこで、戦国武将が、跡継ぎ教育のためによく利用したのが寺院である。たとえば、越後の上杉謙信は、子供のころ林泉寺《りんせんじ》の天《てん》室光育《しっこういく》から、甲斐の武田信玄は長禅寺《ちょうぜんじ》の岐《ぎ》秀元伯《しゅうげんぱく》から教えを受けている。

どんな教育が施されたかについては、毛

利家の重臣だった玉木吉保《たまきよしやす》の自伝『身自鏡《みのかがみ》』が参考になる。彼は、十三歳から三年の間、勝楽寺で教育を受けたが、まずは「いろは」にはじまり、『般若心経《はんにゃしんぎょう》』や『観音経《かんのんぎょう》』を暗記させられた。武家の法である『御成敗式目《ごせいばいしきもく》』や、手紙文の教科書である『庭訓往来《ていきんおうらい》』を学び、さらには中国古典の四書五経にまで進んだ。

そこから、ようやく兵書である『六韜《りくとう》』や『三略』を学び、ほかに『古今集』や『万葉集』『源氏物語』にも触れている。楷書や医術についても学んだというから、じつに高度な教育を受けていたわけである。

戦国武将には、軍事的な能力だけでなく、人を統治していく力も必要だった。そのため、さまざまな教養を身につけることが望まれたのだ。

戦国大名はどんな文書を出していた？

戦国大名というと、合戦に強ければいいというイメージをもたれがちだが、そうではなかった。領国をしっかり統治し、人心を引きつけることも必要だったし、他の大名と外交交渉もしなければならない。この領国統治と外交に必要不可欠だったのが、数々の文書の作成である。戦国大名は多くの文書を発し、統治・外交をこなしていたのだ。

戦国大名は、おもに判物と印判状という二種類の文書を発行した。判物は「花押《かおう》」という、いまでいうサインを入れた文書で、印判状は印章を押した文書だ。

戦国大名の間で重視されたのは、花押の

ある判物である。

　とくに外交文書は、花押がなければ信用してもらえなかった。事情があって花押を使えない場合は、その旨を文書の中で謝り、印判を使った。

　こういった文書は、戦国大名の命運を左右することもあった。

　明智光秀が毛利方にあてた信長の暗殺に成功したという文書が秀吉方に渡ったことで、秀吉の運が開けたのは、その代表的なエピソードである。

　また、伊達政宗は、他大名の領地内の一揆をそそのかす偽文書を秀吉のもとに届けられ、無実の罪を着せられそうになったことがある。このとき、政宗は死を覚悟して秀吉のもとを訪れ、文書の花押が偽物であることを証明して助かっている。

関所で厳しく取り締まられた「出女」とは？

　室町時代の関所は、関銭《せきせん》（今でいう関税）の徴収を目的としていたが、江戸時代になると、関所で通行人を厳しく取り締まるようになった。

「入り鉄砲に出女」という言葉があったように、とりわけ江戸へ向かう鉄砲と、江戸から下る女性は厳重に取り調べられた。

　入り鉄砲を取り締まったのは、いうまでもなく、反乱や謀反を予防するためである。では、もう一方の「出女」は、なぜ厳しく取り締まったのだろうか。

　これは、大名の妻子の江戸脱出を許さないためである。

　家康は幕府を開くと、大名の妻子を人質

として江戸に住まわせるようにした。大名たちに、江戸城下に屋敷を与え、妻子を江戸に住まわせることを制度化したのだ。妻子が江戸にいれば、諸大名はまず謀叛を企てることができない。

しかし、この制度も、妻子が江戸から脱出すれば、意味がなくなる。そこで幕府は、妻の江戸脱出を防ぐため、通行手形を持っている女性でも、関所で厳しく取り調べたのである。

関所によっては、「改め婆《あらためばばあ》」と呼ばれる老女がいて、男装していないかどうかも含めて厳重にチェックしていた。

日本で初めての〝国立病院〟ってどんなところ?

『雨月物語』で有名な上田秋成《うえだあきなり》は、その書を出版する前の一七七二年(明和八)、三八歳のとき、火事で焼け出された。生活に困った彼は、一時期、医者に〝転職〟したことがある。

江戸時代には、医者の国家試験も免許もなく、誰でも開業できた。修業といっても、医者に弟子入りし、見よう見まねで覚えるだけである。上田秋成も二年ほど修業したのち、開業。しかし、疱瘡《ほうそう》の子供を治せなくて、親に恨まれ、夜逃げしたといわれる。

江戸時代の医者には、幕府の御典医《ごてんい》、各藩お抱えの藩医、それに町医者があった。人数的には町医者がもっとも多かったが、ひと言に医者といっても業態はさまざま。さらに、腕もさまざまで、名医から藪医者までそろっていた。しかし、どの医者にかかっても、診察代や薬代はべらぼうに高く、庶民には縁遠い存在だった。

そんな医療体制のなかで特筆すべきは、一七二二年（享保七）に小石川養生所が設置されたこと。町医者の目安箱《めやすばこ》投書がきっかけで設けられ、当初は常勤の医師が二名、その他に夜間救急医一名、非常勤の医師二名が勤務した。〝国立病院〟としては、なんとも頼りなかったが、極貧の病人を対象として、診察料は無料だった。

その後、常勤の医師が五名になったものの、予算が少ないことから、苦しい運営が続き、最終的には幕府の医師派遣を中止、町医者を雇うようになった。それでも、庶民にとっては頼れる病院として明治初期まで存在しつづけた。

江戸時代の医療体制は、決して満足できるものではなかったが、洋の東西を見ても、当時の医療体制は、どの国もその程度のものだった。

元禄時代、突然改名を迫られた人々とは？

「亀は万年、鶴は千年」といわれるように、古くから「鶴」という文字は縁起がいいとされてきた。江戸時代には「鶴」の漢字を使った人名や地名、屋号などが多数みられる。

ところが、元禄時代、この「鶴」という字がいっさい使えなくなったのだ。理由は、将軍の〝鶴の一声〟である。

『生類憐みの令』でおなじみの徳川綱吉が、自分の娘「鶴姫」を溺愛するあまり、庶民に「鶴」の字の使用を禁じたのだ。名づけて「鶴字法度」という。

突然のお触れに驚いたのが、全国のお鶴さんや鶴之丞さんや鶴之助さんたちである。すでに使っていた名前も、強制的に改名させられたからである。

『好色《こうしょく》一代男』や『好色五人女』の作者として有名な井原西鶴《いはらさいかく》も、この時期は「西鵬《さいほう》」と改めていたくらいだ。

京菓子の老舗《しにせ》「駿河屋」も、このお触れをきっかけに「鶴屋」から改名した。さらに、地名も改名を余儀なくされ、「鶴がダメなら、亀だ」と各地に亀のつく地名が急増した。

一七〇四年（宝永元）に鶴姫、一七〇九年（宝永六）に綱吉が亡くなって、「鶴」の使用が解禁され、人名や屋号を元に戻すケースが多かったが、地名の多くはそのまま残ることになった。

老中の駕籠がいつも小走りに運ばれたのはなぜ？

幕府の老中は譜代大名から選ばれ、老中になった大名は、江戸の大名屋敷から江戸城に登城した。登城の道中、老中は駕籠に乗り、行列をつくった。

その老中の行列に出会うと、御三家でさえ会釈し、他の大名は道を譲った。老中の行列であるかどうかは、遠目にもひと目でわかった。というのは、老中を乗せた駕籠行列は、いつも小走りだったからである。

老中の駕籠がいつも小走りに運ばれたのは、秘密を守るためである。ふだんのときに、ゆっくり歩いていると、ある日、何らかの異変があって、小走りで慌ただしく駕籠を進ませた場合、それを見た者が不審の念を抱きかねない。将軍家に何かあったのではないかと、根も葉もない噂が立ちかねない。

そこで、老中たちはつねに小走りに駕籠を走らせることにしたのだ。いつもそうしていれば、緊急事で江戸城に駆けつけるときでも、怪しまれる心配はないというわけだ。

江戸時代、「お家断絶」を招いた最大の原因は？

江戸時代の大名家にとって、最大の課題は家督《かとく》相続だった。万一、家督相続に失敗するとお家断絶となり、一族郎党はもちろん、家臣たちも収入を失ってしまう。

実際、大名が廃絶されたケースをみると、家督相続の失敗が最大の要因になっていたことがわかる。幕法違反、乱心や病気というケースもあるが、世嗣《せいし》がいなかったからというケースが半数近いのだ。

江戸時代、幕府は、武家の相続に関して「長子単独相続」を基本とし、世嗣の長子がいない場合は、その家を断絶させた。江戸初期には、松江藩主・堀尾忠晴《ほりおただはる》、松山藩主・蒲生忠知《がもうただとも》らが、世嗣がいなかったために、改易の憂き目にあっている。

だから、各大名たちは、家督を相続したら、妻をめとり、妾をつくり、子づくりに励んだ。

めでたく男の子が誕生すればいいが、いつまでたっても男の子が生まれないときはどうするか。他家から男の子を養子にし、世嗣とした。

また、当時は医療技術が未熟だったから、

男の子一人では早くに亡くなってしまうおそれがあった。次男、三男、四男と子をもうけ、もし長男が早く死去したときは、二男以下を世嗣とした。

問題は、世嗣を立てていない藩主が急に危篤状態に陥ったときだ。このとき、あわてて養子縁組をしても、当初、幕府は「末期《まつご》養子」といって認めなかった。こうなると、泣く泣くお家断絶だ。

江戸初期にはそんなことが多く、巷《ちまた》には浪人があふれた。しかし、それが原因となって、浪人を集めて幕府転覆を画策した由《ゆ》比正雪《いしょうせつ》の慶安事件が起きたため、幕府はそれ以上、浪人を増やすことを警戒するようになった。

こうして、幕府は末期養子を認めるようになったのだ。

江戸時代、「ヒゲ」のない大名が多いのはどうして?

江戸時代の大名の肖像画を見ると、いずれもひげがないことに気づく。幕末の水戸藩主だった水戸斉昭《なりあき》にひげがあるのが目立つくらいで、ほとんどひげを生やしていない。

彼らの先祖である戦国大名が、当たり前のようにひげをたくわえていたのとは大違いである。

江戸の大名がひげを生やさなかったのは、幕府が武士にひげを禁じた影響だ。

一六一五年(元和元)、徳川家が大坂の陣で豊臣家を滅ぼすと、幕府に対抗する勢力はなくなった。

幕府はこの年、武家の奉公人にひげを禁

じる法令を出している。

戦国時代の荒々しさをイメージさせるひげは、これからの平和な時代に逆行すると見なされたのだ。

このときは、大名や旗本のひげは対象外だったが、やがて江戸に旗本奴と呼ばれる暴れ者が登場する。彼らはひげをはやし、異様な風体で徒党を組み、傍若無人に振舞った。

旗本奴にすれば、平和な世の中に対する鬱憤があったのだろうが、幕府はこれを放置せず、一六四五年（正保《しょうほう》元）、幕府は旗本の大ひげを禁じた。

このときの対象は旗本だけだったのだが、当時はまだ取り潰される家が多かった時期で、大名たちは、ことのほか幕府に神経を使っていた。

ひげで何か問題を起こしたり、言いがかりをつけられる前にと、ひげを剃ってしまったのである。

大名と旗本の違いって何？

徳川家直参でも、禄高が一万石以上なら大名と呼ばれた。禄高がそれ以下なら旗本であり、旗本の下には御家人がいた。旗本と御家人の違いは、将軍に御目見できるか、そうできないかだ。

旗本は、徳川幕府の高級公務員のような立場にあったのだが、同じ旗本でも禄高の違いによって、仕事の内容は違った。まず旗本の仕事は、おもに番方と役方の二つに分かれていた。

番方は、江戸城の警護や宿直を担当し、

大番、書院番、小姓組番、新番、小十人組などがあった。

役方には、町奉行、勘定奉行、遠国《おんごく》奉行、目付などの仕事がある。このうち、大番頭、書院番頭、町奉行、勘定奉行、大目付などの要職についたのは、五〇〇〇石以上の旗本たちだ。

禄高が低い旗本は、要職以外の役人として働くことになるが、そうした仕事でもありつければいいほうで、じつは仕事のない旗本も大勢いた。

仕事のない、つまりは無役の旗本は、三〇〇〇石以上なら「寄合《よりあい》」、それより下なら「小普請《こぶしん》」に属した。寄合はときどき江戸城に登城するのが仕事、小普請は屋根瓦の修理に呼ばれるくらいだった。それでも、禄はもらえたのだ。

女の園「大奥」のアイディアは誰が考えた？

江戸城内にあって、男子禁制の女の園「大奥」。その大奥は、江戸城本丸御殿の一部である。本丸御殿は三つに区分され、老中らが執務し政庁の役目を果たす「表」、将軍の御座所である「中奥《なかおく》」、そして「大奥」に分かれていた。大奥には、ご存じのように、将軍の正室や側室、彼女らに仕える女官がいた。

大奥の仕組みは、豊臣秀吉の大坂城の御殿を真似たものだ。大坂城では、政治を司る表向き、妻や側室のいる奥向きに厳重に分けられていた。江戸城もそのシステムを踏襲したのだ。

そして、二代将軍・秀忠が江戸城を増築

した際、奥向きを「大奥」という名に変えた。他の大名には、この大奥という言葉を使うことを許さなかった。

男子禁制など、大奥の規則を定めた「大奥法度」が定められたのは、一六一八年（元和四）のこと。この大奥法度をもとに、三代家光の乳母であった春日局《かすがのつぼね》が大奥の制度を整えていく。

春日局は、一六二三年（元和九）、家光が三代将軍となった際、大奥の御年寄《おとしより》に任じられる。以降、大奥を取り仕切る実力者となり、その威光は、家光でさえ大奥の女官の処分に関して、春日局との相談抜きには決められなかったほどだ。

長く大奥を取り仕切った春日局が、一六四三年（寛永二〇）に亡くなると、大奥の風紀が緩みはじめた。とあれば、法令によって規律を強めるしかない。そこで一六七〇年（寛文一〇）、新たな大奥法度が定められ、規律が強化されることになった。

江戸の治安は なぜそんなによかったのか？

世界的にみれば、依然として東京は治安のいい都市である。その東京の治安のよさは、江戸から引き継いだものだといわれる。江戸の治安というと、辻斬りや強盗といった時代劇のイメージから、さも悪かったように思われがちだが、実際はそうではなかった。

江戸はひじょうに治安のいい町だった。八代吉宗の治めた享保年間（一七一六～一七三六年）などは、小伝馬町の牢に一人の囚人もいない時期があったといわれるほどだ。

治安がよかった理由の一つは、現代の交番のルーツというべき「番所」制度が効果を上げていたからである。番所には、武家屋敷にある「辻番」と、町方の「自身番」があり、ともに番所に番人が詰めていた。

また、江戸内の町と町との間には「木戸番」があった。木戸は午後十時には閉鎖され、二人の見張りがついた。夜、犯罪が起きて捕り物があろうものなら、木戸は堅く閉ざされ、木戸番のチェックは厳しくなった。この木戸番システムのために、犯罪者は思うように逃亡できない。そのことを考えれば、悪いことはできないという犯罪の予防効果が大きかったのである。

捕まったあとに、重刑罰が待っていたことも大きい。

江戸幕府は重刑主義をとっていて、一〇両以上のお金や物を盗めば死刑、放火をすれば火あぶりの刑となった。スリも四回目には死刑である。そのため、三〇歳を超えてなお、スリをする者はほとんどいなかったといわれるほどだ。

その重い刑罰を思えば、犯罪に手を染めるリスクがひじょうに大きい。そこで、犯罪を思いとどまる者が増え、江戸の治安は守られたのだ。

自動車のない江戸時代、なぜ交通事故が多かった？

交通事故は、自動車の登場以前にもあった。江戸時代以前にも、大八車や牛車、馬車などの〝クルマ〟があったからだ。これらは、さまざまな物資の輸送に欠かせない一方、江戸市中で交通事故を引き起こし、江戸の町の深刻な問題となっていた。

のんびりと動きそうな大八車や牛車ではあるが、大八車は坂道では思わぬスピードがつくし、牛や馬は突然、暴走しかねない。しかも、江戸の道路は、大八車や牛車、馬車で、たえず混雑していた。一七〇一年(元禄一四)の時点で、大八車が二二三九両もあったうえ、江戸の通りはごく狭かった。勢いのついた大八車が狭い道を走り、逃げ場のない人をひくというケースが少なくなかったのだ。

そこで幕府は、大八車や牛車、馬車に交通規制をかけた。現代の道路交通法とよく似ていて、その内容は、車間距離の設定や荷物の積載量制限、狭い路地での駐車禁止など多岐にわたる。

もっとも規制をかけても、交通事故はいっこうに減らなかった。そこで、幕府は交通事故をついに〝犯罪〟と考えるようになった。八代将軍・吉宗の一七一六年(享保二)、交通事故で人の命を奪うと、流刑にすることを決めた。

それでも、事故が減らなかったため、一七四二年には、さらに重刑が課されることになった。交通事故で人を殺した者は死罪、さらに家財を没収され、荷主にも重い罰金が課せられることになったのだ。

江戸時代、歩きタバコは罪だった？

近年、都市部では、歩きタバコをすると罰金を課されるようになった。だが、それでも、江戸時代に比べれば軽いものである。

江戸時代、歩きタバコならぬ歩きキセル

は、まず周りの者が許さなかった。江戸時代には、道端でキセルを使うのは厳禁とされていたのである。もちろん、火の不始末からの火事を恐れたからである。

道端どころか、自分の家でも、不用意にキセルをくわえようものなら、厳罰が待っていた。

実際、ある女性がキセルをくわえたまま便所に行き、そこで火をちゃんと始末せずに出火した際には、火あぶりの刑に処せられている。

過失による出火とはいえ、禁じられているくわえギセルをしたのだから、罪は重いと幕府は判断したのである。

幕府がそれほどタバコに厳しくあたったのは、もちろん火事が多大な被害をもたらしていたからだ。江戸には木造家屋が密集し、どこかから出火すれば、たちまち大火事になる危険がつねにあった。

幕府は、タバコの火以外にも、とにかく火の扱いに神経をとがらせ、慶安年間には二階で火をたくことを禁じ、朝夕の食事後には火を消すことなどのお触れを出している。

そして、不用意な火の取り扱いには、たとえ過失であっても、放火犯に等しい厳罰で臨んだのだ。

江戸時代の拷問「吊るし責め」はどのくらい痛かった？

江戸時代の裁きは、現代のように証拠に基づくものではなく、本人の自白に基づくものだった。だから、本人の口を割らせるため、拷問が加えられることもあった。

江戸の拷問は「牢問」と「拷問」の二つ

に分けられる。

まず牢問では「笞《むち》打ち」「石抱き」「海老責め」が加えられた。笞打ちでは、紙縒《こよ》りを何本も集めて堅くした棒状の物で両肩を叩く。それでも自白しなければ、石抱きである。薪の上に正座させ、膝の上に石を乗せていく。一枚一二～一三貫（およそ四五～四九キロ）もある石を白状するまで積み重ねたのだ。

石抱きでも自白しなければ、海老責めとなる。あぐらをかかせた状態で足首を一つに縛り、右足首から首にかけて縄をかける。この縄を縛りあげ、額と足首を近づけていくのだ。血流を圧迫するのでひじょうに苦しく、また生命の危険をともなった。

この三つの牢問でも白状しないときは、拷問が待っている。拷問は一つしかなく、吊るし責めだ。牢屋内の拷問蔵に入れ、両手を後ろで縛って吊るす。縄が肉に食い込み、血が吹き出たという。

牢問が町奉行の一存でできたのに対し、吊るし責めには老中の許可が必要だった。それも十分に証拠があって、死刑が確実な重罪の者に対してのみ行われた。そのため、牢問には何度もかけられた者はいても、拷問にかけられる者は少なかった。老中に許可を願い出るのは、町奉行が自分たちの取り調べ下手を報告するようなものだったからだ。

島流しになると、どんな生活が待っていた？

江戸時代、死刑に次ぐ重罪は島流しだった。おもな流刑地は、伊豆七島、佐渡ヶ島、壱岐《いき》などである。

島流しと決まると、年二回の船が出るまでは、牢屋に止め置かれる。島流しの日が決定すると、親戚縁者にその日が知らされ、差し入れが許された。米なら二〇俵まで、金なら二〇両までと決められていて、これが、島で生きていくための財産となる。

いざ島に流されると、流人らは、村内の囚人の割合が五~一〇%になるように、それぞれ分かれて村々に配置された。村では「五人組」組織に預けられ、その監視下に置かれた。村々には、掘っ建て小屋のようなものが用意されていて、そこが囚人たちの生活の場となる。わずかばかりの畑も与えられた。

島での生活は、いくつかのルールを守れば、あとは何をしようと流人の勝手だった。そのルールは、島抜けをしないこと、他の村へ行かないこと、流人同士で交際しないことで、あとは囚人の自由にまかされていた。しかし、けっして呑気な生活ではなかった。

なにしろ、流人にはいっさい食糧が与えられない。わずかばかりの畑を耕すか、村人の農業、漁業の手伝いをして食糧を得ていくしかない。さらに、水の乏しい離島には、飢饉がつきものだ。飢饉時には幕府から救援米が送られ、島民はそれで飢えをしのいだが、流人用の米はいっさいなかった。

そんな過酷な生活だから、流人で天寿をまっとうできた者はわずかだった。多くは餓死し、あるいは生活の苦しさから自殺した。わずかに生き残った者は、よほど頑健な者を除けば、職人と学識のある者、元僧侶らである。職人はその技術を村人に買われ、学識のある者は村人に読み書きなどを教えて稼ぎを得た。元僧侶は、御布施をもらうことができたのだ。

夜と昼とで泥棒の罪の重さが変わったのはなぜ？

江戸時代は重罰主義で、一〇両盗んだだけで死罪となった。一〇両といえば、今の八〇万円程度なのだが、それだけの盗みで首がとんだのだ。

しかし、そんな重罰にも但し書きがつく。確かに、夜、人の家に忍び込んで一〇両盗めば死罪となることが多かったが、白昼の空き巣の場合は、何度も捕まっていなければ、せいぜい笞打ち程度の刑罰ですんだのだ。昼間のスリも同様で、累犯がなければ罪が軽かった。

昼と夜とで罪の重さが異なっていたのは、戦国武士道の影響だとみられている。戦国時代、自分の生命や財産を守るのは自分であり、守りきれなくとも、それを敵のせいにはできない。

戦国時代は、つねに敵がどこかにいるのだから、油断は禁物だった。にもかかわらず、油断して敗れるのは、こちらにも落ち度があったことになる。これと同じ考えが、江戸時代の刑罰にも適応されたのだ。

白昼に空き巣に入られるのは、留守番もいなかった証拠であり、盗まれるほうにも落ち度がある。白昼のスリにしても同様だ。被害者にも自己管理できていなかったという落ち度がある分、犯人の罪が軽くされたのである。

江戸の町で辻斬りが横行したのは本当？

江戸は総じて治安の保たれた町だったとはいえ、無法者がいないというわけではなかった。時代劇には辻斬りのシーンが登場するものだが、実際、江戸には辻斬りの多出した時期がときどきあった。

もっとも横行したのは、江戸初期である。まだ戦国の荒々しい気風が残っている時代であり、自分の剣の腕を試したいという武士が少なからずいたのだ。あるいは、新しく購入した刀の切れ味を試したい、そんな欲望にかられて辻斬りをする武士が現れた。

また、江戸初期には旗本奴という、ならず者集団が町を傍若無人に歩いていた。彼らも、自分らの力を示すために、辻斬りに加わっていた。

そのような行状に対して、幕府は辻斬りを重大犯罪と見なし、厳重に取り締まった。幕府が旗本奴のボス格である水野十郎左衛門に切腹を命じてから、辻斬りはいったんは収まっている。

辻斬りがふたたび横行したのは、元禄時代である。この時代、綱吉による生類憐みの令によって、江戸の武士や町人の間に鬱憤がたまっていた。その憂さ晴らしのため、辻斬りが再び増えはじめたのである。

やがて綱吉が死に、生類憐みの令が撤廃されると、辻斬りは自然に減って、江戸は平穏な時代を迎える。

再び不穏になるのは、江戸後期である。このころになると、武士の中には貧しさにあえぎ、生活できない者が出てきた。彼らの中から、金品目当ての辻斬り強盗が現れたのだ。幕府は、辻斬り犯の武士は引廻しのすえ、死刑という重罪にした。

幕末になると、新種の辻斬りが横行しはじめる。犯人の多くは、志士崩れの浪人たちである。江戸の歴史は辻斬りにはじまり、辻斬りに終わったともいえる。

首切り浅右衛門の役得とは？

江戸の首切り役といえば、山田浅右衛門《あさえもん》の名がよく知られる。この山田浅右衛門、一人の人物ではなく、初代山田浅右衛門貞武にはじまり、八代浅右衛門吉亮までつづく。

この山田浅右衛門の家系、もともと首切りを職務としていたわけではなく、初代の本来の務めは、将軍家の御佩刀御試御用役《ごはいとうおためしごようやく》だった。彼は、据物《すえもの》試し斬りの達人といわれ、その高度な技術と賄賂によって、将軍家の刀の切れ味を試す役割を手に入れていた。

初代が試し斬りに使っていたのは、処刑後の死体である。処刑場の近くに試し場があり、土の台の上に死体が乗せられていた。その死体相手に、将軍家御佩刀の切れ味を試したのである。つまり、初代浅右衛門は、首ではなく、胴体の部分を斬って、刀の切れ味を見ていたことになる。

浅右衛門には、将軍家だけでなく、大名や旗本も、手に入れた刀の試し切りを依頼していた。そこから得られる礼金の相場は一〇〇両、最高額は二〇〇両だったという。浅右衛門が賄賂を使ってでも、公儀御用の試し斬り役を手に入れた理由は、ここにある。

その浅右衛門の腕前が、犯罪者の首斬り担当者に見込まれた。当時、首斬りは町同心の務めだったが、彼らの腕では一撃で首を落とせず、押さえつけて無理に引き切ることが多かった。そこで、浅右衛門に首斬りの代役を頼むようになったのだ。

こうなると、浅右衛門は胴体でなく、首斬りによって試し斬りができるようになる。大名らから試し斬りを請け負った場合には、預かった刀で実際に首を落として、その切れ味を試したのである。

百叩きの刑では、どんなふうに叩いたか？

江戸時代には、「百叩きの刑」という刑罰があった。この刑は、ムチではなく、ワラをきつく巻いた庭ホウキのようなものでひっぱたいた。

まず、囚人を裸にして臥《ふ》せさせ、肩や背、尻を叩いた。ただし、背骨は、傷つけないように避けられた。

執行人には、「気絶させないように打つこと」という注意があったが、百叩きでは、半分の五〇回も叩けば、囚人は気絶寸前になった。

そのため、五〇回で休憩し、立ち会いの内科医が、気付薬《きつけぐすり》を飲ませることになっていた。このとき、打ち役も交代して、残りの五〇回を叩いたという。

刑場には、数をかぞえる役人もいたから、回数のサバを読んでもらえることは期待できなかった。しかし、打ち役も人の子。囚人が悲鳴をあげ、泣き叫べば、打つ手を弱めることぐらいはしたらしい。だが、逆に、がまんをして声を殺したりしていると、徹底的に強く打たれた。そのため、この刑に慣れた囚人には、泣き叫ぶ演技がうまい者もいたそうだ。

生類憐みの令が無効だった土地とは?

生類憐《しょうるいあわれ》みの令といえば、五代将軍・綱吉による天下の愚法である。もとは動物愛護、さらには人命尊重を目的としていたが、しだいに行き過ぎが目立つようになり、ツバメを殺しただけで死刑となる者、蚊を叩いただけで流罪になる者が現れる始末だった。

ご存じのように、とくに大事にされたのは犬である。綱吉は、戌年生まれであり、犬を大切にすれば子宝に恵まれるという僧侶の言葉を真に受けたからだ。

そのため、江戸の町では、野良犬も殴れないという状態がつづいたが、そんな綱吉の治世にあって、犬を思い切り殴ることができた土地がある。水戸である。

水戸藩は徳川御三家の一つであり、当時、時代劇でおなじみの徳川光圀、要するに黄門様が治めていた。

光圀は、三代将軍・家光の従兄弟にあたり、綱吉相手にも遠慮することはなかった。生類憐みの令は悪法だと断じ、水戸領内においては、鳥獣の殺生を自由としていたのだ。人に害をなす犬なら、打ち据えてもよかったのである。

こうした光圀の姿勢に、水戸の領民はも

とより、江戸の庶民も喝采《かっさい》を送った。そして光圀をめぐるいろいろなエピソードがささやかれるようになった。

「光圀は江戸に出府したとき、野犬をわざと殴り殺してみせた」「綱吉に防寒用にと犬の皮を二〇枚ほど送った」といった具合だ。

それらの真偽はともかく、生類憐みの令に苦しんでいた民にとって、光圀が一種のヒーローとなったことは間違いない。のちに、庶民のヒーローとして、講談、芝居、ドラマで活躍するきっかけはここにあったのだ。

江戸の人口密度は世界一だったって本当？

なにしろ正確な人口統計があったわけではないから、断言はできないが、江戸の人口密度は、町人地に限ると、世界一だった可能性が高い。

明治初期の町別人口を見ると、町人の街だった日本橋地域は、一〇〇坪当たりに平均九戸の家があり、三〇人ほどが暮らしていたと記録されている。単純計算でも、一戸あたり一〇坪強ということは、二〇畳ほどの広さに家族全員が暮らしていたことになる。実際、裏長屋では、六畳一間に四人以上が暮らしたケースが多く、人口密度はきわめて高かった。

これらの数字を人口密度に換算すると、日本橋地域は一平方キロ当たり約九万人という大変な数字になる。

また、江戸全体のうち、六九%を占めていたのが武家地で、一五%が寺社関係。町人は、全体の一六％に寄せ集められていた。町人人口は約五〇万人だったので、一平方キロ当たりの人口密度は、およそ六万人となる。

町人の世界に限れば、江戸の人口密度は世界一だったといって間違いはなさそうだ。

夏になると江戸の人口が増えたのはなぜ？

享保《きょうほう》年間には、何度か町人の人口調査が行われ、その数は約五〇万人だったことが明らかになっている。その調査結果を詳しく見ると、面白いことに気づく。一七二五年（享保一〇）の調査によると、四月と六月の江戸の人口は一万人もの差が生じるのである。六月のほうが一万人も多いのだ。

しかも、その増加分のほとんどは、女性である。つまり、冬の間、江戸の女性のうち約一万人がどこかへ消え、夏になると戻ってきたということになる。これは、江戸名物の一つだった火事と関係している。

江戸は、ご存じのように火事がひじょうに多い町であり、その発生は、空気が乾燥し、強風が吹き荒れる冬場に集中していた。そこで、家庭によっては、火事の多い冬の間は、妻や娘を江戸近郊の知人や縁者のところに避難させていたのである。そのために、冬の間は、江戸の女性人口が減少したのだ。

ちなみに、当時の江戸近郊とは、今の中野区や練馬区、江戸川区あたり。遠くても、現在の東京多摩地区、埼玉県や神奈川県、千葉県あたりの東京寄りの地域である。

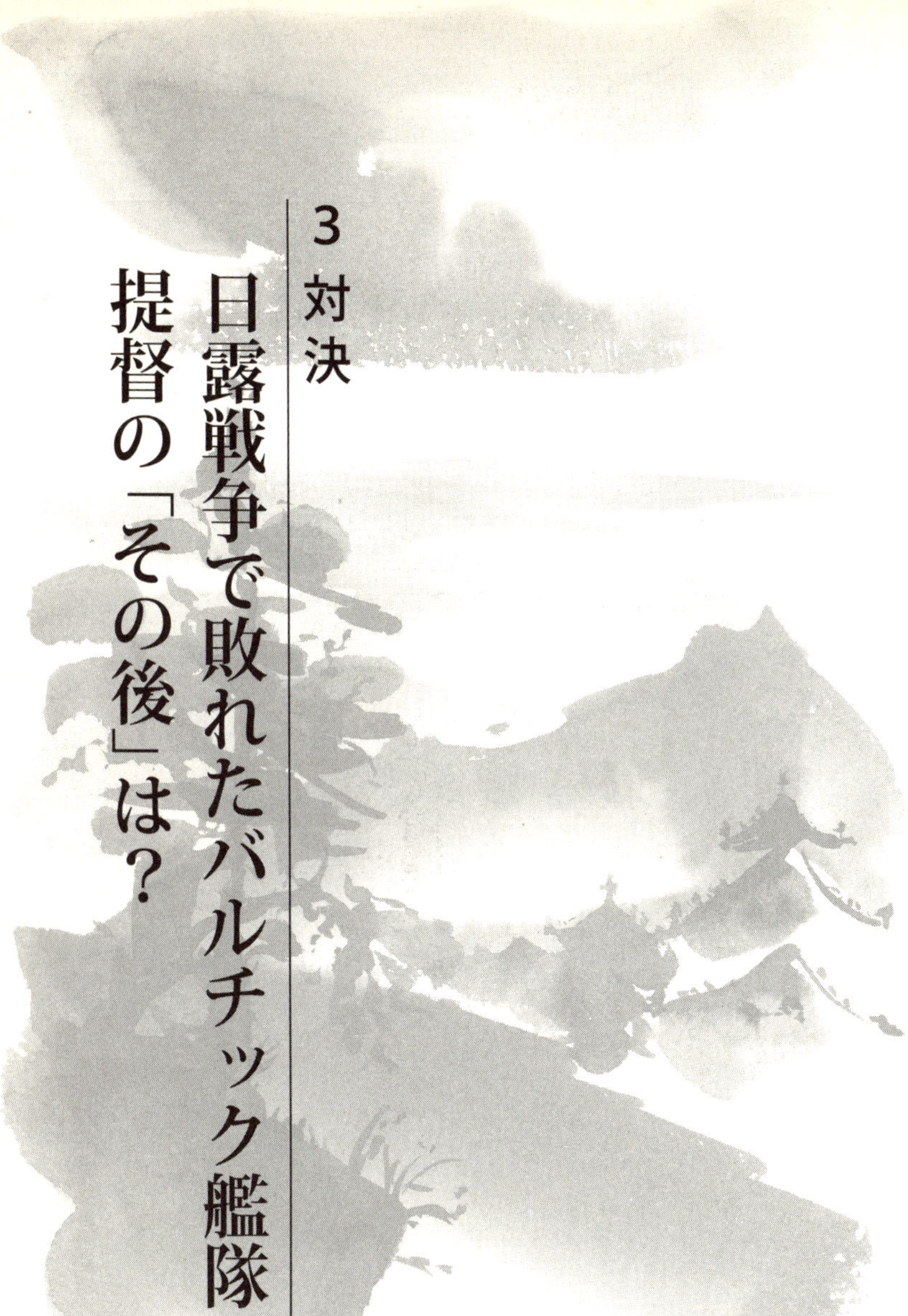

3 対決

日露戦争で敗れたバルチック艦隊提督の「その後」は？

縄文人はどんな〝戦争〟をしたの？

かつて、縄文時代といえば、集落のリーダーこそ存在したが、基本的に集団のなかでは身分や貧富の差がない、平和な社会というイメージで語られてきた。そのため、人々が集団で殺しあう戦争もなかったと考えられてきた。

ところが、二〇〇二年（平成一四）、この常識をくつがえす考古学的成果が発表された。高知県土佐市で発見された縄文晩期の居徳《いとく》遺跡の研究から、「国内としては、最古の戦争の痕跡が見つかった」と発表されたのである。

その研究によれば、同遺跡から見つかった人骨は、成人男女九人分の一五点だったが、少なくとも三人分の骨に、人為的につけられた傷跡があった。たとえば、女性の太ももの骨には、ヒザのすぐ上に骨製の矢じりが貫通した穴があった。また、男性の太ももと腕の骨には、金属製のノミ状のもので、何度も刺された傷が残っていた。

さらに、それらの人骨は、イノシシやシカの骨とともに捨てられており、死後、すぐに解体され、特定の部分だけが運ばれて遺棄されたと考えられる。そのことから、この時代の戦争犠牲者であると判断された。

それらの人骨から、縄文人同士の戦争が起きていたと考えることもできる。その一方で、時期がすでに縄文晩期であり、金属製の武器が使われていたことに注目すると、金属製の道具を所持する大陸からの渡来人が縄文集落を襲ったとも考えられる。

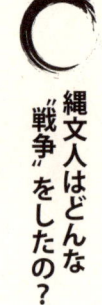

古代の軍隊の装備は、どうやって用意した？

日本が国家としての体裁を整えはじめるのは、六四五年の大化の改新以後のこと。中国をモデルとする国づくりが始まった。「国軍」が組織されたのも、その時代である。

時代を少し戻すと、古墳からは、甲冑に身を固めた兵士像が出土する。だが、甲冑は上級の指揮者に限られたスタイルで、国家から支給されたのは、鼓、鉦《かね》、軍旗といった部隊の指揮に使うもののみ。一般兵士は、自分で作った編笠をかぶり、足にはワラジを履いていた。腰に太刀を差し、手には弓を持って、背中に矢を入れた筒を背負っていた。

大化の改新後も装備は似たようなもので、そのような貧弱な装備で、大化の改新から十八年後の六六三年には朝鮮半島へ出兵。白村江で、重装備の唐・新羅連合軍と戦い、当然ながら完敗した。

その後、東国の農民に北九州沿岸を防衛させる「防人《さきもり》」制度がしかれるが、装備はやはり自前。さらに、赴任先の北九州までの往復の旅費も自腹だったので、兵士のなかには、任期を満了しても東国まで帰る費用がなく、帰路行き倒れる者が少なくなかった。

奈良時代になると、徴兵制がしかれ、本格的な軍隊が編成される。奈良時代の七五七年に施行された「養老律令《ようろうりつりょう》」によれば、二一歳から六〇歳までの農民の男子約一三万人が集められ、全国に約一四〇あった軍団に配属されたという。

　同時代の西ローマ帝国で、兵士の数は約二五万人。東ローマ帝国で約三五万人だったので、日本は、人数だけでいえば、世界有数の軍事大国だったことになる。ただし、人数だけはかき集めたものの、装備は兵士自身に自前で用意させるというお粗末な軍隊だった。

　日本では、そのような兵士が武器や装備を自前で用意するというスタイルが、明治維新直前まで続くことになった。

東国から集められた防人たちは、その後どうなった？

　大化の改新後の六六三年、ヤマト王権は、朝鮮半島の百済を助けるために出兵したが、白村江の戦いで、唐・新羅の連合軍に大敗する。その結果、唐による侵攻という事態も想定され、九州沿岸の防備が必要になった。そこで、「防人」と呼ばれる兵士が集められ、九州北部を中心とする西海沿岸防備にあたることとなった。

　その初期は、東国の開発に従事させていた集団を呼び戻して、西国警備に当たらせたのではないかと考えられている。その後、防人には、各地の農民が召集されることになって、とりわけ人口の多かった東国の農民が多数徴発された。

　しかし、八世紀半ば、東国からの派遣は停止される。遠い東国から徴兵するという方法がそもそも非効率だったこともあるだろうが、それ以上に大きな理由は、防人として派遣されることが、東国の農民にとってあまりに過酷な負担だったことにあるとみられる。

まず、防人に選ばれると、関東から九州まで、約二ヵ月もかけて歩いて行かなければならない。夜は野宿、食料も自弁で、任地へ赴くだけでも、大変な苦労を伴った。

また、夫や子のいなくなった家庭では、米などの収穫が激減した。それでも、税の免除はなかったので、農家の負担はひじょうに大きくなった。さらに、任期は三年だったが、しばしば延長され、任務を全うしても、東国までの帰路、野たれ死にする者が少なくなかった。夫や子供が防人に選ばれれば、それは今生《こんじょう》の別れを意味したことが、当時、詠まれた防人の歌からもうかがえる。

というように、東国の農民にとってはあまりに重すぎる負担であったため、七五七年からは、おもに九州地方の農民がその任にあたることになった。

足軽はどうやって“調達”されたのか？

戦国時代の合戦では、たいていはより多くの兵を集めた側が勝ちをおさめた。その兵の多くは足軽だったので、戦国大名は足軽のかき集めに必死になった。

足軽の最大の供給源は、自領の農村である。村の農民たちを一時的に兵にして戦場まで連れていき、合戦が終われば村に帰したのだ。とくに、戦国前期は、兵の多くは半農半足軽であり、槍や刀が用意できないときには、鉈や鍬を武器代わりにする者もいた。

ただし、戦国大名といえども、強制的に

農民をかき集めることはできなかった。村に恩賞を与えたり、免税を約束してはじめて、農民を戦場に駆り出すことができたのだ。

その〝動員法〟を間違うと、村のほうが動員に応じないこともあったし、若者を出さず、年寄りばかりを戦場に送り込むこともあった。武田家でさえ、信玄が亡くなった後は、合戦の招集があっても、村々がロクな兵を出さなくなって弱体化したと、隣国からなめられるようになったほどだった。

その一方、戦国時代後半には、半農の兵ではない〝プロの足軽〟も数多くいた。彼らは、恩賞を求めて、自ら参戦した者たちで、豊臣秀吉も、最初はそうした一人だった。

また、戦国時代には、各地で都市が生まれ、農民は仕事を求めて都市に流入した。そうした元農民も、いざ合戦のときには、足軽として動員されることがあった。

戦闘での傷の痛みをどうやっておさえた？

合戦に負傷はつきものである。刀や槍による傷、矢が刺さった傷、投石による打撲など、負傷者はその痛みに耐えなければならなかった。

当時は、鎮痛剤や麻酔があるわけではなかったので、痛みのおさえ方には、迷信じみたものが多かった。

まず負傷したら、心臓側のほうの傷口近くを縛った。さらに、焼酎を吹きかけ、傷口を殺菌するという方法は、知られていた。ここまでは、現代医学にもかなった治療法である。

ところが、焼酎がないときには、いきなり荒っぽい対処になる。自分の小便を傷口にかけるとか、塩や人糞を傷口にすりこむとかといった方法だ。「血止めには、鹿毛の馬の小便を呑むといい」とか、「傷を治すには、女性の陰毛を焼いた灰を油とともに傷口に塗り込む」といった奇怪な治療法も横行していた。いずれも、むろん医学的な根拠はなく、下手をすれば破傷風になりかねない対処法である。

矢が刺さったときは、それまでの経験をもとにした伝統的な処置法があった。矢が刺さると、やがて肉が鏃《やじり》を締めつけて、抜けなくなる。手で抜くのは無理で、釘抜きややっとこなどで引き抜いた。目玉に刺さった場合は、いきなり抜くと、目玉ごと抜いてしまうので、まずは頭を木に押しつけてから抜いた。当時は、こんな荒っぽい処置しかなかったのである。

戦場では、刀と槍のどちらが役に立った？

武者といえば、刀姿か槍姿が思い浮かぶが、戦場でどちらが役に立ったかといえば、圧倒的に槍のほうである。

時代劇では、武士はよく刀をふるって戦っているが、現実の戦場で、刀はあまり役に立たなかった。相手が鎧で身を固めているため、刀でバッタバッタと斬り倒すのは不可能だったのである。せいぜい鎧の隙間をピンポイントで突き刺すしかないが、乱戦の中、鎧の隙間を突き刺せるのは相当の達人だけだ。それに何人か斬ると、刀は刃こぼれして使い物にならなくなった。

一方、槍は、合戦ではじつに用途の広い武器だった。相手を突き刺し、足を払い、長さと遠心力を利用して、殴りつけることもできた。頭を叩かれれば、それは致命傷にもなった。

槍は、とくに集団戦に適していた。とくに戦国後半は、集団戦法が中心となり、長槍部隊が槍をズラリと前面に並べ、槍ぶすまをつくって、騎馬武者による突撃を阻止した。突撃では槍ぶすまを破れなくなり、鉄砲という飛び道具が必要になったのである。

槍部隊がいかに重要だったかは、上杉軍の編成を見るとよくわかる。なんと槍部隊は全体の三分の二を占め、刀を持った遊軍は全体の一割に過ぎなかった。他の軍勢の構成も似たりよったりで、槍こそ合戦の主力兵器だったのだ。

築城には、どんな技能集団が参加していた?

戦国大名のなかでも、とくに豊臣秀吉や池田輝政、加藤清正らは、巧みな築城技術を身につけていたといわれる。しかし、どれほどの知識と資金をもっていても、高度な技術をもつ専門家の助けなしには、巨大な城を築くことはできなかった。

たとえば、石垣を構築する石工集団としては、近江穴太《あのう》を本拠とした「穴太衆」がよく知られている。ルーツをたどれば、朝鮮から渡来した人たちで、古墳の石室造りなどを担当しながら、代々技術を伝え、戦国時代には城の石垣建築のスペシャリストとなっていた。戦国時代後期から江戸初期にかけては、引っ張りだこで、各藩に穴太衆が召抱えられていた。

また、城郭の建物部分の建築責任者としては、大工頭や大工棟梁がいた。「大工頭」といっても、大工の長という意味ではなく、技術官僚の最高位のことである。とくに有名なのは、京都大工頭という役職を世襲していた中井家。豊臣秀吉の時代から大規模な土木工事に参加し、家康にも重用され、江戸時代の城建築に大きな貢献をしている。

また、戦国大名は、製材職人、大工などに免税の特典を与え、築城はもちろん、戦場での遮蔽物の構築などに従事させていた。この他にも、左官や鍛冶、家具装飾を担当する細工師、障壁画を担当する絵師、さらに瓦師などの技能集団も築城に参加していた。

本丸、二の丸、三の丸の実際の役割は？

現在でも、最重要人物と接触するとき、「いよいよ本丸に攻めこみますか」などという。この「本丸」は、もともと城の中枢となる場で、御殿には城主が鎮座し、戦局全般をながめ渡す場所だった。いわば、戦時のコントロール・タワーである。

しかし、現存する本丸御殿はきわめて少なく、完全に残るのは高知城だけである。また、天守が復元されるケースは多いが、本丸御殿については、史料が少ないうえに、見ためのインパクトにも欠けるため、復元例は少ない。

本丸についで重要な場は、「二の丸」で

ある。ここには、城主の近親者や重役級の家臣団が居住し、防衛上の最終拠点でもあった。

これにつづく「三の丸」は、戦時には前線となることが多かった。現場指揮の大将や精鋭部隊が布陣、敵と直接刀や槍を交えて戦った。

ちなみに、一般の兵士たちは、城壁の近くに建てられた櫓に籠っていた。戦時には、本丸と二の丸の中間あたりの見晴らしのきく場所に建てられた櫓が前線の作戦指揮所になった。また、最前線の足軽は、一人につき畳一枚半ほどのスペースを与えられた長屋風の陣小屋で寝起きしていた。

いってみれば、現在のカプセルホテルのような場所から、戦いの場に出ていったのである。

天守をつくった そもそもの目的は?

戦国時代、城のうち、一番高い建物は「天守」と呼ばれた。「天守閣」と呼ばれるようになったのは、明治以降のことだ。

本格的な天守が初めて設けられたのは、信長によって築かれた安土城とみられる。その天守が生まれたきっかけをさかのぼれば、鉄砲の伝来に行き着く。

鉄砲という新兵器の登場で、城の意味は大きく変わった。従来の山城で、鉄砲隊の攻撃を防ぐことができなくなり、戦術上の意味を失った。

そこで、城は、平地の広い土地に建てられ、周囲に堀をめぐらし、距離的に鉄砲の攻撃にさらされないような城が建設されるようになった。

と同時に、城は、領主の権勢の象徴となり、天にむかってそびえ、あたりを見下ろす天守が設けられるようになった。

文献によれば、天守のルーツは、安土城より七〇年以上も前に建てられた伊丹城とされる。しかし、これは、城の中心的存在としての御殿に、望楼を載せたようなものだった。

「天守」と呼ばれるほどの櫓《やぐら》が登場するのは、やはり安土城からである。

その安土城の天守の内部には、黄金が輝き、多数の美術工芸品が飾られていた。信長は、自らの権勢を示すため、外見だけでなく、内部にもこだわったのだ。その後、安土城を真似、各地で天守建築がブームになった。

城の天守に鯱があるワケは?

名古屋城といえば、金の鯱《しゃちほこ》を思い出す人が多いだろう。これは、一六〇七年(慶長一二)、徳川家康が、第七子の義直を尾張六二万石に封じ、諸大名に命じて築城工事をさせたとき、天守の鯱を黄金にしようと発案したものである。徳川家の威光を天下に示すことも目的だったが、家康の腹の中では、外様大名にさらに資金をつかわせるための方便でもあった。

この名古屋城にかぎらず、他の多くの城の天守にも鯱が飾られている。ふつうは、瓦か石、せいぜい銅製だが、天守に鯱を飾ったのは、鯱が水を吹く魚という伝説に由来する。つまり、城の火除け、防災のおまじないだった。

なお、海に棲息するシャチは、哺乳類でクジラの仲間だが、城の鯱はそれとは違う想像上の魚。建物の正面に向って、右がオス、左がメスと決まっていて、オスの方がメスより少し大きい。そして、メスは口を閉じているが、オスは口を開けていることが〝お約束〟とされている。

城の石垣はいったい何のためにあるのか？

古い城には、土塁がある程度で、石垣はなかった。ところが、信長が築いた安土城をきっかけに、石垣造りの城が急速に普及していく。石垣造りにしたのは、鉄砲という新兵器対策と考えられている。つまり、従来の土の城では、銃弾が貫通してしまうので、石垣を築いて防御を固めたわけである。

しかし、この説に、異議を唱える声もある。土塁でも、ある程度の厚さがあれば、銃弾の貫通を防ぐことは可能なのに、手間も経費もかかる石垣をわざわざ築いた理由が説明できないというのだ。むしろ、信長の時代には、城は権力を象徴するシンボル的な存在であり、天守と同様、石垣も、城主の力と富を示すためのものだったのではないかというわけだ。

そもそも、石垣は古墳時代から築かれてきた。前述したように、朝鮮から渡来し、穴太衆《あのうしゅう》と呼ばれた石工集団が石積みの技術を継承し、古墳の石室にはじまり、数々の建造物を手がけていたのだ。

たとえば、比叡山の門前町として栄えた

坂本には、六〇を超える坊の跡があるが、いずれも穴太衆による立派な石垣を伴っている。信長は、一五七一年（元亀二）、比叡山を焼き討ちしたさい、穴太衆の石垣を知り、その五年後に着工した安土城に穴太衆を大動員したといわれている。

石垣用の巨石をどうやって運んだか？

戦国時代に来日していた宣教師のルイス・フロイスは、日本で見聞したことを『日本史』という書物に残した。

そのなかに、安土城には、移動させるのに四、五〇〇〇人を要する巨石が数個使われたと書いている。さらに、最大の石は、六、七〇〇〇人がかりで運んでいたが、運搬の途中にすべり落ち、一度に一五〇人もが圧しつぶされたとも書き残している。

本当にそれほどの人手をかけていたかははっきりしないが、安土城の場合、巨石を山頂まで運ばなければならなかったのは事実。しかも、当時はパワーショベルなどの重機はなく、人海戦術に頼るしかなかった。多くの人々の人力によって、石が運ばれていたことは間違いない。

一般に、石垣につかうような巨石を運ぶさいには、テコやコロの手法が使われた。コロは、石の下に丸い棒を等間隔に並べ、その上をすべらせる運搬法。石に縄をかけ、何人かで曳くと、丸い棒がローラーの役割を果たし、石を動かせた。

さらに巨石の場合には、コロの上に、木ソリをはさみ、前方から縄を曳くと同時に、後方からテコの原理をつかって押しやるという方法で運ばれた。

お城の石垣には、なぜ勾配がついている？

日本の城の石垣には勾配がつけられていて、高くなるほど、反り返るようなカーブを描いている。その曲線が、城の美しさをいっそう引き立てているが、この石垣の勾配には、二つの防衛上の意味が隠されている。

一つには、敵兵が石垣をよじ登り、城内へ突入するのを防ぐという目的がある。その勾配には、寺の屋根のように直線的な「寺勾配」と、神社の屋根のように弓状に反った「宮勾配」があり、とくに「宮勾配」の石垣は、上に行くほど反り返り、精強な兵でも簡単には登れないようになっていた。

代表的な宮勾配の石垣には、加藤清正が築城した熊本城の石垣がある。敵の武者が登るのをあきらめて返るところから、「武者返し」と呼ばれている。

もう一つ、石垣に勾配がついている理由は、内側からの構造圧に対して、その力を外部に逃がし、石垣に強度を加えるためとみられる。ただし、現代工学をもってしても、振動時、石垣がどう動くかわからず、勾配のもつ工学的な意味はまだはっきりと解明されていない。

城の攻略法にはどのようなものがあった？

戦国大名の住む城は、領国経営の中枢であり、また敵の攻撃から死守すべき防衛拠点でもあった。そのため、戦国時代の城は、攻撃されることを念頭に、さまざまな工夫が施されていた。だから、攻める側は、守る側の数倍の兵力が必要とされ、優秀な武将ほど、城攻めを避けるものだった。

しかし、だからこそ、攻め手にとって、その国の象徴でもある城を攻め落としたときの報酬は大きかった。その城攻めには、大きく分けて四つの戦法があった。

一つは、味方の犠牲を覚悟のうえで、敵の城に突入する「強襲」である。攻撃側の兵士が少ないときに用いられた作戦だ。

二つめは、敵を油断させ、弱点をついて、城内に侵入。落城に追い込む「奇襲」である。援軍と称して城内へ忍び込み、城を空けさせることもあった。

三つめは、兵士も武器も十分に整えて、堂々と攻撃する「正攻法」で、四つめは、包囲して持久戦に持ち込む「長囲」である。

「長囲」の具体的戦法としては、城を完全に包囲し、食料や武器、弾薬の補給路を完全に断つ「兵糧攻め」と、長い堤防を築き、近くの河川をせき止めることで城の周囲に水を引き入れる「水攻め」、忍者などを侵入させ、水源を破壊するなどして城内の飲料水を枯渇させる「干殺し」、火のついた矢を放ったり、城内に忍び込んだ忍者に放火させる「火攻め」などがあった。

たとえば、秀吉による播磨（兵庫県）の三木城攻めでは、二年にも渡って兵糧攻めが続けられた。

籠城側は、草や木の皮まで食べつくし、ついに餓死者が出たが、その肉を食べながら命をつないだといわれる。

秀吉は、この勝利によって城攻めの巧者として天下に知られることになった。

城攻めにはどんな道具がつかわれた？

戦国時代につかわれた武器のなかには、城攻め専用の武器もあった。

偵察用兵器から紹介すると、兵士の入った箱を縄と滑車で持ち上げ、城内を観察させる「釣井楼《つりせいろう》」があった。また、材木を櫓のように組み上げ、その上に兵士がのぼって偵察した「井楼《せいろう》」という偵察台もつかわれた。

また、竹を束ねた楯のようなものは「竹束《たけたば》」と呼ばれた。現在の機動隊のジュラルミンの楯と同じで、これに身を隠しながら前進した。

同じように身を隠しながら城に接近する兵器として、楯にする厚手の板三、四枚を並べ、底に車をつけて動きやすいようにした「持備《もちそなえ》」があった。その板には、鉄砲や矢を放つための穴が開けられていた。

また、堀を渡るための簡単な橋は、「結橋《ゆいはし》」と呼ばれた。竹を束にして組んだもので、この橋を伝い、夜陰に乗じて忍び込んだ。

また、石垣や堀を越えるための梯子で、折りたたみ式や組み立て式のものは「継橋」と呼ばれ、投げることで石垣や堀などに引っ掛けて登った梯子は「投げ橋」と呼ばれた。

こうした兵器が、つぎつぎに開発され、城攻めに欠かすことのできない兵器となっていった。

絵にかいたような落城は、本当に起きた？

一五七三年（天正元）八月、近江の小谷城は、織田信長軍に包囲される。小谷城には、いったんは信長と同盟を結びながら、のちに裏切った浅井長政軍が籠っていた。

長政の妻お市は、よく知られているように信長の妹。信長は、妹の安否も考えて、長政に投降を勧めたものの、長政はこれを拒否する。そこで、八月二六日、羽柴秀吉の一隊が、本丸の背後にある京極丸を占拠。これによって、浅井側は、本丸に籠る長政と、小丸に籠る父の久政が分断され、翌日には久政が自刃した。長政は、お市と三人の娘を信長側に引き渡して抵抗を続けたが、二九日には長政も自刃して、ついに小谷城は落城することになった。

この小谷城の落城は、お市が絶世の美女といわれることもあって、落城劇の典型として語り継がれてきたが、じつは、この小谷城のようなドラマチックな落城劇は、戦国時代にもめったに起きなかった。

そもそも、城攻めは、攻める側にも守る側にも、莫大な損害が出た。信長や秀吉のような圧倒的な戦力と軍資金がなければ、なかなか踏み切れるものではなかったのだ。

たいていの場合、城攻めの前に政治工作を行い、敵の家臣を寝返らせるなど、相手陣営を切り崩し、それに成功して相手陣営が弱体したのを確認してはじめて、攻撃に出るというのが、一般的なパターンだった。

また、切り崩された方も、徹底抗戦しては、お家壊滅の危険がある。戦況が不利なことを悟れば、和睦のための交渉に乗り出すか、城主は逃亡した。

そのため、小谷城のような落城劇はまれで、現実には双方合意のうえでの開城か、城主の逃亡による無血占領という話のほうがはるかに多い。

敵の城を兵糧攻めにしているとき、攻撃側は何をしていた？

豊臣秀吉が、一五九〇年（天正一八）、小田原城を攻めたとき、約三キロ離れた山の上に築いたのが、石垣山城である。天守があったかどうかは不明だが、石垣や櫓のあった本格的な城で、豊臣方は、じっさいには八〇日かかって築いたものを、樹木で隠して、まるで一夜で築いたように演出、北条側の戦闘意欲を一気に失わせたと伝えられている。

兵糧攻めの場合、まず攻撃側が行ったのは、籠城側の士気を低下させること。そのため、攻撃側は、忍者などを城内に忍び込ませ、敵の兵士の寝返り工作を行った。籠城が長引けば長引くほど、城外へ逃れたいと思う兵士が増えていく。そういう兵士に対し、落城後の厚遇を約束するなどして、夜襲の手引きをさせたり、武器を破壊させたりした。こうして、兵士を切り崩し、籠城側の弱体化を狙ったのである。

また、籠城側に投降を勧める密使を派遣。双方にとって、それ以上の消耗を避けるために、水面下で話し合いによる解決を提案した。

その一方で、味方の士気を低下させないための工夫も必要だった。兵糧攻めは、攻撃らしい攻撃をしないので、どうしても兵士の戦意が減退していく。しかし、戦況はいつどのように変化するとも限らない。敵の援軍に背後から襲われる可能性もあれば、籠城側が捨て身の出撃をしてくる可能性もある。油断はできなかった。

そこで、たとえば秀吉が小田原城を攻めたときには、歌や踊りの会を開いたり、芸者を陣中に入れて配下の大名らを楽しませた。また、大名には、陣に妻を呼ぶことを許し、秀吉は手綱を締めたり、ゆるめたりしながら、落城までの三カ月間、自軍の戦闘意欲をかきたて続けた。

城の備蓄食料は、どのくらいあった？

地震などに備えるための現在の非常食としては、乾パン、ビスケット、缶詰、レトルト食品、飲料水などがあり、家族ごとに三日分は用意することが勧められている。

では、いつ籠城を強いられるか予測のつかなかった戦国時代、それぞれの城では、どれぐらいの食料を備蓄していたのだろうか？

もちろん、城の規模によっても異なるが、少なくとも、半年分の食料の備蓄があったとみられる。仮に半年分なら、兵員が二〇〇〇名として、基準は一人一日五合。合わせて一八〇〇万合、つまり一八〇〇〇石という量となる。

さらに、豆や味噌、塩などの備蓄分も含めれば、城の備蓄室は、まるで出荷をストップした食品会社の倉庫のような状態だったろう。

もっとも、戦国大名が、城に大量の食料を備蓄していても、それは決して戦争に勝つためではなかった。城を包囲された段階で、もはや勝ち目は乏しく、目的はより有利な条件で生き延びること。それには、簡単に降伏するのではなく、長期戦に持ち込むしかなかった。そうすれば、敵も、自軍の疲弊を恐れて、話し合いを求めてくる。そこで、有利な条件で和睦するために、長期戦に耐えるだけの食料を備蓄しておく必要があったのだ。

火縄銃の射程距離はどのくらいあった?

鉄砲は、一五四三年（天文一二）、種子島に漂着したポルトガル船によって、日本へ伝えられた。それから、わずか三〇年で、織田信長らの鉄砲隊が戦場で活躍。日本の歴史を塗り変えることになった。

さて、当時の火縄銃の威力は、どれくらいだったのだろうか。

記録によると、火縄銃から放たれた鉛玉は七〇〇メートルぐらい飛びはしたが、有効な射程距離は一〇〇メートルぐらいだったといわれる。要するに、それ以上の距離になると、どこに飛んでいくかわからなかったわけである。

だが、このたった一〇〇メートルの距離が、日本史を変えることになった。それまでの合戦では、源平時代よりは多少進歩していたとはいえ、武士どうしの一騎討ちが戦いの中心だった。

ところが、鉄砲の登場で、そんな悠長な戦い方は、まったく通用しなくなった。馬を操り、敵軍に攻め込もうとしても、鉛の弾が飛んでくる。その速度は弓矢より速く、威力は何倍も強力だ。

そこで、一騎討ちには意味がなくなり、さまざまな戦術が生まれるなか、足軽を主体とした集団戦が、もっとも有力な戦法になっていったのである。

また、鉄砲の登場以前は、山城に籠城されると、武器が弓矢と刀では、ほとんど陥落させることはできなかった。そのため群雄が割拠できていたのだが、鉄砲の登場で山城を落とせるようになり、天下統一に向けてのスピードは格段に上がった。

一方、鉄砲製造の技術も年々進歩した。当初は弾丸や火薬を込めるのに、かなり手間がかかったが、やがて鉛の弾丸と黒色火薬を一緒に紙に包む現在の薬莢《やっきょう》に似たものが開発され、操作は格段に速くなっていった。

戦国時代、もっとも長かった籠城戦は？

織田信長の軍が長期間にわたって苦戦したのは、石山本願寺との戦いだった。

石山本願寺を包囲する織田軍に対して、本願寺側は徹底抗戦。途中、三度の和睦をはさんで、石山合戦は一五七〇年からじつに一一年間にも及んだ。日本史上もっとも長い籠城戦といわれる。

信長は、足利義昭を擁して京都へ入った後、本願寺第一一世顕如に対して、ほかの地へ退去するように要求した。石山本願寺は大坂湾に面した要地にあったが、退去しなければ堂舎《どうしゃ》を破壊すると脅したのである。

しかし、それ以前から、寺の周囲に堀、塀、土塁をめぐらし、防備を固めていた本願寺はこれを拒否。紀伊、伊勢、近江など各地の門徒に檄を飛ばし、織田軍との全面戦争に突入した。

しかも、本願寺には、紀州の門徒を中心に、三〇〇〇もの鉄砲隊があり、織田軍は苦戦を重ねる。信長は将軍義昭と朝廷を動かし、ひとまず和睦をはかった。

さらに、もう一度、顕如のほうから申し出て和睦を結んだ後も、戦いはえんえんと続いた。

その間に信長は着々と天下統一を進め、一方の本願寺側はしだいに疲れが目立ってきた。

やがて朝廷が、信長が主張する石山からの退去を条件に和睦を勧告。結局、顕如がこれを受け入れることで、石山合戦はようやく幕を閉じたのである。

戦場で死んだ兵士の遺体は誰がどうやって片づけた？

現代では、大事件・大災害で多数の死者が出たとき、その遺体を片づけるのは、警察や消防の仕事となっている。

では、戦国時代には、合戦で多くの死者が出たわけだが、その遺体は誰がどうやって片づけたのだろうか。

当時の記録によると、土地の僧侶たちが、敵味方の関係なく、負傷者を治療したり、死者を埋葬することがあったという。

しかし、ほとんどの場合は、地元の農民が駆り出され、後片づけをさせられた。彼らが遺体を寺院などに運び、合同で供養するのが一般的だった。

たとえば、武田勝頼軍と信長・家康軍がぶつかり合った長篠の合戦でも、その遺体は、地元の農民によって片づけられている。

この合戦は、武田軍一万五〇〇〇、信長・家康軍四万の戦いだった。武田軍は、数のうえでは劣勢だったが、その騎馬隊は信玄以来最強軍団とされたうえ、地の利もあって武田軍は密かな自信をもっていた。

ところが、信長軍は、騎馬止めの柵の後方に三列横隊三〇〇〇丁の鉄砲隊を並べ、最強の武田騎馬隊を壊滅させた。このときも、死屍累々の武田軍の遺体は、地元農民によって寺へ運ばれ、埋葬されている。

また、関ケ原の合戦では、約一万人の兵が戦場の露と消えたという。戦いの翌日、家康は、関ケ原領主の竹中重門に、遺体の収容と首塚の建造を命じたと記録に残っている。このときも、近隣の農民らが駆り出され、武士たちの戦いの後始末をしたのだった。

戦死者の甲冑や武具はその後どうなった？

昭和の時代になっても、長篠や関ヶ原のような古戦場には、戦死者の武具が大量に埋まっているはずだという噂が流れていた。

しかし、じっさいに道路工事などで古戦場を掘り返してみると、人や馬の骨は出てきても、武具類はまったくといっていいほど発見できなかった。

それもそのはずで、戦死者の武具は、その場で死体からはがされて、回収されるのが普通だった。当時の戦を描いた絵詞《えことば》などには、戦死した武士が全裸で横たわる姿がよく描かれている。

回収された武具は、味方のものは再び自軍で使用された。戦死者が上級武士の場合は、形見の品として遺族に渡されたり、遺体とともに埋葬されることもあった。

一方、敵の戦死者からはがした武具は、戦利品として武具商に売り払われた。とくに、戦国時代には、買い取った中古武具を修理し、再び売りに出す武具商が大繁盛したという。

また、戦国時代も後半になると、戦いになれきった農民たちが、戦が終わると、あちこちから群がってきて、戦死者から武具をはいで売り払うというケースが増えてきた。

その様子は、吉川英治の名著『宮本武蔵』にも描かれている。

戦国武将が兜や指物に動物の毛をよく使ったのは？

旗や指物《さしもの》の目的は、合戦で敵味方を識別すること。大将クラスになると、兜や甲冑でも識別できた。戦国時代後半、合戦が大規模になるにしたがって、旗や指物、兜は、より派手で目立つものになってくる。

たとえば、甲斐の武田軍の使い番指物には、ムカデの絵が描かれていた。ムカデの生命力の強さや退くことのない習性にあやかろうとした絵柄だ。

ほかにも、生物を利用したケースは多く、空想の生物である烏天狗のような形の兜もあれば、獅子の造形が施された兜もあった。

生物の図柄ではなく、生物そのものを利用したケースもある。一五六六年（永禄九）、南蛮船が三河に漂着したとき、海岸にヤクの毛皮が多く打ち上げられた。ヤクはチベット高地にすむウシ科の哺乳類だが、徳川家康はヤクを猛獣と思い、その勇猛さにあやかろうと、ヤクの毛を家臣たちに分けて、指物につけさせたのだ。

　利用された生物には、熊もいる。熊は、日本では最強の動物であり、熊の毛は勇猛のシンボルとされていた。徳川家康が着用した「熊毛《くまげ》植《うえ》黒糸威《くろいとおどし》具足《ぐそく》」の胴や小手部分には、熊の毛が植えられている。

矢羽根には、どんな鳥の羽が使われていた？

戦国の合戦は、まず飛び道具の応酬から始まった。鉄砲伝来前は、弓矢を放ち合ったのだが、鉄砲伝来以降も、弓矢の重要性はさほど落ちなかった。敵の強力な槍の密集部隊を突き崩すのには、弓矢が欠かせなかったのだ。

　弓矢は、本体の矢柄、鏃《やじり》、羽根、そして弦をつがえる筈《はず》からなる。矢柄は竹製で、砂で磨き、漆が塗られている。先端には金属製の鏃を差し込み、もう片方には筈の切り込みを入れる。

　弓矢の羽根は、飛翔を安定させるためのもの。羽根の数や形を工夫することで、命中度は高くなる。かつては二枚羽が主流だったが、戦国期になると、飛翔の水平度を高くするため、三枚羽が取って代わった。

　また矢は回転しながら飛ぶ。回転を安定させ、さらには貫通力が高めるため、羽根をわざと反らして取り付けていた。

羽根の素材となるのは、鳥の尾羽である。鶴や白鳥、フクロウといった大型の鳥の羽根が使われたが、最も高いランクにあったのはワシである。それに次いだのがタカで、ほかにサギやカラス、キジなどの羽根が矢の素材に使われた。

どうして戦国武将は変わった形の兜をかぶっていた？

戦国時代の武将たちの兜を見ると、さながらファッション・ショーのようである。たとえば、豊臣秀吉は「唐冠」の形をした兜、前田利家と蒲生氏郷は「鯰《なまず》の尾」の形の兜、加藤清正は「長烏帽子《ながえぼし》」の形の兜、黒田長政は「大水牛」の形の兜、加藤嘉明は「富士山」の形の兜をかぶっていた。


ほかに、海老兜や栄螺形《さざえなり》兜もあれば、蜻《とん》蛉《ぼ》形兜、兎形兜、桃形兜、唐人笠形兜など、ユニークな形の兜がいろいろあった。

武将たちがユニークな形の兜をかぶったのには、いくつかの理由がある。一つには、戦勝を祈願してのことだ。蜻蛉が使われたのは、縁起のいい虫と考えられていたからだし、富士山形の兜は、日本一の山にわが身をなぞらえようとしたものだ。

また、南蛮文化や中国文化の影響もあった。桃形兜は、南蛮の将軍らの兜を模したものだったし、唐人笠形兜や唐冠形兜は中国からの影響を受けている。

さらには、下克上の風潮が、武将をことさらに目立つ兜に走らせたともいえる。誰よりも目立ち、名を成したいという気持ちが、ユニークな兜に表現されていたのだ。

戦国時代、鎧の形はどう変化した？

戦国時代に入って、武将の鎧は大きく変化した。それまでは源平合戦のころからの大鎧姿だったが、戦国時代が下ってくるにつれ、「当世具足」が主流となった。

この「当世」とは現代という意味、「具足」はすべて備わっていることだ。「当世具足」とは、防護機能をすべて備えたモダンな鎧だったのである。

当世具足が大鎧に取って代わった理由は、合戦の激化にあった。戦国時代、合戦のスタイルは、それまでの一騎討ちのスタイルから集団戦に変化した。まずは弓矢を浴びせあい、槍をかまえた集団が突進する。

これに、途中から鉄砲が加わった。そうなると、鈍重でかつスキ間の多い大鎧では、とても防ぎきれない。集団戦のスピードについていけないし、矢玉を防ぐこともできない。そこで、当世具足が考案されたのだ。

当世具足の最大の特徴は、大鎧に比べ、小型・軽量な点。大鎧に比べおよそ一五キロも軽く、それだけ俊敏に動け、敵の弓矢や槍の標的になりにくかった。

一方で、防御力は向上していた。大鎧では、小札といわれた鉄や革の小片を横に糸でとじて横一段とし、これを縦につないで胴の防御にした。当世具足では、横一段を鉄の板札にして、縦にとめるだけにした。これで、製作が簡単なうえ、鉄砲や槍にも強い胴となった。

さらに、戦国時代も末期になると、前後の胴を各一枚の鉄板でつくる南蛮胴が登場した。これは重量はあったものの、鉄砲に対する強力な防備となった。

戦国時代、忍者は本当に合戦で活躍したのか？

戦国時代を舞台にした小説や映画には、忍者がつきものだが、合戦で活躍した忍者の話は、あまり聞いたことがないだろう。実際、忍者が合戦で活躍したという事実は、ほとんどない。ただ、裏方として活躍し、味方の勝利に貢献するケースはあった。

たとえば、一五六〇年（永禄三）の桶狭間の合戦だ。桶狭間の合戦では織田信長が今川義元を討ち取ったが、その勝利の裏には、梁田政綱の情報網があった。政綱は忍者を使って、義元本陣の動向をキャッチしたとみられ、だからこそ、信長は義元の本陣を襲うことができたのだ。

あるいは、一五八五年（天正一三）の人取橋の合戦だ。これは、伊達政宗の軍勢八〇〇〇と佐竹氏・芦名氏・石川氏・白河氏・岩城氏・二階堂氏らの反伊達連合軍三万が、人取橋で激突した合戦だ。この合戦で、伊達軍は、数で圧倒する反伊達連合軍に押されていく。

この危機を救ったのが、伊達の忍びである伊達忍者である。彼らは、石川氏と白河氏が伊達氏に通じているという噂を、反伊達連合軍に流した。効果はてきめんで、疑われた石川氏、白河氏は軍を払い、反伊達連合軍は崩れる。そのおかげで、政宗は反伊達連合軍を退けることができたのだ。

忍者にはいったいどんな〝役職〟があった？

「伊賀忍者」「甲賀忍者」などと言うように、多くの忍者は一匹狼ではなく、何らかの組織に属している。組織に属するからには、サラリーマン同様、〝上司〟にあたる忍者もいれば、〝部下〟の立場の忍者もいた。

忍者の組織は、大きく「上忍」「中忍」「下忍」の三ランクに分かれていた。「上忍」は、会社でいえば社長や取締役といったところ。戦国大名たちと契約を交わし、条件交渉を行うのが主たる仕事で、忍び装束を着て屋敷に忍び込むといった現場作業は行わなかった。

「中忍」は、会社でいうと中間管理職にあたる。上忍からの指令を受け、自分たちより下位の下忍を率いて、現場に赴く。上忍からの指令は絶対で、逆らうことは許されない。どんな無理な命令も聞かねばならず、現在の中間管理職より、はるかに厳しい立場にあった。「下忍」は、中忍のもとで働く実戦部隊で、要は平サラリーマンだ。

いずれに属するかは、家格によって決まった。映画などで有名な服部半蔵や百地三太夫は、上忍の家系。よって、刀や手裏剣で敵と戦うことはなかったとみられる。

一方、下忍で有名なのは、大盗賊として知られる石川五右衛門。下忍暮らしに嫌気がさし、組織を抜けて盗賊稼業に身をやつしたと言われる。

ただし、以上は伊賀忍者の場合で、甲賀忍者には上忍がなく、中忍、下忍の二種類だけで、戦国大名たちと契約を交わすのは、中忍の仕事だった。その一方、中忍は、実践部隊である下忍の指揮も行っていた。いわば、ヒラと社長が直接、顔を交えて仕事をするわけで、伊賀忍者よりはアットホームな組織だったといえるかもしれない。

忍者はどうやって情報を集めていた？

忍者の仕事は、基本的には情報収集だった。忍者というと、刀や手裏剣の名手という印象を受けるが、これも敵を倒すためというより、情報を集めるため、敵地に忍び込み、そこから無事、脱出するための技術だった。

具体的にどうやって情報を集めたかというと、オーソドックスなのは、変装しての潜入である。行商人や芸人、虚無僧、修験者、猿楽師、僧侶など、旅から旅へと渡り歩く者になりすまし、各地の情報を集めたのだ。なかでも、虚無僧、修験者、僧侶に変装すると、宗教者ということで関所を簡単に通過できたようである。

集めた情報は、各地に潜む仲間と協力して、リレー形式で伝える。文書で伝えるときは組織や流派ごとに異なる暗号を用い、敵の手に渡っても、情報が漏れないような工夫を施していた。

こうした情報収集は、合戦中はもちろん、合戦が始まる前から行われた。顔の知られていない者に敵国で商売させ、その土地の事情に通じさせたり、あわよくば敵国の大名や家臣などから信頼を得るようにする。

また、もともと敵国に住んでいた血縁者

をたどって情報を得たり、その土地の政治に不満をもつ人たちを味方につけ、彼らから情報を得るのも、ポピュラーな情報収集法だった。

忍者が伊賀で生まれた本当の理由とは？

忍者の流派は、全部で二十五あると言われる。なかでも有名なのが、伊賀忍者だ。有名な服部半蔵や百地三太夫は伊賀忍者だし、俳句の松尾芭蕉も、じつは伊賀忍者だったという説がある。

なぜ忍者が伊賀で生まれたかというと、一つには四方を山に囲まれているという土地柄がある。農作業をはじめ、ちょっと出かけるにも山を登り降りしなければならない。忍者に必要な強い足腰が、しぜんに鍛えられる環境だったのだ。

その一方、土地が貧しいため、村はつねに困窮していた。やがて近隣の村に押し入り、食糧や金品を奪っては暮らしの助けとするようになる。そこから、忍び込みや窃盗、情報収集といった技術が磨かれていった。近くに吉野や高野山、柳生といった、修験道や真言密教、武術を得意とする土地があったことも、技術を磨くうえで役立ったようだ。

さらに忘れてならないのが、京都に近いということだ。戦国時代、政治の中心は京都だった。そこから九里（約三五キロメートル）しか離れていない伊賀の忍者たちは、武将や公家たちにとって便利な存在だったのだ。

また、京都に近いことから、伊賀は、都

を追われた公家たちの逃げ込み場所にもなっていた。識字率の低かった当時、彼らから読み書きを学ぶことができたことも、他の忍者たちと一線を画することになった。

　こうした諸々の事情が重なり、伊賀忍者は数ある流派のなかでも、最も大きな存在となったのだ。

江戸時代、農民による一揆はどれくらい起きていた？

　江戸時代を通じて、百姓一揆は三〇〇〇件以上発生している。二六〇年余りで三〇〇〇件以上なので、一年間に一〇件以上起きていた計算になる。ただし、ひとくくりに一揆といっても、その原因や方法は、時代によって特色がある。

　江戸初期は、まだ戦国時代の気風が残っていたため、幕府支配に抵抗する土豪たちがリーダーとなって農民たちを蜂起《ほうき》させた。島原の乱はそのタイプの最大の一揆であり、農民といっても元武士が中心となった戦いだった。

　それから五〇年もたつと、名主が農民を代表して、将軍や領主に直訴する方法が主流となる。たとえば、一六五二年（慶安五）に佐倉藩（千葉県佐倉市）の村名主だった佐倉惣五郎《さくらそうごろう》は、領主堀田正信《ほったまさのぶ》の悪政ぶりを将軍家綱に直訴。その後、別の事件もあって、堀田家は改易されている。一方の惣五郎も、直訴は大罪ということで処刑され、「義民」と呼ばれることになった。

　江戸中期になると、農民が団結して、年貢の引き下げや不正代官の交代などを領主に要求する「惣百姓一揆」が多くなる。とくに、大飢饉に見舞われた享保から天明年間に増え、村役人や富農の屋敷を破壊するような暴力的な一揆が増えた。

　幕末になると、幕政改革や幕府打倒といったスローガンをかかげた一揆が多くなる。

武器が禁止されていた農民は一揆のときどうやって戦った？

一五八八年（天正一六）、豊臣秀吉は刀狩りを行い、農民から武器を取り上げた。刀や脇差し、弓、槍、鉄砲などを提出させたのだ。しかし、農家一軒一軒を隅々まで調べられるわけもなく、隠そうと思えば、いくらでも隠せた。

　そのため、江戸時代になってからも、幕府は何度か農民の帯刀規制を行っている。それでも、農家から武器を完全に取り上げることはできなかった。

　とはいえ、農民も農民で、一揆の際に鉄砲や弓矢を使うことは〝自主規制〟していた。

　仮に、鉄砲や弓矢を使えば、幕府や藩の鎮圧軍の総攻撃を受ける。日頃から戦闘訓練している武士に、素人が武器で刃向かうことの無謀さはよくわかっていた。

　その代わり、農民は農民らしく、斧《おの》や鎌、木槌などを手に、筵《むしろ》旗を押し立てて戦った。何十人、何百人という農民が団結し、木槌や丸太で叩けば、たいていの建物は壊れる。とくに、江戸中期以降、代官所や豪商、豪農の打ちこわしが多くなるが、そこでも木槌や丸太、石などが農民の〝武器〟になった。

　ちなみに、農村に残っていた膨大な武器

がほぼ完全に没収されたのは、第二次世界大戦後のことである。

占領軍によって鉄砲等所持禁止令が施行され、その後、警察が徹底調査することで、全国から一〇〇万本以上の刀剣類が没収された。

日露戦争で敗れたバルチック艦隊提督の「その後」は？

バルチック艦隊を撃破して、世界の英雄となった東郷平八郎に対して、敗れたバルチック艦隊の司令長官ジノウィ・ロジェストヴェンスキー提督は、哀れな最期を迎えることになった。

といっても、日本海海戦に敗れたためではなく、自身の人格のせいで、不遇な晩年を過すことになったのだ。


日本海海戦では、旗艦「スワーロフ」に乗り込み、艦隊の先頭に立っていたが、東郷率いる日本艦隊の集中砲火を浴び、艦船が大損傷を受けたばかりか、ロジェストヴェンスキー自身も被弾。一命は取りとめるものの、右足踵部の動脈を切断するなど、意識不明の重傷を負った。

その後、炎に包まれた旗艦から、駆逐艦に運び込まれて逃亡中、日本の艦隊に捕まって捕虜となり、長崎県佐世保の海軍病院へ収容された。

病院では手厚く看護され、海戦から一週間後の一九〇五年（明治三八）六月三日には、東郷平八郎の見舞いを受けている。九月になって傷の癒えたロ提督は、京都の知恩院で静養することを許された。捕虜としては、破格の待遇だった。

そして、九月五日に講和条約が調印されると、自費出国を願い出て、一二月初めにはペテルブルグに帰っていった。

帰国した翌年、ロシアの海軍省で開かれた軍事法廷にかけられる。ロ提督本人は「自分にも責任がある」と主張したが、意識不明の重傷を負っていたとして責任を問われなかった。

最終的に、ロ提督の負傷後、全軍の指揮を継承したネポガトフ提督とコロン参謀長が死刑宣告された（実際には死刑は執行されず、投獄された）。これによって、彼の運命は一変。かつての部下から、非難が噴出するようになった。

じつは、バルチック艦隊がヨーロッパから喜望峰回りでアジアへ向かう途中、ロ提督は部下に対して冷たく当たり、水兵を罵倒したり、暴力を振るったりしていた。

そうした傲慢な態度に、改めて不満が爆発し、海軍省も無視できなくなった。ついに官位を剥奪され、軍籍からも追放されてしまう。

日本から帰国して四年後の一九〇九年（明治四二）、ロ提督は、失意のうちに六一歳でこの世を去っている。

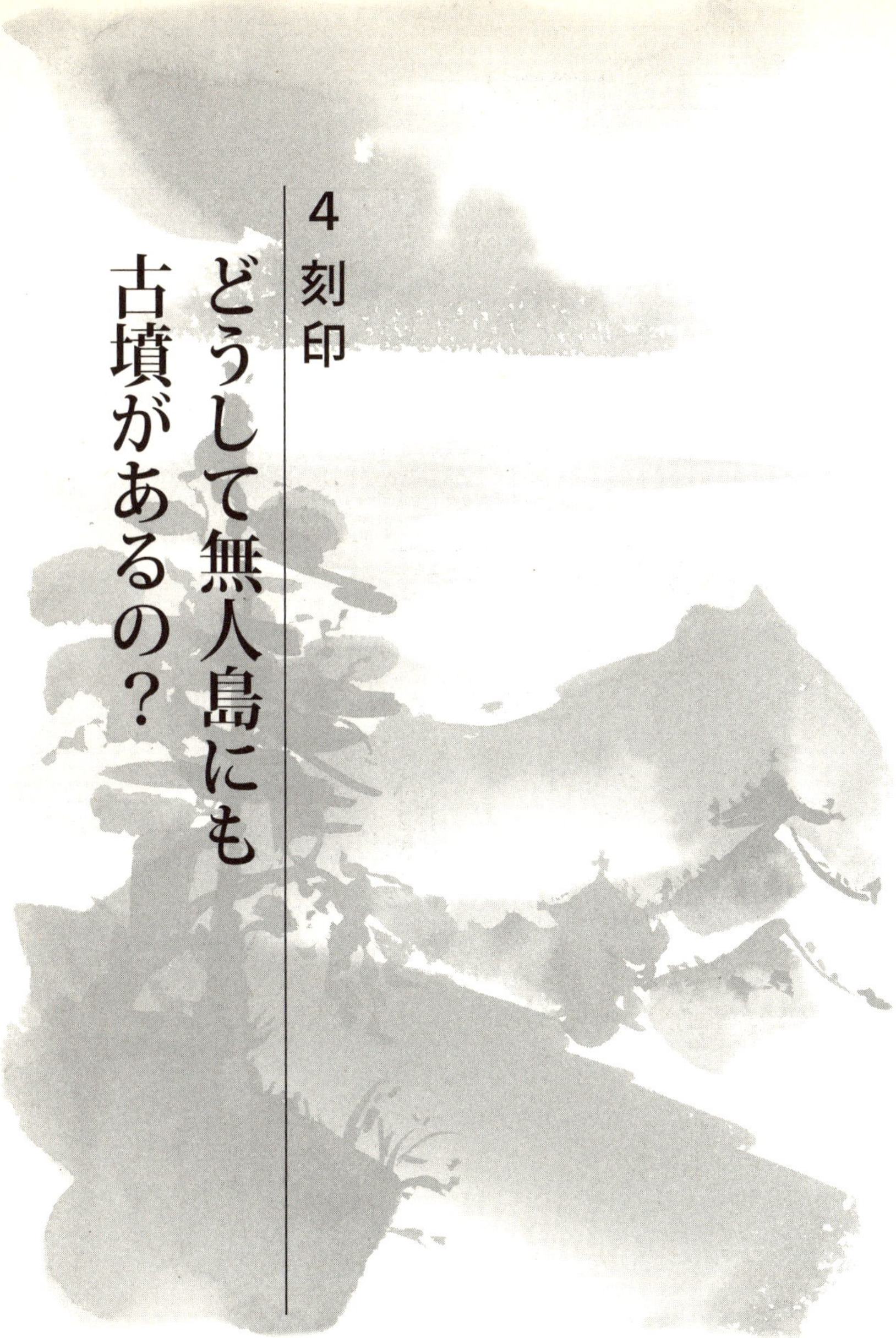

4 刻印

どうして無人島にも古墳があるの？

縄文土器が誕生した、そもそものきっかけは？

「縄文土器」は、縄目文様があることから、その名で呼ばれるようになった。その文様は、撚《よ》り糸を土器表面に回転してつけたものだ。現在のところ、最古の縄文土器とされるのは、青森県大平山元《おおだいやまもと》Ⅰ遺跡から発見された約一万六五〇〇年前のものだ。（この土器は無文土器だが、分類上、縄文土器に入る）

この一万六五〇〇年前という年代が明らかになったことで、土器は、オリエントや中国といった文明の進んだ地域でつくられはじめ、それが各地に広まったというかつての学説が覆されることになった。なぜなら、この青森県で発見された土器は、世界的にも最古の部類に入るからである。異論はあるものの、縄文土器は、日本列島内で独自に発明され、発展したという説が、近年は有力になっている。

では、縄文人は、何をきっかけに土器を発明したのだろうか。

一般に、土器の発明については、世界の研究者がいくつかの仮説を唱えている。たとえば、数万年前のヨーロッパの旧石器時代の遺跡から、焼けた粘土の小破片が発見されていることから、粘土の塊などが焚き火の中に落ち、それが焼けて硬くなったことをヒントにして、古代人は土器の製作を思いついたという説がある。また、パン焼きなどの調理から、土器の製作を思いついたという説もある。

縄文人も、球根や木の実をすりつぶして

粉にして、少量の水で練りこみ、クッキーのように焼いていた。そこから、縄文人は、こうした作業を重ねるうち、水でこねて形を作り、火にかけて焼くという方法を粘土にも応用し、土器を作るようになった——とも考えられている。

縄文人は、縄文土器をどのように使っていた？

古代の人々にとって、土器の発明は食生活の革命ともいうべき大きな変化をもたらした。

土器を発明する前、人々は、ドングリやクリなどのナッツ類を中心に、狩猟で得た魚介類や動物の肉を食べていた。といっても、生のまま食べるか、焼いたり蒸して食べる程度だったが、土器の発明によって、調理して食べられるようになった。それは、当時の人々の食生活にとって、最大の変化だったと考えられている。

とくに、ドングリやクリなどは、煮炊きすることで皮をむくのが簡単になるばかりか、アク抜きができるようになった。また、焼くには不向きだった草や菜も、煮て食べられるようになった。さらに、イノシシやシカといった動物の肉も煮ると柔らかくなり、格段に食べやすくなった。それらの食材を一緒に煮れば、それぞれのうま味が溶け合って、新しい味が生まれる。そうして、鍋料理のルーツのような食べ物が、日々の食卓に加わった。

また、動物の肉を煮ることで、脂肪が表面を覆って長持ちし、食中毒を防げるようになった。また、そこから、保存食という方法も確立していく。

このようにして、食生活が豊かになったことで、しだいに人口が増えはじめた。一説には、約一万年前の縄文早期の人口は約二万人だったが、約五五〇〇年前〜四七〇〇年前の縄文中期には約二六万人にまで増えたと推定されている。

眼鏡をかけたような土偶は何をあらわしている？

縄文時代の遺物の一つに「土偶《どぐう》」がある。土をこね、人間の形に成形し、焼き上げたものだ。最古のものは、約一万年前以降の縄文早期に見られ、盛んに作られるようになったのは、約四〇〇〇年前以降の後期および晩期である。沖縄を除く全国で作られ、その大半は東日本から出土しているが、弥生時代になると生産がピタッと止まる。

土偶のなかでも有名なものは、まるで眼鏡をかけているように、目が大きく作られたもの。シベリアやアラスカで雪原を動く際、目を保護するために使う遮光器（サングラス）にも見えるところから、「遮光器《しゃこうき》形《がた》土偶」とも呼ばれている。おもに東北地方北部で出土し、縄文晩期のものが多いが、なぜそのような姿をしているかをめぐっては、多数の説があっていまだ判然としない。

「遮光器をかけている」という説もあれば、この時期に東北地方で流行った目の表現方法にすぎないという説もある。また、かつて旧ソ連のSF作家だったカザンチェフは、「機密服を着た宇宙人じゃないか」と発言した。カザンチェフは、頭上の環状のものは受信用アンテナ、乳房の上のものは生命維持装置の調整ダイヤル、膨らんだような服は宇宙服で、大きな目は風防レンズだと考えた。

一方、考古学の研究者によれば、このタイプの土偶は、目の他に乳房や太もも、お尻の大きいものが多く、女性を模《かたど》ったものであることは間違いないという。また、完全な形で出土することは珍しく、ほとんどは足や腕など、体の一部が欠損していることから、多産や豊穣を祈る儀式で、土偶の一部を切断したのではないかと考えられている。

「漢委奴国王」の金印をめぐるニセ物説の真偽は？

一七八四年（天明《てんめい》四）といえば、一〇代将軍徳川家治の治世下、老中田沼意次《たぬまおきつぐ》が権勢をふるっていた時期である。その二月二三日、博多湾に浮ぶ志賀島《しかのしま》で、農民の甚兵衛によって小さな金印が発見された。志賀島は、いまは「海の中道《なかみち》」と呼ばれる砂嘴《さし》によって陸続きとなっているが、当時は独立した島だった。

発見された金印は、一辺二・三四七センチ（漢代の一寸）、重さは一〇八・七二九グラムと小さいながら、金が九五％も（残りは銀四・五％、銅〇・五％）含まれていた。その後、金印は、甚兵衛の手から郡代役所を経て、藩主の黒田家へ渡る。鑑定を依頼された儒学者の亀井南冥は、中国の史書『後漢書』東倭伝の「建武中元二年（五七年）、倭の奴国、貢を奉り朝賀す。使人、自ら太夫と称す。倭国の極南界なり。光武、賜ふ印綬を以てす」という記述に注目、この金印は後漢の光武帝から授けられたものではないかと考えた。

この考古学的大発見は、当時の人々を驚かせたが、同時に、この金印をめぐって、偽物説もささやかれるようになった。その根拠は、後世の研究も含め、大きく分けて六つある。

第一には、発見者とされる「甚兵衛」の名が、志賀島村の寺の過去帳に見当たらないこと、田畑名寄帳にも甚兵衛の田について記載されていないことから、発見者の実在が疑われること。

第二には、そもそも中国の大皇帝が、何十もの小国が分立していた北九州の一国に、金印を授けたとは考えにくいという説である。光武帝が金印を授与したことがわかっているのは、わずかに三例。それから考えると、破格の待遇ということになる。

第三には、漢代の慣例では、異民族の王に授ける印文の最後に、「印」か「章」の文字がつくはずだが、この金印にはそれがないこと。

第四には、異民族の王を呼ぶのに「国」の字はつけないことが通例なのに、金印には「委奴国王」とついていること。

第五には、異民族の王に授ける印は、つまみ部分を亀の形にするのが普通なのに、金印では蛇の形になっていること、などであった。

そして、第六は、発見当時は古印を集めることが流行していたことから、時代背景的にいって、当時は『後漢書』の記事をヒントに、何者かが偽造したのではないかという説だ。

現在では、漢代の通例に合致する点も多いこと、唐代の書物に金印が授与されたと記されていることなどから、金印は本物と考えられている。

一番最初に発掘された弥生土器は、いまどうなった？

弥生土器が初めて発見されたのは、一八八四年（明治一七）三月二日のこと。その日、学士院会員で海軍中将造兵総監の有坂《ありさか》鉊蔵《しょうぞう》、理学博士の坪井正五郎、白井光太郎の三人が、東京根津の向ヶ岡《むこうがおか》貝塚へ調査に行った。

そこで、有坂が、貝塚から壺の口を発見する。杖で貝を押しのけて引き出してみると、赤焼きの壺が発見され、のちにそれが縄文土器とは異なることがわかった。

発見場所となった向ヶ岡貝塚が、当時の東京府本郷区向ヶ岡弥生町にあったことから、坪井が所属していた東京大学人類学教室によって「弥生式土器」と名づけられた。現在は「弥生土器」と呼ばれるのが一般的だが、この弥生土器第一号は、現在も東大人類学教室に保存されている。

ただし、その後の戦争などの混乱で、出土場所について、はっきりとはわからなくなっている。

旧水戸家中屋敷のあった現在の東大農学部の構内に記念碑が建てられてはいるが、他にも、出土場所ではないかといわれる場所がある。

いずれにしろ、本郷台地が藍染川（現在は埋め立てられている）の谷間に傾斜するあたりであったことは間違いないようだ。

東大の構内では、一九七〇年代にも、たくさんの弥生土器が発見され、その周辺には当時、大規模な集落があったと考えられている。

銅鐸の原料は、どこから仕入れたの？

弥生時代には、青銅や鉄といった金属を用いる技術が現れた。世界的には、青銅の時代があって、鉄の時代へと移っていくが、日本では青銅と鉄の利用がほぼ同時期からスタートする。これは、中国で青銅から鉄へ移り変わる頃、日本へ文明的な影響がおよぶようになったことを示している。

弥生時代の青銅器には、銅剣、銅矛、銅《どう》戈《か》などの武器型青銅器と銅鐸《どうたく》がある。その原料の仕入先は、時代とともに朝鮮から中国へと変化したことがわかっている。

これは、現代のハイテク機器によって、判明したことである。青銅に含まれる鉛には、四種の同位体が混じり、それらの同位体の混合比率を調べると、その鉛がどの年代にどこで産出されたかが判明する。その測定に「質量分析器」と呼ばれるハイテク機器が使われたのだ。

その分析によると、古い銅鐸ほど、朝鮮製の銅鐸に含まれている鉛と一致する。これは、銅鐸が作られはじめた頃、その原料が朝鮮から持ち込まれたことを示している。ところが、弥生中頃以降の銅鐸の鉛は、中国北部で鋳造された前漢時代（紀元前一～二世紀）の青銅器に含まれる鉛と同じであることがわかった。つまり、時代を経ると、前漢時代の青銅器を鋳潰したか、前漢時代の青銅器のスクラップを用いて作るようになったと考えられるのだ。

こうした事実から、弥生初期には、朝鮮半島と交流があったが、やがて中国本土との交流が活発になったとみることができる。

銅鐸が住居の跡から発見されないのはなぜ?

銅鐸は、おもに近畿地方の遺跡から出土するが、なぜか住居跡からは発見されない。墳墓からも出てこない。そのほとんどは、小高い丘の上に埋められた形で出てくるのだ。これは、銅鐸が個々の家の祭祀で使われたり、個人と結びつくものではなかったことを示している。

銅鐸の細かな利用法は定かではないが、基本的には初期の銅鐸は、集落の祭祀で使う楽器のようなものだったと考えられている。また、出土状況や銅鐸に残された痕跡から、初期の小型タイプはヒモを通して吊るし、内部に石やシカの角でつくった「舌《ぜつ》」を垂らして、胴体部分か、舌を揺らして鳴らしていたとみられるのだ。

ところが、一世紀末からは大型化が進み、銅鐸は音を鳴らして聞くものから、地面か祭殿の床に置いて鑑賞する道具へ変化したようだ。鑑賞用とみられる銅鐸の外面には、当時の習俗も描かれている。

小高い丘の上に埋められている理由をめぐっては、いくつかの説がある。「祭祀が終わると、埋めて放棄された」「銅鐸が祭祀に使われなくなって埋められた」「地中で保管され、祭祀のたびに掘り出されて利用された」といった説だ。

このうち、有力視されるのは、「保管するために埋められた」という説。銅鐸は、豊作を祈る春と収穫に感謝する秋に行われた農耕祭祀に使われたと推測されることから、夏と冬の間は地中に埋められていたと考えられるのだ。地中に埋められた銅鐸を掘り出す作業が、地霊や穀霊を地上に迎え、祀ることを意味したという説もある。

どうして勾玉はあの形になった？

勾玉は、日本で独自に発達した装飾品である。「C」の字形に湾曲し、玉から尾が出たような形をしている。通常は、丸く膨らんだ部分に穴をあけ、ヒモを通して首飾りとした。古代から、魔を避け、幸運を授かるものと信じられ、祭事を執り行う人や身分の高い人が身につけていたと考えられている。

現在では、縄文時代以来の石製の飾玉類や耳飾りが、そのルーツと考えられ、あのような奇妙な形をしているのは、もとは動物の牙を利用した装飾品だったからという説が有力である。他にも、太陽と月を表す太極図《たいきょくず》を現したものであるという説や、母親のお腹にいる胎児の初期段階の形という説、腎臓の形を模したものといった説がある。

勾玉の素材には、ヒスイ、碧玉《へきぎょく》、加工しやすい滑石などが使われた。とくに、緑色のヒスイは、その緑の輝きのなかに霊が宿ると信じられ、弥生時代、ヒスイの勾玉といえば、大変な貴重品だった。『魏志』倭人伝によれば、邪馬台国の台与が、魏へ贈った貢物も、真珠が五〇〇〇だったのに対して、ヒスイの勾玉はわずかに二つしかなかった。

なお、『古事記』では、天照大御神《あまてらすおおみかみ》は、高天原を守るため完全武装したうえ、全身が埋まるほどの勾玉をつけて、須佐之男《すさのおの》命《みこと》に立ち向かっていったとされている。

古墳の名前は、誰がどうやって決めた？

足かけ三世紀にわたる古墳時代、全国で築造された古墳の総数は、二〇万基とも二五万基ともいわれる。むろん、その大半は、巨大な古墳ではなく、ごく小さな古墳である。

都道府県別の数では、最も多いのは、群馬県。同県内の古墳は、戦前の調査で八四二三基を数え、調査漏れや埋没したものを含めると一万基を超えていたとみられている。ついで一万基前後築造されたとみられる広島県が第二位。なかでも、約三〇〇〇基が集中する三次《みよし》盆地は、全国屈指の古墳密集地となっている。

これらの古墳には固有名詞がつけられているものがあるが、その名は発掘された土地の地名や古墳の外観から名づけられることが多い。

たとえば、有名どころでは、平城《へいぜい》天皇陵とされる奈良市の「市庭古墳」は、その地名から名づけられ、蘇我馬子の墓という説が有力な奈良県明日香村の「石舞台《いしぶたい》古墳」は、花崗岩でつくられた玄室が露出している外観から、その名がつけられた。さらに、欽明天皇の陵墓ではないかとされる奈良県橿原《かしはら》市の「見瀬丸山《みせまるやま》古墳」は、見瀬町という地名と、前方後円墳という形から「丸山」をくっつけて名づけられたものである。

古墳の外観に由来する名前には、丸山の他、丸塚、大塚、高塚、桝塚、桝山、二子山、二ツ塚などがある。丸山、丸塚は円墳や前方後円墳で、桝塚、桝山が方墳、二子山や二ツ塚が双方墳や双円墳を表している。さらに、車塚、船塚、銚子塚、瓢箪塚などは、前方後円墳の一部の形状に由来し、茶《ちゃ》臼山《うすやま》は、数段に重なって築造された墳丘のあり様から名づけられたという。

巨大古墳の設計者は一体誰？

最大の古墳は、大阪府にある「大山《だいせん》古墳」（前方後円墳）である。かつては「仁徳天皇陵」と呼ばれたが、近年の研究で、古墳が造られた時期が仁徳天皇の時期とずれていることがわかり、現代では地名から大山古墳と呼ばれている。

さて、この大山古墳は、三重の濠をもち、全長が四八六メートルもあって、底面積ではピラミッドよりも大きい。世界的にも最大級の墓である。また、その形は、空から見ると、均整が取れていて、最も美しい前方後円墳ともいわれる。そこから、世界でも最大規模で、かつ美しい古墳を作り上げた当時の倭国の土木技術は一流だったと考えられるが、では誰がどのようにして、この巨大古墳を設計したのだろうか？

この古墳造りにかかわった技術者集団と目されているのは、「土師《はじ》氏」である。奈良の豪族だった土師氏は、三ツ塚古墳も含めた道明寺《どうみょうじ》一帯を本拠とし、古墳造営や葬送儀礼にかかわった氏族とみられている。奈良、大阪の古墳群や大古墳の近くには、「土師」という地名があって、それらは古墳を築くために一族が移り住んだ居住地に、一族の名が地名として残ったものと考えられている。

土師氏は、四世紀末から一五〇年ほどの間、古墳造りにかかわり続けた後、朝廷から新たな姓を与えられて、大江氏、菅原氏、秋篠氏に分かれていったとみられている。

どうして無人島にも古墳があるの？

古墳には、無人島に造られたものもある。その無人島とは、淡路島の西端に位置する南あわじ市（旧西淡町）の漁港から、沖へ二〇〇メートルのところにある沖ノ島である。

この近辺の海岸に立つと、眼前に潮流の渦巻く鳴門海峡があって、遠くに四国の山並みが見える。沖ノ島は、鳴門海峡に浮かぶ周囲約五〇〇メートルの小さな島で、樹木が生い茂り、海岸は絶壁になっている。とても人が住めるような島ではないが、ここに二〇基の小さな古墳が存在するのだ。

竪穴式と横穴式があり、なかには箱型石棺が納められた古墳もある。しかも、それらの古墳からは、碧玉、ガラス管玉、水晶切子玉、須恵器《すえき》、土師器《はじき》などが出土している。さらに、他の墓からは、あまり発掘されない鉄の釣針や蛸壺などの漁具も、多数発見されている。

本島の淡路島の古墳をめぐっては、次の

ような説話が伝わっている。ある天皇が淡路島へ猟に来たが、まったく獲物に恵まれなかった。そこで占ったところ、不猟は島神の祟りで、その怒りを鎮めるためには、赤石の海底で採った真珠を供えよという。そこで、各地から海人を集めて潜らせたが、あまりに海が深くて真珠が採れない。すると、阿波国からの海人が、腰に縄をつけて潜り、みごとな真珠を抱えて浮びあがってきたが、そのときにはすでに息絶えていた。彼が、採った真珠は桃ほどの大きさがあり、さっそく島神に供えられて、その後、天皇は海人の墓をつくって手厚く葬ったという。

淡路島には、昔から海人の古墳がたくさん造られたようで、沖ノ島の古墳も海人集団の墓だったと考えられている。

埴輪が作られた そもそもの目的は？

埴輪《はにわ》とは、古墳時代につくられた日本特有の素焼きの焼き物のこと。大きく分けて、円筒形の埴輪と、人や動物などの形をした形象埴輪がある。

かつて、埴輪の起源については『日本書紀』に記された話が信じられていた。それによると、垂仁《すいにん》天皇二八年、天皇の弟が死んだとき、近親者ともども生き埋めにしたところ、何日間も泣き叫ぶ声が聞こえ、天皇は心を痛めた。

それで、皇后が死んだとき、他の方法はないかと尋ねると、野見宿禰《のみのすくね》が出雲より土師部を呼び寄せ、土で人馬などを作って墓に並べた。天皇はそれをたいへん喜び、以後埴輪がつくられるようになった――とされていた。

しかし、近年、本当の埴輪の起源が明らかになっている。それによれば、起源は、弥生時代後期の吉備《きび》地方の首長墓に見られる特殊器台形土器と特殊壺形土器にあるという。器台は壺を載せる台のことで、高さが一メートルほどあり、胴部に特殊な文様をもつものが多い。この器台の上に特殊壺形土器を載せ、吉備の首長たちは祭祀用に利用していたと考えられる。

時代が下ると、畿内の前方後円墳にもこれらの土器が見られるようになる。同じ頃、特殊器台形土器の脚部と裾部が失われた特殊器台形埴輪と、これとセットになった特殊壺形埴輪が作られた。この二つの埴輪が、しだいに円筒埴輪と形象埴輪へと変化していったようだ。

ちなみに、前方後円墳に特殊器台形土器と特殊壺形土器が採用されていることは、ヤマト王権の成立に吉備地方の首長が大きく関わったことの証拠とみられている。

正倉院の宝物はこれまで盗まれなかったのか？

奈良の正倉院《しょうそういん》といえば、古代の宝物を集めたタイムカプセルのようにいわれる。東大寺大仏殿の西北にあり、七五六年（天平勝宝八）、聖武《しょうむ》天皇の死去に伴い、その遺品が光明皇太后によって、東大寺に献納された。以後、たびたびの献納があり、それらの品々をまとめて保管したのが、正倉院である。

正倉院に集められた遺品には、服飾品、

楽器、調度品、刀剣など、さまざまなものがある。

大陸から伝わった宝物も含まれているため、正倉院はシルクロードの終着駅という言い方もされる。

正倉院は、八世紀の奈良やアジアの宝物を集めた蔵として、今日まで残ってきたが、すべての品々が保存されてきたわけではなく、正倉院の宝物は、奈良時代以降、何度も略奪にあっている。

天皇権力の強い時代には、正倉院の宝物は守られていたが、天皇の権威が揺らいでくると、正倉院の宝物は時の権力者や盗人に狙われたのだ。

その典型が、室町幕府の将軍・足利義政と織田信長である。彼らは、正倉院に保管された沈香の一種・黄熟香を一片ずつ切り取った。それが、名香として誉れ高い蘭麝《らんじゃ》待《たい》として世に知られるようになる。

盗人がはいったこともある。江戸時代には東大寺の学僧らが侵入し、このときは見つかって、磔にされている。

戦乱に巻き込まれての消失もある。正倉院には矢も献納されていたが、藤原仲麻呂が反乱を起こしたとき、その追討のため、正倉院の矢が使われたが、その後返却されることはなかった。

また、正倉院には六〇種の薬物が献納されたが、それらは必要に応じて、施薬院《せやくいん》へ渡され、貴重な薬物として使用された。いままでは、正倉院には二〇数種の薬物しか残っていない。ほかに借用されたまま戻ってこなかった宝物もあるし、売却されたものもある。

妖刀「村正」をそれでも家康が使い続けたのは？

日本刀の名刀に「村正」がある。村正は、室町時代の伊勢国桑名の刀工の名で、三代にわたって名刀を生み出しつづけた。戦国時代は「名刀・村正」として尊重されたが、徳川家康が天下を握ると妖刀扱いされていく。

村正が妖刀とされたのは、徳川家に祟りをなす刀と考えられたからだ。徳川家康の祖父・松平清康は三河統一を目指した人物だが、一五四五年（天文一四）、尾張への侵攻中、家臣・安部弥七郎に殺されてしまう。夜の陣地で、安部弥七郎は敵と勘違いして、主君を斬ってしまったのだ。そのときの刀が村正だった。村正の切れ味は凄まじく、松平清康は右肩先から左の脇腹まで一気に切り裂かれたという。

このあと、一五四九年（天文一八）には、徳川家康の父・松平広忠が家臣の岩松八弥に斬り殺される。岩松八弥が乱心してのことと伝えられるが、このときも村正の脇差しが使われている。

家康の時代になってからも、村正による凶事がつづく。家康は少年時代、駿河の今川義元のもとで人質になっていたとき、村正の短刀で指を傷つけてしまう。また、家康が三河・遠江の覇者となっていた一五七五年（天正三）、家康は織田信長の命令で、嫡男・信康を切腹させなければならなくなった。そのとき、介錯刀に使われたのも村正だった。

そんな忌まわしい出来事が続いたことか

ら、徳川時代になると、村正は妖刀と見なされ、日陰者のような存在になる。大名や武士は、幕府に遠慮して、おおっぴらに差したり、贈答品に使うのは控えた。

ところが、当の家康は天下を掌握してのちも、村正を愛用しつづけ、死ぬまで身近に村正を置いていた。彼自身は、村正をことさら妖刀扱いすることはなかったのだ。

じつのところ、三河に村正の産地・桑名からは、家康の本拠・三河に多数の村正の刀が送られていた。三河では、多くの侍が名刀として村正を愛用していたので、刃傷沙汰となれば、村正が使われる確率は高かった。冷静な目で見れば、単に確率上の問題であり、村正が徳川家に祟りをなしたとは考えられない。家康は合理主義的な考え方の持ち主だったので、そのことを十分に承知して、村正を使いつづけたのだろう。

「信玄堤」とは、どんな堤防だったのか？

武田信玄が甲斐に残した最大の遺産は「信玄堤《づつみ》」である。信玄が釜無川沿岸に構築した堤のことだ。

甲斐の中心である甲府盆地は、釜無川や笛吹川、荒川などが合流しているため、大雨が降ると、河川が氾濫し、水田に被害が出た。甲府盆地の農民は、その水害に長年悩みつづけていた。そこで、信玄は大規模な治水事業を行うことにした。

河川の氾濫を抑えられれば、耕作能力が高まり、自国を強大にできる。甲斐の国をより強大にするには、氾濫する河川を放置しておくわけにはいかなかったのだ。

信玄は、一五四二年（天文一一）に治水工事をスタートさせるが、最大の問題は氾濫ポイントである御勅使《みだし》川と釜無川の合流点をどうするかだった。信玄は、まず石堤を築いて、御勅使川の水流を南北に分けた。御勅使川の新本流と釜無川がぶつかるポイントに一六個の巨石を置いて、水の勢いを弱め、釜無川に沿った岩壁に流れを向けさせた。この岩壁でも、水の勢いを弱められる。

さらに、高岩から釜無川に沿って約六五〇メートルの堤防を築き、氾濫を最小限にとどめる工夫をした。この時代、堅固な堤防を築く技術はまだなかったため、堤防をわざと不連続にするのが、その工夫。増水時には堤防の隙間から、水が川沿いにつくった遊水地に出て、川の水かさが減ると、遊水地からまた堤防の隙間を通り、釜無川に戻るという仕組みだ。遊水地の外側には、外側堤防を造り、決壊を防いだ。

遊水地は、ふだんは耕地に利用され、そこは洪水が運んでくる土砂によって、肥沃な土地となった。

信玄は、この治水事業に十八年の歳月をかけている。

戦国時代、落城した回数がいちばん多い岐阜城の謎とは？

織田信長は、尾張国（愛知県）の出身だが、故郷よりも岐阜のほうが気に入っていたとみられる。その信長が、美濃の居城にしていたのが岐阜城である。海抜三二九メートルの稲葉山（金華山）山頂にある山城で、「難攻不落の名城」と絶賛する声もあるが、じつは知られているだけで六回も〝落城〟している。

たとえば、最初の落城は、まだ土岐氏が美濃を治めていた時代のことである。当時は、守護代斎藤氏の居城だったが、その家臣がこの城をあっさり乗っ取っている。一五二五年のことだった。

また、一五六七年には、信長の攻撃に屈して、三度目の落城をする。このとき、信長は呼び名を「稲葉山城」から「岐阜城」と改め、自分の居城にしている。

さらに、本能寺の変直後の一五八三年（天正一一）には、新たな城主となった織田信孝が、まるで天下人のように振舞う秀吉と対立。そのため、秀吉に大軍を送られ、岐阜城は、これまたあっさりと落城している。これが、五度目の落城だった。


では、なぜ、これほどあっさりと岐阜城は落城してしまったのだろうか。その最大の理由は、稲葉山の山頂部が狭いことだった。そのため、大きな郭《くるわ》を築くことができず、大勢の兵を置けなかった。つまり、敵方に山頂まで攻め込まれると、防ぎようのない城だったのだ。

太田道灌は、なぜ江戸の地に城を築いたのか？

江戸に最初に根拠地を置いたのは、平安末期の武士、江戸重継である。

この江戸氏が、一五世紀に起きた関東の騒乱で没落すると、江戸の地に入ってきたのが、扇谷《おおぎがやつ》上杉氏の家臣である太田道灌だった。

この太田道灌が、一四五七年（長禄元）

江戸城を築いたことをきっかけとして、小さな漁村だった江戸は、後に江戸幕府の中心として大発展を遂げ、明治維新後は、日本の首都として世界有数の都市へと成長していく。そもそも、道灌が江戸の地を選んだのは、ある日、品川沖を船で航行中、縁起のいい土地だと直感したからだったと伝えられる。

伝承によれば、道灌が品川沖を船で航行していたところ、船内に一匹の魚が飛び込んできた。気をよくした道灌が、地元民に「ここは何という土地か」と尋ねると、「千代田、宝田、祝田という村でございます」と答えた。

その縁起のいい村名を気に入り、道灌はこの地に築城を決めたという。それが、後に江戸の始まりとなる地域だったというわけである。

当時、道灌は、扇谷上杉氏の家宰（家老）として、関東地方を舞台に、山内上杉氏、足利成氏と抗争を繰り広げていた。そのため、ちょうど前進拠点を探していたところで、たまたま江戸の地に巡り合ったというわけである。

彦根城が近江の城の寄せ集めといわれるのは？

彦根城は、明治時代、あやうく解体されかかったことがある。

しかし、北陸巡幸を終えた明治天皇が彦根を通ったとき、「保存するように」と言われたことで、いまでも往時の面影をよく残している。そそり立つ天守閣は、国宝に指定されている。

この彦根城は、将軍徳川家康の命によって、一六〇三年（慶長八）に着工され、二〇年の歳月をかけて完成。以来、幕末まで井伊家の居城だった。この彦根城は、近江の城の寄せ集めによって築かれた城でもあった。

実際、天守は大津城から、天秤櫓は長浜城から、そして、太鼓門は佐和山城から移築し、さらに、西の丸三重櫓は小谷城の天守閣を移築したもので、石垣につかわれた石も、佐和山城、長浜城、小谷城、安土城、大津城、坂本城、八幡城などから運ばれたものだった。

わざわざ近江各地の城から移築されたのは、家康が、この地に残る信長や秀吉にはじまり、明智光秀、石田三成らの影を、徹底的に取り除こうとしたためだったとみられる。

関ヶ原合戦に功のあった井伊直政は、家康から、石田三成の旧領一八万石を与えられた。さっそく、上州の高崎三万石から、三成の居城だった佐和山城へ入ったが、激戦の後とあって、とても使える状態ではなかった。

そこで、家康は、西国大名に対する防衛ラインという意味も込めて、交通の要地だった彦根に新たな城を築くことを決意。さらに、秀吉の長浜城や浅井家の小谷城、三成の佐和山城などを解体し、移築することで、この地に歴史を築いてきた戦国大名たちが、すでに過去の人であることを民衆に思い知らせたのだった。

5 運命

なぜ高橋是清はアメリカで「奴隷生活」を味わった?

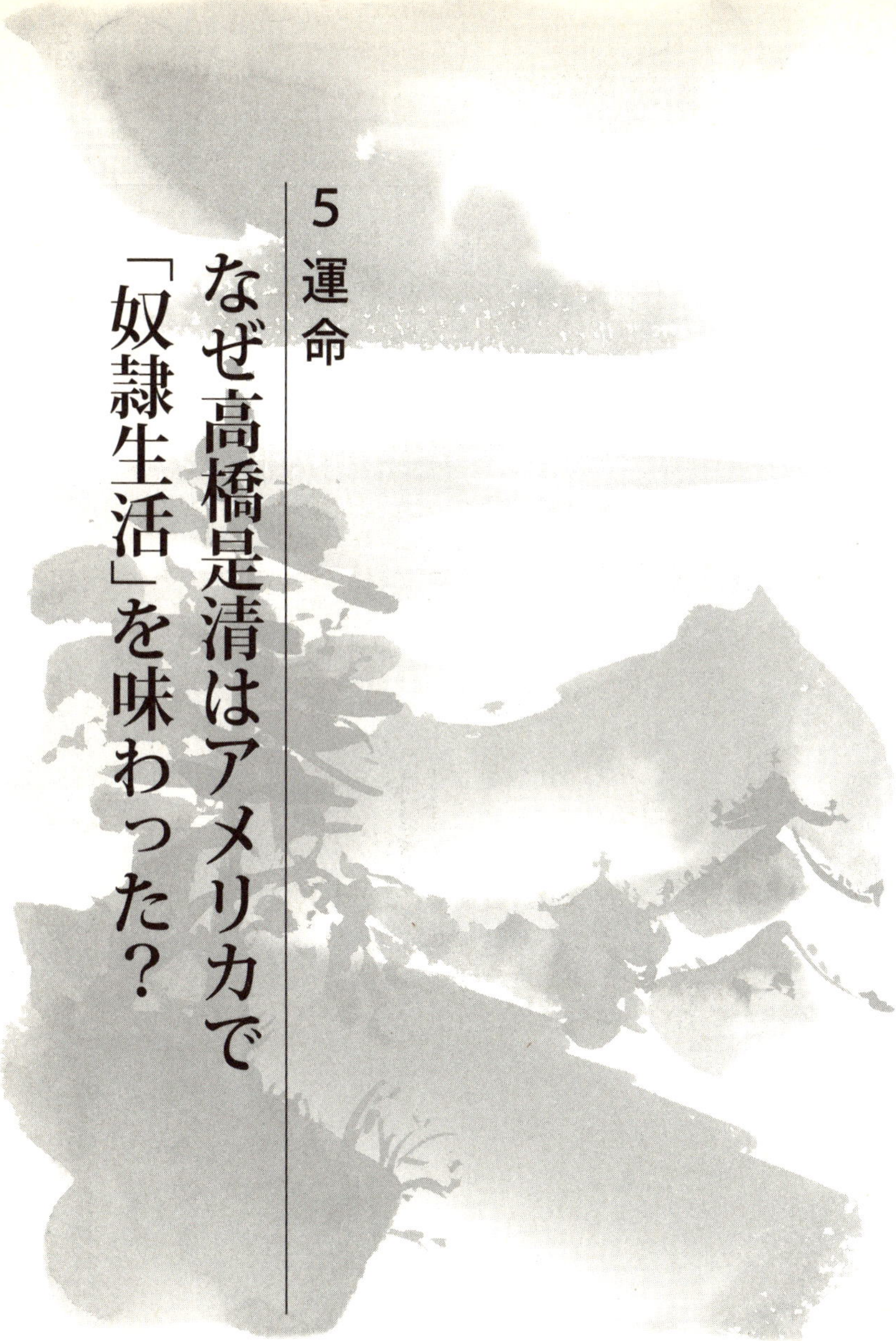

結局、卑弥呼はどんな一生を送った？

中国の『魏志』倭人伝によれば、卑弥呼は邪馬台国の女王として君臨し、鬼道をあやつり、衆を惑わしたという。そう聞くと、カリスマ的なイメージが沸いてくるが、現実の卑弥呼の一生はもっと地味なものだったと考えられる。

卑弥呼が女王となったのは、カリスマ的な資質や卓抜した指導力があったからではない。巫女《みこ》としての力を見込まれ、女王として擁立されたのだ。一七八年から一八三年にかけて倭国では大乱があり、その争いを治めるため、対立し合っていた小国の首長らによって擁立されたのだった。

魏の使者が邪馬台国に現れたとき、卑弥呼はすでに老齢を迎えていた。彼女に夫はなく、現実に政治を司っていたのは、その弟だった。

卑弥呼は、人前に姿を表すこともなく、自らの居室にこもっていた。わずかに一人の男子が彼女の居室に出入りし、情報を伝えたり、食事を運んだりするだけだったという。

倭人伝のこうした記述を先入観なしに読めば、卑弥呼は幽閉された女王だったといっていいだろう。幽閉された理由をめぐっては諸説あるが、有力なのは巫女としての呪力、霊力を維持するためだ。当時の人は巫女が多くの人と接すると、その呪力や霊力が衰えると考えた。そこで、卑弥呼を幽閉、隔離したのだ。

また、卑弥呼を象徴的な女王の座に据え

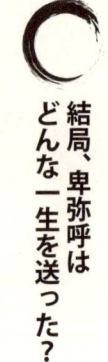

ても、その霊的な平和維持能力には、おのずと限界があったようだ。やがて、邪馬台国は南方の狗奴国《くなこく》と対立、戦争状態に陥り、その最中に卑弥呼は死去する。

卑弥呼なき邪馬台国は、ふたたび混乱する。その混乱を収拾するため、邪馬台国は、卑弥呼の同族であり、やはり女性の台与《とよ》を女王として擁立することになった。

中大兄皇子がなかなか即位しなかったのはなぜ？

天智天皇といえば、中大兄皇子の名でも知られる古代国家の傑出した天皇。その天智天皇は、『日本書紀』によれば、即位するまでに長い時間をかけている。母・斉明《さいめい》天皇が死去しても、すぐに即位せず、六年もたってから、ようやく即位しているのだ。


中大兄皇子の母・斉明天皇の時代は、朝廷が難局を迎えた時代だった。朝鮮半島の百済を救援するため、軍勢を送ることになり、六六一年、中大兄皇子は、母・斉明天皇とともに軍団を率いて、筑紫に出征した。

しかし、ここで、斉明天皇は死去してしまう。本来、中大兄皇子がすぐに即位すべきところだが、中大兄皇子は即位せず、皇太子のまま政権のトップに立った。そこから、しばらく天皇不在の時代が続くのだ。

六六三年、朝鮮半島に向かった軍団は、白村江《はくそんこう》の戦いで、唐・新羅連合軍に完敗。その後は、唐・新羅の日本列島上陸も予想される状勢で、朝廷はかつてない危機を迎えた。その国際危機のなか、中大兄皇子は六六七年、都を飛鳥から近江《おうみ》の大津《おおつ》宮に移し、六六八年、ようやく天智天皇として即位したのである。

天智天皇が六年間も即位しなかった理由をめぐっては、諸説あるが、ここでは「敗戦責任説」を取り上げておこう。朝鮮遠征に反対する豪族も多いなか、軍団をまとめて、朝鮮半島に送りだすのは、たいへんな難事業だった。遠征に勝利していれば、すぐに即位することも考えられただろうが、結果は空前の敗戦である。唐・新羅連合の日本列島上陸も予測されるなか、中大兄皇子は西日本に多くの城を築くなど、国防に追われた。要するに、白村江での敗戦責任を感じ、またそれを問う勢力もあり、さらにその後多忙をきわめたため、即位しなかったという説があるのだ。

中臣鎌足は、なぜ藤原氏を名乗ることになった？

平安朝で栄華を極めた藤原氏の祖先といえば、中臣鎌足である。中臣鎌足は、六四五年の「乙巳《いっし》の変」で中大兄皇子をサポートして蘇我氏を倒し、それに続く政治改革・大化の改新にも貢献した人物として知られる。

その中臣鎌足も五十六歳で病にかかり、病床につくようになる。そのとき、天智天皇は鎌足を見舞い、大織冠《たいしょくかん》と大臣の位を与えるとともに、「藤原」の姓を授けている。このときから、中臣鎌足は藤原鎌足となり、藤原鎌足として死去した。鎌足の後を継いだ子・不比等の活躍によって、藤原氏は朝廷内に磐石の地盤を築いていく。

息子、藤原不比等の活躍は、この「藤原」姓なくしてはなかったとも考えられる。「中臣」姓のままでは、政治進出するにも限界があったからである。

中臣氏は、古来、神官を務め、天皇の側にあって神託を伝えていた。基本的に神事に携わる家系であり、政治に関わる家柄ではなかったのだ。

そもそも、中臣という姓は、古代の氏姓制度社会にあっては、「連《むらじ》」に当たる。連姓には、中臣のほかに大伴、物部などがあったが、これは特定の職によって政権に仕える一族の姓であり、そのワンランク上には「臣《おみ》」があった。中臣姓では、臣姓にはおよばないので、よほどの人材が続かなければ、朝廷で長く権力を振るうほどの地位は得られなかったと考えられる。

そんな事情のなか、中臣鎌足は「藤原」姓と大臣の位を授かったのである。この瞬間から、中臣氏改め藤原氏は、政権中枢を支える資格を得たといっていい。鎌足の個人的な資質に頼るだけでなく、藤原一族の一族としての本格的な台頭が、このときからはじまることになった。

嵯峨天皇の子だくさんが生んだ意外なものとは？

嵯《さ》峨《が》天皇は、平安初期、政治改革に努めた天皇で、文化人としてもすぐれていた天皇として知られる。また、「子だくさん」の天皇としても知られている。嵯峨天皇は、およそ五〇人の子をもうけたのだ。

しかし、これは、宮廷にとって、いささか困った問題だった。当時の宮廷に十分な財源があったわけではない。在位中にも、たびたび凶作が起きていた。天皇の子どもらを、すべて親王、内親王にするだけの経済的余裕はなかったのだ。

そこで、嵯峨天皇が考え出したのが、彼らに「源」の姓を与え、臣籍に降下させることだった。具体的には、母が中小貴族出身の子供らに源氏を名乗らせ、その数は十数名におよんだ。「源」姓となった彼らは、皇位継承権を失ったが、その一方、官界に進出することができた。彼らが「源氏」の始まりである。

実際、嵯峨天皇の子・源信《まこと》、源常《ときわ》、源融《とおる》らは、朝廷で高官としての地位を占める。源融は、河原院などの大邸宅を営み、河原左大臣とも呼ばれた。

臣籍降下については、すでに嵯峨天皇の父・桓武天皇が、子に「平」姓を与えたというケースがあった。ただ、嵯峨天皇の生んだ源氏は、より大規模なものであり、以降、歴代天皇も子らに源氏を名乗らせ、臣籍に降下させはじめる。嵯峨天皇の系譜をひく源氏は、「嵯峨源氏」と称され、後に幕府を開く源頼朝や足利尊氏《あしかがたかうじ》は、清和天皇の血をひく「清和源氏」の流れをくむといわれる。

最澄と空海の仲が険悪になった発端は?

最澄と空海といえば平安仏教の二大開祖。最澄のほうが空海よりも七歳ほど年上だが、ともに八〇四年(延暦二三)の遣唐使に従って唐に渡り、仏教の奥義を学んで帰国した。

先に帰国した最澄は天台宗を開き、比叡山に延暦寺を建立した。遅れて帰国した空海は真言宗を開き、高野山に金剛峯寺を建てた。

最澄と空海はともに尊敬しあい、しばらくは同志のような関係にあった。ともに、既成の仏教界と対立したので、共同戦線を張る必要もあったのだろう。

ところが、最澄と空海はしだいに不仲となり、最後には最澄のほうから絶交している。絶交するに至った理由には諸説ある。

一つは、最澄が空海に経典を借りたいと申し出たところ、空海からにべもなく拒絶されたというものだ。

また、弟子を空海に奪われた恨みからという説もある。最澄には、泰範《たいはん》という愛弟子がいて、最澄は泰範の成長を願って、空海のもとで修行させる。そのうち、泰範は、空海の教えに心酔し、ついには最澄のもとへ帰らなくなった。最澄にとっては、そのショックから、空海を恨むようになったというのだ。

また、最澄に弱みがあったからという見方もある。密教の理解・体系化にかんしては、空海の真言宗のほうが最澄の天台宗よりも進んでいたので、最澄は空海に頭を下げて教えを乞うた。

空海は、一応の教えは授けたものの、その奥義はいわば企業秘密であり、すべてを明かすことはなかった。

そこで、最澄は年長者のプライドを捨ててまで、教えを乞うたのに、すべてを教えてくれない空海に不満を抱いた。それが憎しみに変わったという見方である。

陰陽師・安倍晴明は当時どのくらいの影響力があった？

陰陽師は、中国発祥の方術によって占いを行い、吉凶を察知する者のこと。近年、安倍晴明を主役とした小説、映画、漫画などがヒットし、それらの作品では、希代の呪術師だったように描かれている。

安倍晴明がさまざまな術を使ったという伝説が残されていることは確かである。たとえば、花山《かざん》天皇が病で臥せっていたとき、晴明は、病気の原因は内裏御殿下の礎石の下にヘビとカエルがいるからと占った。晴明の言うとおり、礎石の下にヘビとカエルがいて、それらを捨てたところ、花山天皇はたちまち快癒した。

晴明は、花山天皇が藤原氏の陰謀によって退位することも予見していたが、あえて口外しなかったという。また、藤原道長を呪う者がいることをつきとめ、道長の命を救ったと伝えられる。さらには、斬殺された自らの父親を再生させたという話も伝わっている。

いずれも、どこまで本当の話かわからないが、晴明が平安朝のオカルト世界において、大きな存在だったことはたしかである。古代社会は、占いに頼るところが大きく、貴人たちはすぐれた占い師を必要としていた。とくに、賀茂《かも》忠行《ただゆき》・保憲《やすのり》父子の評判が高く、晴明は彼らから奥義を受け継いでいた。そのため、当代一といわれたのだ。

当代一の陰陽師ともなれば、彼の力を頼ったのも当代一の人物たちである。晴明が花山天皇と親しくし、花山天皇退位後は、藤原氏の全盛を築いた藤原道長に力を貸していた。

安倍晴明の名は、生前にも権力世界にはとどろいていたが、その死後、さらに高名となる。多くの陰陽師が、われこそは安倍晴明ゆかりの者と宣伝し、いつしか晴明は超能力者のように語られはじめた。とくに平安末期、源平の争乱がはじまると、ますます陰陽師の需要は大きくなった。公家政権のあとに生まれた鎌倉幕府も陰陽師を重視し、安倍氏につながる陰陽師を抱えていた。

長男ではない信長が、家督を継いだのは？

戦国時代も末期になると、戦国大名たちは、下克上によって成り上がった者たちの子や孫、さらに下の世代となっていた。一国を手に入れるのが精一杯だった初代に対して、二代目、三代目は、すでに「一国の主」という時点からのスタートとなる。この世代になって、ようやく天下統一が視野に入ってきたのである。

織田信長も、自分で大名になった世代ではない。織田家の御曹司として生まれ、父の死後、家督を継いだのである。

と書くと、信長は何の苦労もなく家督を継いだかのようだが、じつは兄弟間の争いを戦い抜き、織田家をまとめあげたのだ。

まず、信長は、父・信秀の長男ではなかった。信秀には、わかっているだけで二十五人の子があり、そのうち男子は十三人。信長は三男だった。日本は古来、男系の男子の長子相続が一応の原則である。では、どうして三男の信長が家督を継いだのか。

　これは、信長の兄二人が、側室が産んだ子だったから。正室の男子としては、信長が最初の男子だったのだ。織田家の場合、生まれた順番よりも、母方の血統のほうがより重視され、信長は嫡男として育てられたのだ。

　ところが、父の死後、家督をめぐりライバルが現れた。それは、腹違いの兄ではなく、同腹の弟、信行だった。家臣のなかには信行を支持する者が多く、信長にとって脅威となっていた。結果的に、信長は弟を暗殺し、当主としての地位を確立する。

信長はなぜ居城をつぎつぎと移した？

織田家のもともとの領地は、尾張の東部であり、信長が最初に居城としたのは那古《なご》野《や》城だった。

　いまの名古屋城の二の丸あたりにあったとされ、信長の父・信秀が今川氏豊から奪い取った城だ。

　信長は一五三四年にここで生まれている（尾張勝幡城で生まれたとする説もある）。並の大名なら、生まれた土地で生涯を過ごすことが多いわけだが、むろん、信長はそうではなかった。次々と〝引っ越し〟ていくのである。

　まず、青年期までを那古野城で過ごした後、一五五五年、清洲城に本拠地を移す。それにともない、那古野城は廃城となる。その清洲にいたのは十年間ほどで、尾張を統一し、隣国の美濃へ攻め入る前の一五六三年、小牧山城に移った。

小牧山城は、新しく平野部の小山に築いた城だった。それに伴って、城下町が建設され、信長と家臣だけでなく、商人や職人も清洲から移転してきたのだ。この小牧山を本拠地として、信長は美濃の斎藤氏を攻めた。ところが、山頂にある美濃の稲葉山城は、難攻不落の城として知られ、信長軍も攻めあぐんだ。木下藤吉郎（後の豊臣秀吉）の活躍もあって、ようやく一五六七年に稲葉山城は落城。すると、信長は今度はその稲葉山城を居城とし、名を「岐阜」と改める。そして、最後が安土城。七年かけて、琵琶湖の湖畔に築城したもので、一五七六年に完成した。

このように、信長は〝引っ越し〟を繰り返したわけだが、そこには「制圧した地に住み」、「そこを次の攻撃の最前線基地にする」という狙いがあった。信長の居城の変遷は、天下を目指した信長の野望の軌跡でもあるのだ。

武田信玄が初陣で大手柄を立てたって本当？

武田信玄は、若いころに信濃の村上氏相手に敗れた以外は、その生涯でほとんど負けを知らない名将だ。信玄の名将ぶりは、さまざまな逸話とともに語り継がれてきたが、なかには後世に創作された逸話も含まれているようだ。

その一つが、彼の初陣である。信玄の足跡を記した『甲陽軍鑑』によれば、一五三六年（天文五）、信玄は元服し、初陣を飾っている。初陣の舞台は、信州佐久の海ノ口城。信玄は父・信虎の軍に従ったのだった。

海ノ口城はなかなか落ちず、武田軍はいったん撤退することになった。ここで、信玄は父に殿《しんがり》軍を願い出たのち、途中ひそかに海ノ口城に引き帰した。海ノ口城では、武田軍が去ったものと油断して、城兵を家に帰らせていた。そこを信玄の部隊が奇襲し、城を落としたのだ。このとき、信玄は、敵の大将である平賀源心を討ち取ったと伝えられている。

初陣から戦の天才ぶりを発揮したというエピソードだが、これは後世の創作の可能性が高い。

じつのところ、信玄の初陣の活躍を語るものは、『甲陽軍鑑』以外にはないのだ。それほどの活躍をしたのなら、他の文献が残っていてよさそうだが、一切ないのである。

そもそも、海ノ口城攻略戦を一五三六年とするのは『甲陽軍鑑』だけで、別の史料では一五四〇年（天文九）となっている。海の口城に平賀源心という大将がいたかどうかも疑問である。

信玄が本当に初陣から大手柄を立てたという話には、疑問が多いのだ。

武田信玄が父親を国外追放した理由は？

戦国時代には、親と子、あるいは兄弟同士が家督を争って対立することが多かったが、武田信玄も父親と対立した武将のひとりである。一五四一年（天文一〇）、信玄は、父・信虎を駿河に追放し、甲斐の国の実権を握っている。

信玄の父・信虎は、甲斐を統一した猛将だった。信玄は信虎の嫡男だったが、信虎が駿河の今川家に嫁いだ娘に会いに国を出たすきを狙って、甲斐と駿河の国境線を封鎖し、父・信虎の帰国を禁じた。信虎は帰ろうにも帰れず、以後、今川家の食客となる。

なぜ、信玄は父親を追放したのか？ それをめぐっては、さまざまな説がある。一つは、父親との不仲説。父・信虎は、信玄よりも二男の信繁をかわいがり、信玄を廃嫡し、信繁に家督を譲ろうと考えていた。それを知った信玄が、廃嫡されるより前に、先制攻撃に出たという説だ。

一方、信虎が領国政治に失敗したからという説もある。信虎の時代、毎年のように合戦が続き、税は重く、民は疲弊していた。このままでは甲斐の国がもたないと考えた信玄が、信虎追放に踏み切ったという説である。

ほかに、信虎が領民に残忍な仕打ちをしたからという説もあるが、これは証拠になるものがない。あるいは、自信家である信玄が、突発的に起こした行動という説もある。父よりも優れていると考えた信玄が、父親のすきを見計らい、権力を奪ったという見方である。

上杉謙信の死因は何だった？

一五七八年（天正六）、上杉謙信は脳卒中で死去する。三月九日に厠《かわや》で倒れ、昏睡状態のまま、五日後に四九歳で世を去った。

謙信の脳卒中による死には、古来、疑問

符がつき、織田信長の刺客による暗殺説などが唱えられてきた。上杉軍が打倒信長に腰を上げれば、信長は武田信玄以来の大敵を迎えることになる。謙信との直接対決を避けようと、信長は刺客を放ったというのだ。

また、謙信の左足には腫れ物があり、長年これに苦しんでいた。その苦しさに耐えられず、自殺したという説もある。

ただ、謙信の生涯を見れば、脳卒中による死も不思議ではない。謙信は、もともとあまり健康ではなかったうえ、酒を好んだ。歳をとるごとに酒量が増え、酒びたりといってもいいほどだった。四一歳のときには、すでに署名する手が震えていたという。

加えて、酒の肴に梅干しを好んだから、塩分の過剰摂取による高血圧だったとも推測できる。謙信の〝生活習慣〟からみて、脳卒中で倒れる下地は十分にあったというわけだ。

お市の方が二五歳も年上の柴田勝家と再婚したのは？

織田信長の妹であるお市は、政略結婚によって、近江の浅井《あざい》長政に嫁いだが、長政はやがて信長と対立し、滅ぼされる。このとき、お市は助け出され、以後、信長の保護下にあった。

そのお市の運命が大きく変わるのは、一五八二年（天正一〇）六月、明智光秀によって兄・信長が殺されてからのことだ。翌七月には、二五歳年上で六一歳だった織田家の宿老・柴田勝家と再婚している。

お市が柴田勝家を再婚相手に選んだのは、

信長の代わりとなる保護者を求めてのことだろう。その裏には、羽柴秀吉への嫌悪があった。お市は、大名としても男としても、秀吉が大嫌いだったようだ。

信長死去ののち、山崎の合戦で明智光秀を討ったのは羽柴秀吉だが、以降、秀吉は信長の息子らを押し退け、天下を狙いはじめた。信長の三男である信孝は、秀吉の動きに反発し、柴田勝家も信孝に同調する。

お市も、織田家をないがしろにする秀吉の動きは、許せるものではなかった。かねて信孝と親しかったこともあり、織田家の跡継ぎとして信孝を盛り立てようとした。ここで、信孝は反秀吉同盟強化のため、織田家屈指の実力者である柴田勝家とお市の縁組を画策。お市は、これに乗り、勝家と再婚することになったのだ。

また、お市にとって、勝家との結婚は、秀吉の女にならないための手段でもあったようである。

秀吉が朝廷から賜った「豊臣」姓の由来は？

信長が生まれたときから「織田信長」だったように、戦国大名の多くは、幼名はあったとしても、姓はずっと同じなのが普通だ。しかし、秀吉はちがう。豊臣秀吉の生涯を描いた小説やドラマは数多いが、この人物が「豊臣秀吉」になるのは、晩年、物語も終わりに近づいた頃である。

木下藤吉郎として歴史に登場してから、羽柴秀吉と名乗るようになり、天下をとってからは、短期間のうちに平氏や藤原氏にもなり、最後に「豊臣」となった。

よく「源平藤橘」というが、これは天皇から賜った「姓」で、この姓を名乗る者が貴族であることを意味する。戦国武将の多くは、本当かどうかはともかく、源氏や平氏の末裔であると名乗っていた。秀吉も天下をとると、最初は平氏を名乗っていたが、誰もそんなことを信用していなかった。やがて、人臣の最高位である関白の座が射程距離に入った。だが、関白には藤原氏でなければなれないことになっていたので、秀吉は近衛家の猶子になり、藤原秀吉となったのだが、その三か月後、源平藤橘の次の第五の姓を賜ろうと考えるにいたるのである。

この「豊臣」姓は、秀吉以前には存在しない。学者や儒者を招き、いろいろな文献をもとにして、考案されたという。「豊臣」になった由来としては、「羽柴」が信長の家臣で先輩格だった丹羽長秀と柴田勝家の姓から一字ずつもらった例にならい、由緒ある姓の「豊原」と「中臣」から一字ずつとったのではないかという説もある。

秀吉としては、源平藤橘につづく第五の姓との意気込みで賜った姓だったが、長くは続かず、子供の秀頼の代で消滅することになった。

秀吉にはいったい何人の養子がいた？

「英雄色を好む」の代表としてあげられる秀吉だけあって、関係した女性はそれこそ数え切れない。わかっている側室だけで十六人（これにも諸説ある）。だが、正室ねねに子が生まれなかったように、長く子宝には恵まれなかった。晩年になって、ようやく淀殿とのあいだに子が生まれたのである。

　そういうわけで、秀吉自身、子供ができるのをあきらめていた時期もあり、確実とされているだけで、男子七人、女子五人もの養子がいた。

　同じ名前が出てくるので紛らわしいが、まず血縁姻戚関係のある養子が三人。秀吉の姉ともと三好吉房との間の子の秀次と秀勝、正室ねねの甥にあたる秀秋である。これらは、身内に後を継がせようという目的のもの。次に、他の武将の子を養子にした、半ば人質としての養子が、織田信長の四男の秀勝、宇喜多直家の嫡子である秀家、徳川家康の次男だった秀康。さらに、誠仁親王第六皇子で、後に八条宮家を創設する智仁親王も養子にしていたことがある。

　女子では、前田利家の娘の豪姫が有名だが、ほかにも、近衛前久の娘、織田信雄の娘、浅井長政の娘で淀殿の妹でもある小江与、名は不明だが、後に毛利秀元の妻となったものなど、五人が知られている。

鼠小僧次郎吉が盗んだ金はどこに消えた？

　鼠小僧次郎吉は、一七九七年（寛政九）、江戸堺町（現在の東京都中央区日本橋人形町）の芝居小屋中村座の木戸番をしていた定七の長男として生まれた。

　小さい頃から、建具屋十兵衛のところに年季奉公をし、一六歳で建具職人になった。ところが、その頃からバクチに手を出すようになり、遊び歩くようになる。

さらに、次郎吉は鳶職に転じるが、ますますバクチにのめり込んでいく。とうとう父親の定七から勘当され、住む家にも困る。それでもバクチをやめられず、元手欲しさに盗みを始めたのが、二七歳の頃だった。

鳶職をしていたこともあり、身が軽く、高い塀もやすやすと乗り越えて、大名屋敷に忍び込んだ。こうして、捕まるまでの約一〇年間に、九九カ所の武家屋敷に一二二回も盗みに入り、約三〇〇〇両を盗んだという。いまのお金に換算すると、ざっと二億円以上になる。

ただし、ホントに、盗んだ金を貧しい人たちのためにばらまいたのかというと、そんな事実はなかった。次郎吉は、そのほとんどをバクチですってしまったのである。

そのため、これだけの大金を盗んだのに、次郎吉の家には物も金もほとんどなかった。そこで、鼠小僧次郎吉は、盗んだ金をいったい何に使ったんだという疑問から、芝居の世界では義賊ということに仕立て上げられていった。

豊臣秀頼は本当に秀吉の子だったか？

前述したように、秀吉には、わかっているだけで十六人の側室がいて、その他、手をつけた女性の数は星の数ほどもあったのだが、「落し胤《だね》」伝説は伝わっていない。女好きで精力絶倫ではあるのだが、子種がないのではないかという噂は、生前からなかば公然とささやかれていた。

もちろん、当人もそのことを自覚していた。ただし、まだ若かった長浜時代には、側室が男の子を産んだことがあったと伝えられ（すぐに亡くなる）、天下を手中にした秀吉としては、自分に子種があると信じたかったに違いない。

たまたま関係した女性がみな不妊症だったという説は、成り立たない。側室のなかには、先夫がいてすでに子供を生んでいたり、秀吉の側室から他の大名の側室になってから子を産んだ女性もいるからだ。それに、前述のように、秀吉が関係した女性は数え切れないほどいるし、秀吉に「避妊」という発想はなかった。落し胤がいないほうがおかしいのである。

秀吉に子種がなかったという状況証拠はいくらでもあるのだが、晩年に、側室淀殿が二人の子を産んだという〝物的証拠〟によって、これはくつがえされてしまう。だが、逆に子種がなかった確率が高いという状況証拠を重視すれば、淀殿が産んだ秀頼は「秀吉の子ではなかった」ということになる。

であれば、秀頼の父親は誰なのか？　当時から最有力候補として名があがっていたのが、大野治長である。彼は、淀殿の乳母だった大蔵卿局の子で、大坂城で働いていた。秀頼に似ていると評判にもなっていたようだ。もうひとりは、石田三成。さらに、名古屋山三という役者の名もとりざたされていた。

秀吉の本当の死因は何だった？

秀吉が亡くなったのは六二歳。当時としては、けっして短命だったわけではない。

ただ、その死はけっして安らかなものではなく、ひどく苦しんだ末での死だったようだ。

朝鮮に出兵したものの、戦況ははかばかしくなく、国内には不満が鬱積していた。そんななか、秀吉は倒れた。食事が喉を通らなくなり、腹痛が起き、体はどんどん衰弱し、そのまま亡くなった。その症状から推測して、胃癌だったのではないかとみる医学関係者は少なくない。

だが、当時、噂されていた死因は「腎《じん》虚《きょ》」であった。精液を出しすぎて消耗した、ようするに「やりすぎ」である。秀吉の荒《こう》淫《いん》を裏付けるエピソードはいくらでもある。ルイス・フロイスが本国に書き送った報告書には、「大坂城内には、夫人のほかに三百人の妾がいた」「さらに、各地の城にも女がいる」「日本各地から器量のいい少女を集めている」などと書かれている。

誇張が含まれているかもしれないが、それに近い状況ではあったのだろう。

また、脳梅毒が死因とする説もある。コロンブスの一行がアメリカ大陸から梅毒をヨーロッパに持ち帰ったのは一四九三年のこと。それから大流行して、日本には鉄砲伝来よりもキリスト教よりもはるかに早く、一五一二年に到達している。秀吉が感染していても、不思議ではない。

家康はどんな人質時代を送っていた？

父の死によって、八歳の家康は今川義元の人質となった。以後、十一年間が家康の「人質時代」であり、このときに身につけた「忍耐力」によって、家康は征夷大将軍にまでのぼりつめた、とよくいわれる。

しかし、人質だったといっても、縄でしばられていたわけではないし、牢屋に閉じ込められていたわけではない。家来たちもいたし、外にも出かけることができた。ようするに、監視下に置かれていたという程度の人質生活だった。

今川氏では、家康をかなり可愛がっていたようで、いまでいう家庭教師をつけ、さまざまな学問を身につけさせていた。もとの領地を支配する権限もそのままだった。家康の正室は義元の姪であり、このことからも、両者の関係が親密だったことがうかがえる。

だが、結果的に、家康は今川氏を裏切ることになる。その自分の行動を正当化するには、今川にはひどい目にあったという話をでっちあげる必要があった。こうして、今川は悪役とされ、家康主従をいたぶったとか、領地を横どりしたというようなエピソードが創作されたようだ。

松平から徳川に改姓した家康の狙いは？

徳川家康が、もとは松平という姓だったことは、よく知られている。そして江戸時代になってからも、徳川の親戚には多数の松平家があった。松平と徳川とはどういう関係なのだろうか？

「松平」は、三河地方の土豪の名である。それが家康の先祖で、由緒正しい源氏の末裔でも何でもなかった。本来なら、家康は征夷大将軍になどなれる家柄ではなかったのだ。

家康がどの時点から天下を意識していたかはよくわからないが、今川の人質から解放され、三河の領土を安定させるため一向一揆平定に乗り出す直前に、徳川姓に変えている。

この「徳川」という姓は、源氏の一門である新田義貞の末裔とされていた。そういう系図をでっちあげたのである。

改姓といっても、自分で「おれは今日から徳川だ」と宣言するだけではだめで、朝廷の許可が必要だった。家康は、関白である近衛前久の仲介で、官位とともに徳川姓を認めてもらう。これにより、三河平定も、朝廷が認めた行為となったのである。

この時点で、家康が源氏の末裔の徳川を名乗ったのは、三河の領民に対し、自分をえらく見せるため、ようするに箔をつけるため、という程度のことだったとみるのが自然だろう。

ともあれ、この時点で源氏となっていたことで、後に将軍になる際、スムーズにことが運んだのは確かである。

なお、家康はその後、将軍になる直前、同じ源氏でも、新田系ではなく、足利系と名乗るようになり、今度はその系図をつくりあげている。

なぜ家康は次男に冷たかった？

司馬遼太郎の『豊臣家の人々』という小説で、結城秀康という人物を知った人は多いだろう。

徳川家康の次男として生まれたが、冷遇

され、秀吉から人質として実子をひとり養子にくれと言われたときに、何のためらいもなく養子に出された人物である。

　家康には十一人の男子がいた。正室の築山殿が産んだ長男の信康は、信長の命で死に追い込まれた。信康にはかなり期待していたようなので、さぞやがっかりしたことだろう。

　長男がいなくなったのだから、普通なら次男が後を継ぐ。だが、徳川二代将軍になったのは、秀康をとびこえて三男の秀忠だった。

　家康が息子の秀康に冷たかったのは、その出生に疑惑があったからだという説がある。

　秀康の母は、正室の築山殿の侍女で、つまり、正式な側室ですらなかったのだ。しかも、家康が関係をもったのは、風呂場で一回だけ、はずみでそうなった。それで妊娠してしまったのである。

　家康の側室であれば、他の男たちが手をつけることもないが、侍女の立場なら他の男とも関係をもっていたかもしれない。いまのようにＤＮＡ鑑定で親子関係を調べることもできないので、家康としては自分の子だと〝認知〟はしていたものの、疑う気分が残っていたのかもしれない。

石田三成の身長はどれくらいあった？

　ナポレオンをはじめ、大人物には意外に背の低い人物が多いが、たとえば戦国武将のなかで背が低かったことがはっきりしているのは石田三成である。石田三成は、犬猿の仲の加藤清正から、背の低いおべっか使いとののしられている。実際、現代の解剖学からも、背の低かったことがわかっている。

石田三成は、一六〇〇年（慶長五）の関ヶ原の合戦で敗れ、京都の六条河原で打ち首となった。遺体は大徳寺に埋葬され、その遺骨が明治になって発見された。関西医大の石田哲郎教授の試算によると、身長は一五六センチ前後。当時の平均身長からみても、小柄だったようだ。

背の低い戦国武将は、ほかにもいる。徳川家康は一五五～一五八センチ、伊達政宗も一六〇センチに足りなかったと推定されている。豊臣秀吉にいたっては、一五〇センチなかったともいわれる。

ただし、三成の場合、背が低いことに加え、体つきも華奢だった。戦国武将としてはもちろん、当時の男の基準から見ても、ずいぶんと優男だったのだ。

そんな優男に見えるコンプレックスからか、石田三成には、歯に衣を着せず、直言する剛直なところがあった。そんな性格も災して、加藤清正らと対立を深めていったのだ。

石田三成の背がもっと高く、もっと骨太な印象を与える人間だったら、関ヶ原の合戦は別の結果になっていたかもしれない。

さして軍功のない山内一豊に土佐一国が与えられたのは？

かつてのＮＨＫ大河ドラマ『巧妙が辻』の主人公・山内一豊は、関ヶ原の合戦で徳川家康に味方し、おおいに出世する。それまで遠州掛川五万石の小大名だったのに、一気に土佐二〇万石の大名となった。その山内一豊、関ヶ原の合戦そのものでは、さしたる働きをしていない。

にもかかわらず、家康から高く評価されたのは、下野小山の軍議での発言があったからとされる。

このとき、家康は、豊臣秀吉恩顧の武将たちを率いて、会津の上杉景勝攻めに向かっていた。そこに、石田三成が西で兵を挙げたという情報がもたらされた。家康は、武将らと今後の作戦を練るべく、小山で軍議を開いた。

そのとき、家康は大きな不安にさらされていたと思われる。家康の率いる軍には、福島正則をはじめ、秀吉に恩義を感じている武将が多い。誰かが石田方につくと言いはじめたら、雪崩を打ちかねない。それを引き止める理由は、家康にはない。

そんな不安があるなか、小山の軍議で、山内一豊が東海道筋の城を家康に差し出そうと提案し、まずは自分の居城である掛川城を差し出した。これで、会議の流れは一気に決まり、すべての武将が家康に従うことになった。

一豊の小山軍議での一言は、関ヶ原の勝利に大きく貢献するものだった。家康は、そのことを忘れなかったのだ。

春日局は、なぜ絶大な権力を持つことになった？

春日局は、前述したように、大奥の産みの親といってもいい女性である。彼女が大奥で権勢をふるえたのは、三代将軍・家光の後ろ楯があったからだ。逆にいえば、家光は春日局に大きな恩を感じ、彼女に大奥のすべてをまかせていたといえる。

家光は、二代秀忠の長男だったが、母親のお江与《えよ》の方は、二男の忠長をかわいがり、忠長を将軍職につけたいと考えていた。

当時は、長子単独相続の制度が確立されていなかったため、二男である忠長が将軍になることもありえたのだ。とくに忠長が若いころから優秀と見られていたこともあって、次期将軍レースの行方ははっきりしなかった。

そんななか、家光の乳母だった春日局は、駿府《すんぷ》の徳川家康に直訴《じきそ》する。この直訴もあって、家康が長子単独相続の確立を決断したため、家光が次期将軍に就くことが確定したのだった。

春日局の尽力があってこそ、家光は将軍職を得たわけである。家光の春日局への信頼はいよいよ厚くなり、彼女が大奥を取り仕切ることになったのだ。

もちろん、春日局にそれだけの力量があったことも事実である。

そもそも彼女は、本能寺の変で織田信長を討った明智光秀の家臣の娘。謀叛人の娘として、若いころから冷たい視線にさらされ、苦労を重ね、数々の修羅場も潜り抜けて、肝玉が座っていた。だから、単身家康に直訴もできたし、大奥のライバルを押さえ込むこともできたのだ。

なお、異説によれば、家康の参謀格だった僧天海《てんかい》の正体は、明智光秀だったといわれる。もしそれが本当であれば、春日局は家光以外にも、強力な後ろ楯を持っていたことになる。

水戸光圀の誕生が周囲に歓迎されなかったのは？

天下の副将軍・水戸黄門こと水戸光圀は、一六二八年（寛永五）六月一〇日、水戸城内ではなく、城下の三木仁兵衛の屋敷で生まれた。徳川御三家である水戸家の男児であるにもかかわらず、その出生は歓迎されなかったのである。

そもそも、父親の頼房（家康の十一男）は、側室の久子の妊娠を知ると、すぐに中絶を命じた。光圀が三木家の屋敷で生まれたのも、久子を不憫に思った三木仁兵衛が彼女を迎え、ひそかに出産させたからだ。

なぜ父頼房は、息子の誕生を歓迎しなかったのか。それは、彼が御三家の中で一番年下だったからである。

当時は、徳川の身内、外様の別なく、大名の取り潰しが相次いでいた時代。御三家といえども、一つ間違えばお家取り潰しという事態も覚悟しなければならなかった。

そんな時代に、久子は妊娠する。尾張家（家康の九男）、紀州家（家康の一〇男）ばかりか、将軍の家光（家康の孫）にさえ、まだ子どもがなかったので、末弟の頼房にとって、兄や将軍を差し置いて子どもを持つのは、恐ろしいことだったのだ。子どもができたからといって、喜んではいられなかったのだ。

やっと兄たちに子どもができたとき、頼房は誰一人認知していなかったが、すでに七人の男の子があり、光圀は三男だった。しかし、実子を認知する際、光圀を長子としたため、のちの黄門様が水戸家を継ぐことになった。
父の死後、光圀が二代目水戸藩主に就任したのは、三三歳のときのことだった。

吉宗のご落胤をかたった天一坊の正体は？

八代吉宗の時代、品川に、吉宗の御落胤《ごらくいん》と名乗る一人の山伏《やまぶし》が現れた。名前を「天一坊改行」と名乗り、「近々大名にお取立てになる」と話しては、大勢の浪人を集めていた。関東郡代もその事実をつかんだが、事が事だけに慎重に調べを進めることになった。

調べに応じた天一坊の話によれば、彼の母は城へ奉公に出ているときに妊娠し、紀伊田辺の実家へ帰されてから彼を産んだという。

その後、彼は母とともに江戸へ出てきた。母が持参していた由緒書は焼失してしまったが、母には子どものころから「吉」という字を大切にせよと聞かされていた。母が死ぬと、伯父から「公儀からお尋ねがあるであろう」と聞かされた。それらのことを考え合わせれば、自分は将軍の御落胤であり、近々大名に取り立てられるのは、間違いないという。

ところが、関東郡代がさらに調査してみると、天一坊は「将軍にお目通りして扶持ももらっている」「上野寛永寺での法事にも参詣し、銀三〇枚を香典としてお供えした」などと嘘八百を並べていることが発覚。天一坊は即座に捕らえられ、品川で獄門となった。

この事件は、のちに『大岡政談』に取り入れられ、大岡越前守の名裁きとして歌舞伎や小説の題材になっているが、実際には大岡はこの事件にかかわっていない。

さて、この天一坊が本当に吉宗の子だったかどうかについて、吉宗本人は「覚えがある」と答えたようだ。実際、まだ将軍になる前、奉公に来ていた女性たちと関係をもっていたらしい。しかし当時はＤＮＡ判定どころか、血液型もわからない時代。天一坊と名乗った男が本当に吉宗の子だったかどうかは、調べようもなかった。

長谷川平蔵が考案した犯罪防止のしくみとは？

池波正太郎の『鬼平犯科帳』の主人公として知られる長谷川平蔵。ご存じのように、実在の人物である。若いころは遊里に出入りし、放蕩生活を送ったようだが、役人になると真面目に働き、一七八七年（天明七）九月、四三歳で火付盗賊改方となった。「鬼の平蔵」と呼ばれたというのは池波の創作だが、江戸市中に張りめぐらした情報網を駆使して、数々の事件の解決に当たったことは事実である。

また、寛政の改革の際には、犯罪者の更正施設である「人足寄場《にんそくよせば》」の建設を計画、石川島（現在の中央区佃二丁目）に建設した。この施設は、日本独自の近代的監獄制度のルーツとなるが、当時、平蔵は老中の松平定信との折り合いが悪く、運営資金の捻出にはずいぶん苦労したという。

平蔵は、幕府から資金を借りて、銭相場に投資。それで稼いだ利益を人足寄場の運営費に回すことでやり繰りした。また、大名屋敷の跡地を資材置き場などとして商人に貸し出し、その借地代も運営費に回した。当時の役人としては、なんとも型破りな資金調達法だった。

ちなみに、この人足寄場は、無宿者や服役を終えた軽犯罪人を三年間収容して、職業訓練を実施、正業に就かせることを目的にした施設。大工や左官などの技術を持つ者には、それらの技術をさらに磨かせ、手に職のない者には軽作業や土木作業を教えた。

また、労働に対して手当てを支給、その一部を強制的に貯金させ、出所時の元手にさせた。

このような犯罪者を教育し、更正させようという発想は、当時としては画期的なものだった。

天才浮世絵師「葛飾北斎」が貧乏だったのはなぜ？

『富嶽《ふがく》三十六景』や『北斎漫画』などで知られ、天才絵師といわれる葛飾北斎。ゴッホら印象派の画家たちにも大きな影響を与え、一九九九年（平成一一）、雑誌『ライフ』に掲載された「この一〇〇〇年でもっとも重要な功績を残した世界の人物一〇〇人」という記事にも、日本人でただ一人選ばれた。

それほど偉大な人物なのに、北斎は生涯お金に苦しんだ。収入は、武士でいえば三〇〇石取りよりも多く、町民としては恵まれているほうだったが、金銭にルーズなところが災いしたとみられている。

画料が入ってきても、北斎はその金を紙に包んだまま部屋に転がしていた。そして、借金取りがくると、中身を確かめないまま渡すような具合だった。

しかも、部屋の掃除はろくにせず、部屋が汚れると掃除する前に引っ越しをした。一日に三回引っ越したことも含め、生涯に九三回も引っ越しをし、さらには遊び人の息子の尻拭いもしなければならなかった。

貯めようと思えば、いくらでも貯められただろうが、貯蓄にまったく興味はなく、ときには、絵を描く紙を買うお金に困ることもあったという。

さすが、日本人でただ一人、世界の人物に選ばれただけの人物。北斎はいかにも天才らしい天才だったといえるだろう。

国外追放でマニラに渡った高山右近の暮らしぶりとは？

安土桃山時代から江戸時代初期にかけての代表的なキリシタン大名に、高山右近がいる。彼がイエズス会へ入会して洗礼を受けたのは（洗礼名はジュスト）、一五六四年（永禄七）、一二歳のときのこと。早くからキリスト教に目覚めたのは、父親がキリスト教の教えに感銘を受け、すでに洗礼を受けていたからだ。

右近は、その後、荒木村重、織田信長、羽柴秀吉に仕える。明智光秀を討った山崎の戦いや小牧・長久手の戦い、秀吉の四国征伐にも参戦している。その一方、右近は人徳ある人として知られ、蒲生氏郷《がもううじさと》、黒田《くろだ》孝高《よしたか》ら、多くの大名が彼の影響でキリシタンとなった。前田利家も、洗礼こそ受けなかったものの、右近の影響で、キリシタンに対して好意的だった。

ところが、秀吉が一五八七年（天正一五）にバテレン追放令を出すと、秀吉の側近だった黒田孝高はすぐに棄教したが、右近は信仰を守ることを決意。信仰と引き換えに、領地と財産を捨てた。

さらに、一六一四年（慶長一九）には、徳川幕府を開いていた家康によって、右近は宣教師とともに国外追放を命じられる。大坂城攻撃を前に、キリシタンが豊臣側につくことを防ぐための家康の計略だった。

右近は、妻のジュリアら一〇〇人余りとともに、同年一〇月、長崎からマニラへ向けて出帆する。四三日後、マニラに到着。右近は、すでにイエズス会からの報告によって、当地でも有名になっていたため、スペイン人のフィリピン総督や市民たちから礼砲で迎えられ、賓客として遇される。しかし、長い航海と南国の酷暑で、急速に衰弱。上陸から一か月ほどで熱病におかされ、翌年二月四日に六四歳で亡くなった。

葬儀は、総督の指示によって、イエズス会管区長の葬られるサンタ・アンナ聖堂でマニラ全市をあげて営まれた。

右近の死後、家族は日本へ帰国。現在も石川県志賀町などに直系子孫の「高山家」がある。

独眼竜・伊達政宗は、〝平和な時代〟をどう生きた？

幼い頃、天然痘にかかって右目を失明したことから、「独眼竜政宗」と異名を取る伊達政宗。徳川家康が天下を統一すると、初代仙台藩主となった。

　しかし、政宗はその後も徳川家打倒をめざし、密かに作戦を立てていたといわれ、幕府も政宗の動静をたえず警戒していた。結局、政宗の野望は、密かに進めていたスペインとの同盟が不調に終わり、実現することはなかった。政宗自身も、世情が落ち着いてからは、領国の開発に力を注ぎ、仙台とその周辺を現在につながる穀倉地帯とした。

　政宗が病に倒れたのは、三代家光の時代の一六三六年（寛永一三）。死因は、食道ガンと推定されている。享年六九。

　伊達家は、平安末期の武将・伊達朝宗を祖とする。姓は、陸奥国伊達郡（現在の福島県中通り北部。伊達市など）に由来し、

政宗は一七代当主だった。徳川時代も、伊達家には将軍家から降嫁があるなど、外様大名のなかでも格別の扱いを受けた。しかし、八代藩主斉村（二四代当主）以降は、三〇歳前に早世する者が多く、一門からの養子で辛うじて無嗣改易を免れた。なんとか仙台藩主の地位を保ち、最後の藩主は、三〇代当主・宗基だった。

　戊辰戦争で、会津藩の味方をした仙台藩は、朝敵として、いったん領地を没収された後、改めて二五万石を与えられる。だが、それでは家臣を養えず、二万人の家臣を解雇。家臣のなかには、集団で北海道へ移住した者もいた。

　伊達家は、明治時代には伯爵に列せられ、現在の当主は政宗から数えると、一八代目にあたる。毎年五月に開催される「仙台青

葉祭り」では、伊達家の当主がパレードの先頭を歩くことになっている。

由比正雪が各藩の招きに応えず「革命」を志したのは？

一七世紀半ば、徳川の世が天下泰平に向かうなか、江戸幕府を震撼させたのが、慶安事件、いわゆる由比正雪《ゆいしょうせつ》の乱である。正雪は、生活に苦しむ浪人を集め、幕府を転覆させるという革命を企てた。

その計画は、まずは駿府（現・静岡市）の久能山に向かい、徳川家康の遺産を強奪する。その資金によって、全国から浪人を集め、軍を起こすというものだが、事前に発覚して計画倒れに終わった。正雪は幕吏《ばくり》に取り囲まれ、自害する。

その正雪、革命家を志すまでの経歴は、はっきりとしていない。出自は武士ではなく、駿府宮ヶ崎町の紺屋のせがれだったといわれる。一説には、農民の子だったともいわれる。

伝わるところによれば、正雪は、一七歳のときに江戸に上り、軍学を学ぶ。師は楠不伝といわれ、名将・楠木正成の子孫とされる人物だ。正雪は、そのもとで楠流軍学を習得、やがて江戸・神田連雀町で、軍学指南として独立する。

正雪の楠流軍学は、江戸で評判を呼んだようだ。当時、江戸にあっては、小幡景憲の甲州流軍学、北条氏長の北条流軍学が評判だったが、由比正雪の楠流軍学は目新しく、また「高砂やー」などと謡をまじえながらの講義がおもしろかったようで、正雪の道場には、旗本や大名の家臣、浪人らが続々と集まってきた。

　正雪の道場に人が集まったのには、もう一つ理由がある。正雪の道場は、人材斡旋センターのような機能を果していたのだ。多くの浪人は、正雪に大名家への仕官の斡旋を期待していた。大名家の家臣ともつきあっている正雪は、それができたのだ。さらに、自らが稼いだお金で、困窮する浪人を養いもした。

　そんななか、正雪は、浪人問題の深刻さ、仕官できる者とできない者の格差、旗本・御家人らの貧窮ぶりなどを痛切に知る。幕府の無策に憤りもする。それが、正雪に革命への道を進ませたといえよう。

　正雪の謎といえば、大名からの軍学者としての招きには応じなかったことだ。唯一、弟子にした大名は、板倉重昌《いたくらしげまさ》のみである。彼以外の大名を弟子にはせず、もっぱら大名の家臣以下を弟子としていた。

　大名とつきあえば、軍学者としてさらに箔がつくにもかかわらず、そうしなかったのは、やはり当時の幕藩体制に相当の疑問を抱いていたからだろう。

大石内蔵助の〝昼行灯〟のレベルはどの程度だった？

　赤穂浪士のリーダーといえば、赤穂藩にあって、筆頭家老の地位にあった大石内蔵助良雄である。内蔵助の冷静沈着な指揮、たくみな偽装作戦により、赤穂浪士は主君の仇・吉良義央《きらよしなか》を討ち取ることに成功した。

　その内蔵助、松の廊下で浅野内匠頭が吉良義央に切りつけるまでは、「昼行灯」とからかわれるような人物だったことは、よく知られている。

昼行灯とは、ボケッとした役立たずという意味。真昼に行灯をつけても、行灯の光は輝かないし、そもそも意味のない行為であり、何の役に立たない。内蔵助はそんな存在であるという、筆頭家老につけるには相当ひどいあだ名である。

ただ、内蔵助は「昼行灯」と呼ばれながらも、完全にバカにされていたわけではなかったようである。周囲は「昼行灯」と陰口を叩きながらも、どこかでその実力を認めていたふしがある。

それは、一六九四年（元禄七）、備中松山（岡山県）の水谷家で起きたお家断絶のさい、内蔵助がみごとに事後処理をしてみせたからである。水谷家は、当主が三一歳で死去したさい、子どもがいなかったため、お家断絶となった。

備中松山城はいったん幕府の管理下にはいることになり、このとき幕府の命によって、赤穂藩主の浅野長矩《ながのり》が派遣された。実務をとったのは、筆頭家老の内蔵助である。内蔵助は、面倒な雑務を淡々とこなし、浪人となる水谷家の家臣たちにさまざまな配慮をした。

処理後もしばらくは備中松山城に残り、もう問題がないと確認したところで、赤穂に引き揚げた。赤穂の武士らも、内蔵助のその働きぶりに感服したようだ。

だから昼行灯とからかいながらも、その実力を評価はしていたのである。そういう信望がまったくなければ、浅野長矩の切腹後、家臣団をまとめることもできなかっただろう。

吉良上野介はホントにみんなから嫌われていたのか？

江戸時代、「高家《こうけ》」と呼ばれたのは、いわゆる名門のこと。二代秀忠が、室町将軍家の縁故である石橋家、吉良家、今川家の三家を登用したことに始まる。仕事は、幕府の儀礼や典礼を司ることだった。

その高家の一人、吉良上野介が、江戸城内で浅野内匠頭から斬りつけられたのは、一七〇一年（元禄一四）のこと。上野介のイジメに耐えかねた内匠頭が、思い余って刃傷に及んだと伝えられる。

当時、上野介が部下をイジメ、賄賂を要求していたことは確かである。たとえば、上野介のイジメに参った亀井茲親《これちか》の場合は、家老が機転をきかせて賄賂を持参。すると、翌日から上野介の態度がコロッと変わったというエピソードが残っている。

上野介がそれほど賄賂を欲しがったのは、高家のわりに収入が少なかったからである。

吉良家は高家であっても、石高はわずか四二〇〇石の旗本。五万三〇〇〇石の赤穂藩主浅野内匠頭のほうが、はるかに多くの収入があった。ところが、浅野家の官位は従五位なのに、高家の吉良家は従四位。吉良家にとって、わずかな石高で、城持ち大名たちと対等以上の付き合いをするのは、財政的に大変な負担だったのだ。

そこで、上野介は、実子を米沢上杉家の養子に送り込み、毎年六〇〇〇石もの援助を受けていたが、ただでさえ財政の厳しい上杉家からも快く思われていなかった。また、上野介は商人への未払い金が多く、町奉行へ訴えられたこともあった。

上野介は、一介の旗本にすぎないのに、「高家」らしくふるまうために出費がかさみ、賄賂を必要として、結局は自分の命を縮めることになったわけである。

一〇代将軍・家治が政治を顧みなかった理由とは?

幕府中興の祖とされる八代吉宗は、子どもの九代将軍・家重が病弱だったため、利発な孫に期待をかけた。吉宗は、早くから孫の家治をかわいがり、手元で帝王学を授けた。しかし、その教育は、裏目に出たといえるだろう。

家治は、一七六〇年(宝暦一〇)、父・家重が死去すると、二三歳の若さで、世の期待を担って一〇代将軍の座についた。ところが彼は、祖父吉宗のような、自ら陣頭指揮をとるような政治を行わなかった。幕政のすべてを側用人の田沼意次に委ね、自らは書画や将棋に熱中するばかりだったのである。

家治が田沼まかせの政治を選んだのは、一つには「田沼を重く用いよ」という父家重の遺言があったからである。祖父吉宗から、儒教教育をしっかりと受けてきた家治は、父の遺言に逆らうことができなかった。その田沼は、家治の期待に応えて、自らの考える経済改革を進めていった。

こうして実権を握った田沼は、ライバルとなりそうな者を次々と追い落としていった。この時代、田沼のほかにもすぐれた力量を持つ者もいたのだが、田沼は彼らを将軍から遠ざけた。その結果、家治の視野には、田沼以外には有能な人物が見当たらなくなった。

また、家治がやる気を失ったのは、子どもが次々と亡くなったこともあっただろう。家治には二男二女がいたが、家治の存命中に若くして命を落としていったのだ。跡継ぎを失っていく悲しみも、家治を政治から遠ざけた理由の一つのようだ。

「唐人お吉」に提示された〝看護料〟とは？

ペリー来航の三年後、一八五六年（安政三）七月二一日、アメリカ軍艦が下田に入港した。この軍艦には、日本駐在総領事のタウンゼント・ハリスと青年通訳のヘンリー・ヒュースケンが乗っていた。上陸したハリスは、柿崎村の玉泉寺を宿舎とし、その寺はそのままアメリカ領事館となった。ハリスは、そこを基盤に下田奉行や幕府との交渉を開始する。

当時、ハリスは健康がすぐれなかった。そこで、通訳のヒュースケンを通じて、幕府に「看護婦」の派遣を要求した。その要求に対して、日本側は〝看護婦〟という意味がよくわからず、男の要求を満たすための若い女性を求めていると勘違いする。

問い直すと、二三歳だったヒュースケンは、両方を兼ねる女性を要求したので、その求めに応じて送り込まれたのが、一七歳のお吉《きち》という美しい芸者だった。

そのお吉に提示された〝看護料〟は、なんと支度金二五両に月額一〇両。当時の大工の手間賃が一カ月二両ほどだから、じつに並の職人の五カ月分という破格の報酬だった。

ただし、お吉は玉泉寺に三カ月しかいなかった。お吉に腫れ物ができたためで、彼女が最終的に受け取った報酬は、支度金を合わせて五五両（七五両だったとも）だったという。

なお、ハリスは敬虔《けいけん》なピューリタンであり、お吉との間に関係はなかったとみられる。もっとも、お吉は、その後「唐人お吉」と世間から白い目で見られ、辛い人生を送ることになった。

新撰組にいた沖田、土方以外の〝男前〟とは？

新撰組のイケメンといえば、紅顔の美少年といわれた沖田総司が有名だが、沖田以外にも「隊中美男五人衆」と呼ばれたイケメンがいた。

まず、阿波《あわ》出身の馬越《まごし》三郎は、まるで絵の中に出てくるような美男子だった。隊員の武田観柳斎《かんりゅうさい》に言い寄られたこともあったが、決してなびかず、逆に武田が薩摩藩へ出入りしているところを見つけ、薩摩藩に内通していたことを突き止めている。

維新後、四〇近くなった馬越と会った元隊員によれば、相変わらずの美男で二〇代にしか見えなかったという。

加賀藩出身で山野八十八《やそはち》は、二〇歳をすぎても、愛嬌のあるかわいい顔をしていた。

壬生寺の裏にあった「やまと屋」という水茶屋の娘と恋仲になり、女の子をもうけたが、その後生き別れる。維新後は京都で、学校の事務員になっていたところを、売れっ子芸妓になっていた娘に見つけ出され、その娘と幸せに暮らしたという。

佐々木愛次郎も、色白の美少年だった。八百屋の娘と恋仲になったが、芹沢鴨《せりざわかも》に横恋慕される。芹沢から離れるため、娘と逃亡を図るものの、芹沢の手下に待ち伏せされ、斬り殺された。まだ二〇歳前後だった。このとき、その手下に乱暴された娘も自殺した。

馬詰《まづめ》柳太郎も、なかなかの美男子と評判だった。しかし、屯所近くの子守女をはらませたあげく、脱走してしまったという。

五人目は、目のぱっちりした楠小十郎で、声まで女の子のように優しかった。しかし、長州のスパイだったことがバレ、一〇代のうちに副長助勤の原田左之助《さのすけ》に斬り殺されている。

ちなみに、この五人衆に沖田は入っていないが、そもそも沖田が美男子だったという話は、小説や映画から広まったもの。隊員の証言によれば、色黒のヒラメ顔で、美男子とはほど遠かったという。

政略結婚といわれた一四代家茂と皇女和宮の「夫婦仲」は？

皇女和宮《かずのみや》の一四代将軍・家茂《いえもち》への輿入れは、終始、幕府主導で行われた。幕府の権威が日に日に失墜するなか、幕府は何が何でも「公武合体」を推進する必要があった。朝廷の権威によって、幕府を立て直すしかなかったのだ。

一方、朝廷側は、和宮が一三歳と年少であること、すでに婚約者がいたことなどから反対していた。このとき、背後で動いたのが、倒幕派の公家・岩倉具視《ともみ》である。和宮の兄である孝明天皇に、国政のリーダーシップを取り返す絶好のチャンスと説き、天皇の持論である攘夷を実行するという約束を取り付けて、輿入れを実現させたのだ。

和宮は、無理やり婚約者と引き離され、江戸へと向かったわけだが、では、和宮と家茂の〝夫婦仲〟は、冷え冷えとした不幸なものだったのだろうか。

予想に反して、二人の夫婦仲は良かったのではないかと思わせる〝証拠〟が、一世紀近くのちの昭和三〇年代に発見されている。

芝増上寺で、徳川家の墓の改葬が行われたとき、和宮の墓も発掘すると、和宮は右手にハガキ大の写真を握ったまま、埋葬されていたことがわかったのだ。

写真には、正装した一人の男性像が写っていた。幕末当時の湿板写真（ガラス板）だったので、空気に触れると、その男性像はすぐに消えてしまったが、その男性こそ、夫である家茂だったという説がある。

和宮には婚約者がいたといっても、彼女が四歳のときの約束であり、彼女自身は相手に一度も会ったことがなかった。また、家茂は側室をもたなかったことからも、家茂と和宮の夫婦仲は相当良かったと、今では考えられている。

なぜ高橋是清はアメリカで「奴隷生活」を味わった？

大正・昭和の政治家・高橋是清は、波瀾の人生を送っている。彼は首相にもなったが、大きな業績を残したのは、その後の大蔵大臣時代である。

一九三〇年（昭和五）の昭和恐慌にあたって、犬養毅内閣の蔵相となり、恐慌を終息させ、景気回復に向かわせるという手腕を発揮した。岡田啓介内閣でも蔵相となるが、一九三六年（昭和一一）の二・二六事件で、軍部に暗殺されてしまう。

そんな波瀾万丈な政治家人生を送った高橋は、政治家となる以前も、波瀾の多い人生を送っていた人物だ。

高橋は、江戸幕府の絵師の子として生まれたが、仙台藩の足軽・高橋家の養子となった。幕末、江戸に出て、外国銀行のボーイとなる。

当時は洋学ブームに沸いていて、仙台藩は若者を渡米させせようとした。そこに高橋も加わり、アメリカに渡る。このとき、一四歳である。

アメリカで高橋是清を待ち受けていたのは、「奴隷生活」である。

高橋は、日本で英語を学んでいたものの、けっして堪能とはいえなかった。ある老人が高橋の目の前に書類を置き、そこにサインしろと言ったとき、簡単にサインして老人の家についていってしまったのだ。

しばらくして、高橋は、自分のサインした書類が奴隷契約書であったことを知る。その家の中国人と仲違いして、出ていこうとしたとき、老人からこう言われた。「おまえの体は三年間買ってある。だから、勝手に暇をとることはできない。おまえは、サインをしたではないか」。

これには、高橋も困ってしまった。そうこうするうちに、日本では、明治維新を迎えようとしている。

日本に帰りたくなった高橋は、日本人の先輩に相談し、彼がブルークスという人物に訴えた。

ブルークスは、幕府からサンフランシスコの名誉領事を嘱託されていた人物で、ひと骨折ってくれた。

ブルークスは双方の言い分を聞いたうえで、高橋是清の奴隷契約書を破棄させることに成功したのである。

こうして、高橋是清は奴隷の身から解放され、帰国、政治家へと転身していくのだ。

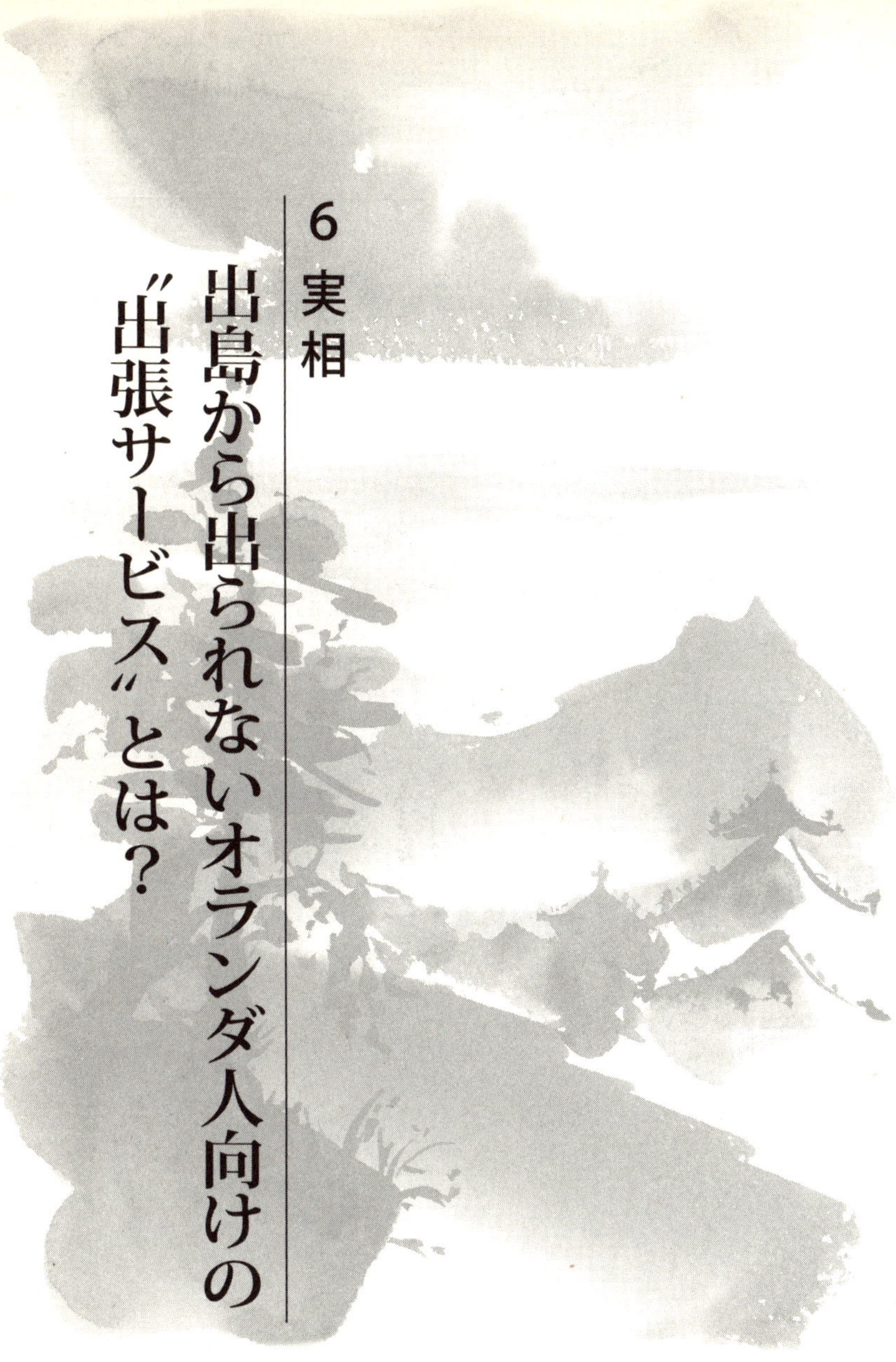

6 実相

出島から出られないオランダ人向けの〝出張サービス〟とは？

縄文時代、どうやって木をくり抜いて舟をつくった？

約六〇〇〇年前～五〇〇〇年前の縄文前期には、丸木舟が作られるようになり、なかには、全長一〇メートルの舟まであった。まだ金属器がなかった時代、彼らは、どうやって、そんな大きな丸木舟を作ったのだろうか。

その製法は、縄文遺跡から見つかった丸木舟の調査によって確かめられている。調査結果によると、削りたい部分を燃やして炭化させ、もろくなったところを石器で削りとっていたという。

まず、大型の丸木舟をつくるには、巨木を切り倒さなければならない。そこで、切り倒す場所に石器の錐で小さな穴を開けた。そして、その穴にヒノキの細い棒を差し込んで激しく摩擦すると、火が起こる。あらかじめ、その穴の近くに油に浸した縄を巻きつけておけば、起こした火が縄に燃え移り、幹を焦がす。これを何度か繰り返せば、幹の奥深くまで炭化させることができる。そこに石のオノを打ち込み、さらに石器でオノを叩けば、やがて巨木は倒れていった。かなりの時間がかかるが、当時は時間に追われて焦る必要はない。このようにして、じっくり巨木を倒したと考えられている。

また、巨木をくり抜くときも、同じようにしてくり抜きたい部分を焦がしていく。そうして、炭化させたところに石のオノを打ち込み、少しずつ削っていった。当時の人々は、火縄をうまくつかって、巨木を利用していたのだ。

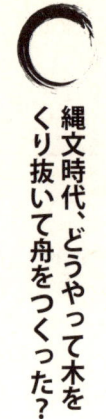

「縄文人も農業をしていた」ってどこまで本当？

縄文時代は、もっぱら狩猟と採集の生活をしていたというのは、もはや古い知識で、現在では、原始的ではあるが農耕が行われていたというのが定説になっている。じっさい、各地の遺跡から、栽培植物の種や細胞の一部が発見されたり、粗雑な作りの打製石斧が見つかっている。その石斧は、木を切るための道具ではなく、土を掘る（耕す）ためのものだったと考えられている。

研究によると、少なくともアワやヒエ、キビ、エゴマ、サトイモは畑で栽培されていたという。また、縄文後期には、畑でコメの栽培も行われていたようだ。「稲作は弥生時代から」というのも、もはや過去の説で、米作は縄文晩期にはじまり、弥生時代になって本格的な水田耕作が行われるようになったと考えられている。

さらに、神奈川県の遺跡からは、カキの貝殻が棒に付着した状態で見つかっている。さまざまな状況から、その棒を道具につかって、カキの養殖をしていたのではないかとみられている。たとえば、たまたま海の中に倒れこんだ木の枝に、カキが付着しているのをみて、養殖を思いついたのかもしれない。

縄文人はなぜ自分の歯を抜いた？

縄文時代の人骨は、貝塚や墓地遺跡から多数発掘されているが、それらにはなぜか「抜歯」されたものが少なくない。

上あごの門歯を抜いたもの、上下あごの犬歯を抜いたもの、上下あごの犬歯と門歯にくわえ、第一小臼歯を抜いたものなどがある。抜歯の習慣は、縄文中期に仙台湾沿岸に発生し、後期には関東、九州地方にまで広がっている。とくに、縄文後期と晩期の施行率はひじょうに高い。

詳しく調べると、彼らが歯を抜いた時期は、いわゆる第二次性徴期。男女ともに行われていることから、大人になるための通過儀礼の一つだったとみられている。もちろん、当時、麻酔の技術はない。抜歯には相当の痛みを伴い、縄文人にとっては、その痛みに耐えることが大人への仲間入りを意味したようだ。

また、近親者が死ぬと、歯を一本抜くこともあったようだ。この説の論拠は、年齢が高い者ほど、抜歯している歯の数が多いことから。父親や母親、あるいは夫や妻が死ぬと、歯を一本抜いたと考えられている。

また、最近では、自分の村で暮らし続けている者は門歯を抜き、結婚して別の村へ移った者は犬歯を抜いたとする研究もある。

ちなみに、縄文人は、世界の同時代の人々に比べて、虫歯が多かったことがわかっている。縄文人は、皮をなめしたり、植物の繊維を扱う作業に歯をつかうことが多く、歯が磨り減って磨滅しているケースが多いことも判明している。

「縄文人はクジラを捕っていた」って本当?

縄文人は、クジラを獲っていたことが明らかになっている。石川県能登半島の真脇遺跡から、クジラの骨が発見されているのだ。

真脇遺跡は、能登半島先端から内海に入った入り江の奥にあり、約六〇〇〇年前～二〇〇〇年前まで縄文集落があった。その集落から、ゴンドウクジラをはじめ、カマイルカ、マイルカなどの骨が大量に発見されているのだ。その骨には、石器のモリやヤリによる傷跡が残っているところから、縄文人は、回遊してきたクジラやイルカを丸木舟で湾内へ追い込み、捕獲したと考えられている。

獲ったクジラやイルカは、食用にしたほか、骨を利用し、油も採取したようだ。その油は、灯油や化粧用に使われたとみられる。さらに、この遺跡からは、中部高地や東北地方で生産されたとみられる土器や玉が発見されていることから、クジラやイルカは交易にも使われていたと考えられている。

ちなみに、縄文人たちは、舟で外洋へ漕ぎだし、マグロなどの大型魚も獲っていたようだ。宮城県の沼津貝塚からは、獲物に突き刺さった先端部分が柄から離れ、ロープによって手繰り寄せて獲物をゲットするタイプのモリが発見されている。その大きさから見て、標的は外洋を回遊するマグロだったと考えられ、現代の「大間の一本釣り」のようなマグロ漁を行う漁師がすでにいたのだろうとみられている。

弥生時代の稲作でも、やっぱり「田植え」はあった？

日本の稲作は、縄文晩期にはじまる。戦

前までの考古学では、縄文晩期から弥生時代にかけての稲作は、種籾《たねもみ》を直接水田にまく直播《じかま》きが主な農法で、田植えは行われていなかったと考えられていた。ただし、それを裏付ける考古学的発見はなく、直播きの方が簡単にできることからの推定だった。

ところが、戦後まもなく行われた静岡県の登呂《とろ》遺跡の発掘・調査以降、各地で水田跡が発見され、弥生時代にも田植えが行われていたことが明らかになっている。たとえば、弥生末期の百間川《ひゃっけんがわ》遺跡（岡山県）の水田跡には、坪当たり四〇〇株前後の稲株の跡が残っていた。しかも、それが規則的に配列されていたことから、田植えが行われていたことがうかがえる。いまでは、水稲耕作の初期段階から、直播きと田植えの両方が行われていたことがわかっている。

そもそも、直播きといっても、田を深く耕すことは必要である。木製の農具で深く耕すのは重労働だし、また直播きだと、雑草の駆除が大変な作業になる。そんなことから、前年の刈り株を掘り起こしたところに水を満たし、別に育てた苗を植えかえる田植え方式のほうが、むしろ作業は楽だったという意見も強くなってきている。

なぜ、古代人は男性がアクセサリーをつけている？

弥生時代の住居や墳墓からは、髪飾りや首飾り、腕輪、指輪など、多様なアクセサリーが出土する。そうしたアクセサリーを身につけていたのは、女性ではなく、男性たちだった。といっても、当時は、男性のほうがおしゃれだったからではなく、アクセサリーが魔よけの意味をもっていたからである。一家を支える男性の無事を祈る意味で、男性が身につけていたのだ。

一方、女性は、アクセサリーの作り手で、素材は宝石や青銅、ガラス、貝、牙など。なかでも、宝石やガラス、金属は、貝や牙より呪力が強いと考えられ、支配者層のアクセサリーとされた。一方、庶民は、貝や動物の牙製のアクセサリーを用いていた。

たとえば、首飾りは、管玉の穴にヒモを通して長く連ねたり、勾玉の穴をヒモで貫くなど、多数の玉を用いたものがたくさん見つかっている。

とりわけ、福岡県の宝満尾《ほうまんお》遺跡で見つかった首飾りは、ガラスの小玉が一四〇個も連ねられた〝大作〟。長さが一・四メートルもあり、三重にして首に巻かれていたようだ。

また、福岡県飯塚市の立岩遺跡からは、多くの腕輪をした男性の人骨が発見されている。右腕に一七個、左腕に一〇個もの腕輪をしており、その男性は司祭だったのではないかとみられている。

また、少年期にはめられた腕輪が、成長して抜けなくなった形跡があることから、その男性は子供時代に司祭として選ばれ、多数の腕輪をしつづける不便に耐えながら職務に励んだのだろうと推測されている。

昔の人は、お酒をどうやってつくった？

『魏志』倭人伝には、邪馬台国で人が死ぬと、「喪主は哭泣し、他の人は就きて歌舞、飲酒する」、あるいは「人の性酒を嗜む」

などと記されている。弥生時代には、すでに飲酒の習慣が成立していたようだ。

といっても、古代日本には、西洋のような果実酒が作られていた形跡はない。弥生時代から、コメを主原料とする日本酒の原型のようなものが、飲まれていたようだ。その酒造りの技術は、稲作技術とともに東アジアから伝えられたとみられる。

その酒造りの方法は「口で噛む」ことだった。コメなどを口に入れて、歯で噛みつぶし、唾液とともに壷へ吐き出す。これを保存しておくと、唾液のなかの酵素アミラーゼが、コメなどのデンプンを麦芽糖に変化させる。その麦芽糖が空気中の酵母菌によって分解され、自然発酵することで、アルコールと炭酸ガスが発生する。

といっても、こうした自然発酵的な製法では、とてもコクのある酒はできなかっただろう。

それでも、現在の甘酒程度の酒はできたのではないかと考えられている。『日本書紀』のなかに出てくる酒も、この口噛みの酒のことである。

時代が下ると、八世紀の律令制度のもとでは、造酒司《みきのつかさ》という役所が酒造りを担当していた。この時代になると、噛み酒ではなく、蒸し米、米麹、水を甕《かめ》に仕込んで一〇日ほど寝かせ、もろみが熟成したところで搾るという作業を繰り返して、酒が造られるようになっていた。こうして造られたのは、甘口で酸味の少ない酒で、おもに朝廷での神事や宴会の際に飲まれ、高貴な人しか口にできないものだった。

古墳時代の豪族は、どんな家に住んでいた？

一九八一年（昭和五六）、群馬県で三ツ寺遺跡が発掘されて以来、地方豪族のものとみられる居館跡が、四〇ヵ所以上も発見されている。

たとえば、三ツ寺遺跡は、五世紀後半から六世紀前半にかけての居館で、敷地は一辺約八六メートルの方形。その敷地を幅三〇メートル、深さ四〇メートルの濠で囲み、三重の塀がめぐらせてあった。濠は、河川を作り換えて利用されており、ところどころに張出部分が設けられ、外側と木橋などで結ばれていたようだ。

敷地内は、南北に柵と塀で区分けされ、北側には竪穴式住居が数戸あった。南側には、四面に庇《ひさし》をもつ大型の掘立柱建物があり、約八〇平方メートルのこの建物が、主屋敷と考えられている。他には、祭祀場とみられる石敷遺構、井戸なども発見されている。そうした配置から、北側が日常生活の場、南側が祭祀や政治的、宗教的儀礼の場と分けられていたのではないかと考えられている。

奈良時代の貴族は、どんな家に住んでいた？

平城京の規模は、東西四・三キロメートル、南北四・八キロメートル。そこに、五万～一〇万人が暮らしていた。

都の中心には有力貴族の邸宅が並び、それらは中国の屋敷を参考にして建てられていた。敷地の広さは、地位によって違い、たとえば晩年に左大臣となった長屋王の邸宅は、全長一キロにおよぶ瓦葺の築地塀で囲まれていたという。

そもそも、平城京は、南北、東西を走る大路によって、碁盤の目のように区画されていた。ほぼ正方形の一画が「坊」と呼ばれ、この坊はさらに縦横三本ずつの小路で区切られ、一六の区画に分けられていた。この一六画の区画は、「坪」または「町」と称され、一辺が約一二五メートルとなっていた。ひとつの「坪」「町」の面積は、約一万五〇〇〇平方メートル（四五〇〇坪）だった。

支給される土地の広さは地位によって違い、最高級の大臣クラスには四町（六万平方メートル）が与えられていた。ちょうど長屋王の屋敷がこの広さである。以下、三位以上が二町、四位、五位が一町、六位は一町の半分と、位が下がるにつれ、宅地の面積は小さくなっていった。さらに、この町は宅地六四戸分（一戸分は約七〇坪）に分けられ、下級役人や庶民に配給された。

なお、都以外の場所に住む庶民の住居は、昔ながらの竪穴式住居のままだった。

平安時代の一大イベント「節会」って何？

平安貴族にとって、最重要のイベントは「節会《せちえ》」である。

節会とは、一月一日の元日《がんじつ》節会、一月七日の白馬《あおうま》節会、一月十六日の踏歌《とうか》節会、三月三日の曲水《きよくすい》宴、五月五日の端午節会、十一月の豊明《とよあかり》節会のこと。

たとえば、白馬節会では、この日に白い

馬を見ると、邪気が払われるという中国故事にちなみ、天皇の前で白馬をひきまわした。

踏歌節会では、国家安泰を祈りながら歌舞を奏する。曲水宴では、庭の水に杯を浮かべながら、漢詩や和歌を詠んだ。

端午節会では、邪気を払うため、騎馬・騎射を行い、新嘗祭《にいなめのまつり》の翌日となる豊明節会では、五穀豊穣に感謝した。

これら節会は法制化されていたので、出席するのは貴族の義務であり、参加しないと罰せられた。一方、ふだんの行跡がかんばしくない貴族は、参加資格を取り上げられることもあった。

節会では、天皇が貴族らを酒肴でもてなすという形式をとる。酒肴がふるまわれるからといって、大騒ぎするような宴会ではない。

一人ひとりの貴族が家ごとに何をするかが先例によって決められていて、そのとおりにふるまわなければならなかった。いわば、一挙手一投足が問われる儀式の場だったのである。

また、酒肴には高価な品々が供されたが、それが美味だったかどうかは、疑問である。当時の宮廷の包丁人たちは、材料をいかにみごとに切るかにばかり力をいれていた。肝心の味付けや調理法を熱心に研究していたとは思えないのだ。

平安貴族はどんな結婚生活を送っていた？

現代では、結婚すると、夫婦が一つの家に住むのが常識だが、平安中期までは違った。夫婦が一つの家に住むことはなく、夫のほうが妻の家に通うというスタイルが一般的だった。「妻問婚《つまどいこん》」と呼ばれる結婚様式だ。

妻問婚は、夫に都合のいい結婚形態といえる。夫にその気がなくなれば、妻のもとに通わなければいいからだ。貴族によっては、何人もの女性を妻にして、彼女らの家に日をかえて通っていた。

妻のほうは、そんな夫を咎《とが》め立てできず、ひたすら、夫が訪れてくるのを待つしかなかった。夫が訪ねてこなくなると、そこで結婚生活が終わりということになったのだ。

平安中期になると、結婚スタイルが変化しはじめる。しだいに、夫が妻の家に住むようになったのだ。夫が妻の家に婿として迎え入れられたわけで、これを「婿取り婚」と呼ぶ。

婿取り婚のスタイルになっても、夫に都合がいい結婚スタイルであることに変わりなかった。妻の家に同居しながら、他の女の元へ通う夫もいたし、ある日突然、妻の家からいなくなってしまう夫もいた。夫婦関係を続けるかどうかは、夫に主導権がある時代が続いたのだ。

ただ当時、結婚するまでは、女性が主導権を握っていた。貴族階級の恋愛は、まず男性が女性に和歌を贈ることからはじまり、多くの男性は、この段階で振り落とされた。女性は、女心をくすぐる歌を贈ってきた者にのみ、歌を返したからだ。歌をやりとりするなか、互いに好意を抱けば、男性は夜ひそかに女性の元を訪れる。

最後の関門は、女性の親が認めるかどう

か。親の承認がなければ、夫にはなれなかった。女性の親に認めてもらうには、男性の地位や教養、経済力、将来性などが条件になった。

平安美人にも生理休暇はあった？

平安時代にも、女性の生理休暇のようなものがあった。というより、女性は月経を迎えると、強制的に休まされたのだ。それは、周囲の人々の配慮、好意からではなく、恐れに端を発するものだった。

古代日本では、女性の生理はけがれの一つと考えられていた。女性の生理がけがれと見なされたのは、血をみるからだ。

古代人にとって、血は死に通じるものであり、血をみるけがれは赤不浄《あかふじょう》と呼ばれた。そのけがれが伝染することを古代人は恐れていたので、生理中の女性を遠ざけて、けがれから身を守ろうとしたのである。

生理中の女性は、女官の場合、部屋に閉じこもっていなければならなかった。食膳や調度品、衣服もさわってはならないとされた。庶民の場合は、村はずれにある小屋に移され、そこで数日を過ごした。すべては、けがれが他者に移ることを恐れてのことだ。

生理になった女官はすることもなく、手桶の番をするくらいだった。そのため、生理となった女性は「手桶番」とも呼ばれた。

平安時代の天皇の食生活は？

八世紀初めに整えられた律令制は、中国

の政治制度をモデルにしていたので、奈良時代の貴族の暮らしには中国風が取り入れられていた。

平安初期もそういう傾向が続くが、やがて遣唐船が廃止されて、中国との行き来がとだえると、国風文化が台頭してくる。それに合わせて、天皇の食事も、日本風のものが中心となってきた。

研究によると、律令制時代の天皇の食事は、午前一〇時頃の朝食と午後四時頃の夕食の一日に二回だった。清涼殿の部屋に、内膳司《ないぜんし》という役所が料理したものが運ばれてくる。器は銀製で、料理は五つ。それらの料理は、全国から「税」として集められた食材でつくられた。

天皇は、背もたれのない椅子にあぐらをかいて座り、これを銀製の箸とスプーンで食べたという。それが当時の中国風で、現在の韓国の風習によく似ていた。

ところが、平安京遷都から一〇〇年も経つと、天皇の食事内容は少しずつ変わっていく。朝食は正午頃となって、朝には「朝干飯」と呼ばれる軽食が食べられるようになった。軽食となったからか、食べる場所も清涼殿の奥の小部屋へと移された。銀製の器や箸、スプーンは姿を消し、土器に盛り付けられた料理を木の箸で食べるようになった。

食材の調達も、近畿中心となり、新鮮なものが好まれるようになった。

平安時代の貴族は、開放的な家で覗きをどう防いだ？

平安時代の寝殿造の邸宅は、雨戸や窓ガ

ラスのない吹きさらしだった。今の家でいえば、窓ガラスを開けっ放しにして、ドアや障子がない状態だった。ということは、外から丸見えだったことになる。

当時は、カメラもビデオもなかったので、現在のように盗撮行為はできなかったが、覗こうと思えば、だれでも覗けたはずで、貴族のなかには、覗きが趣味という人間がいたかもしれない。そんな覗きに対しては、どのように対応していたのだろうか？

まず、住人は、部屋のなかに几帳《きちょう》や衝立などを置いて、個人用のスペースをつくった。そして、自分の座るところに畳や円座を置いた。とりあえず、衝立などで仕切ることで、外から覗けなくしていたのだ。

また、当時からいまでいうプライバシー感覚はあって、他の人が勝手に衝立を動かしたり、御簾《みす》を持ち上げたり、通り抜けたりすることはなかった。暗黙の了解事項として、廊下を歩くときでも、人の部屋を覗こうという者はいなかったのだ。

ただし、泥棒は多かったようで、集団で貴族の屋敷を襲ったという話がいくつも伝わっている。開放的な寝殿造の公家屋敷は、盗人が忍び込むには打ってつけの構造だったのだ。

どうして平安貴族は顔を真っ白に塗ったのか？

日本では古来から「色の白いは七難隠す」といわれ、「美人は色白」と決まっている。

とはいっても、何もこれは日本人の遺伝子に組み込まれた情報ではない。「美人イコール色白」という美意識の基準が定着したのは、平安時代以降のことである。

では、なぜ平安時代に白い顔がもてはやされたのか。その理由は意外と単純で、当時の照明事情が大きく関係している。

平安時代にはまだガラス窓などなかったので、昼間でも家の中は薄暗く、夜になると真っ暗。ロウソクを灯したとしても、よほど近づかなくては顔は見えない。

そこで平安の貴族たちは、暗い部屋の中でも、よく目立つようにと、顔を白く塗りたくり、それがいつしか美人の条件になっていったというわけだ。

戦国武士は、みんな何を着ていた？

戦国武士が身につけていた下着は、フンドシ一丁。フンドシを漢字で書けば、「褌」。衣偏に「軍」と書くくらいで、武士はいざ合戦となれば、フンドシをキリリと締め直し、戦場へと駆けつけたのである。

武士たちは、ふだんそのフンドシの上に小袖と肩衣《かたぎぬ》、そして袴の三点セットを身につけていた。

小袖は、袖を絞った上衣で、もとは上流階級の下着だったが、戦国時代には武士の〝ユニフォーム〟となった。

理由は、着るのに時間がかからないこと。そして、何より活動的なこと。大きな袖をブラブラさせていては、とても戦場で戦えない。刀や槍を扱いやすいように、袖が切り落とされたのだ。

肩衣は、簡単にいえば、袖のない羽織と考えればいい。これも、着脱が便利なことと、活動的であることを目的に考案された。のちに、この肩衣が裃になる。

袴も、裾の広いものではなく、ズボンのように裾を絞ったものだった。そういうスタイルにしていたのは、馬に乗るためである。

有事になれば、一刻も早く、主君のいる城へ駆けつけなければならなかった。また、合戦では、馬に乗って山を越え、川を渡らなければならない。袴も動きやすいように工夫されたというわけだ。

戦国時代、普通の侍は、どんな家に住んでいた？

戦国時代の城は、その国の大名の住まい。そこに、家臣の侍たちも同居していたわけではない。家臣の侍たちは、仕事のあるときだけ、自宅から〝通勤〟していた。

その自宅も、上級武士が広い敷地に住むのに対して、下級武士は狭い敷地しか与えられないなど、地位の高さによって違っていた。

さらに、同じ上級武士でも、有力大名と、小さな領地しか持たない弱小大名の家臣では、大きな差があった。現代でいえば、大企業の重役と、中小企業の重役に差があるようなものだ。

当時、侍の屋敷はすべて平屋で、二階建ては禁止されていた。屋根に瓦を使うことも原則的に禁じられ、藁葺きか、茅葺き、あるいは板葺きに石が載せてあった。

屋敷の造りは、玄関と土間、台所、風呂場、便所に、三～五つの部屋があった。部屋の広さはそれぞれ六畳～一〇畳ぐらいだったが、じっさいに畳が敷いてあるのは、客間と寝室くらい。畳は高級品だったので、ほとんどの部屋は板張り、よくいえばフローリングだった。

さらに、屋敷の敷地内に馬小屋があった。馬は合戦に欠かせない生き物。そこで家の中、あるいはすぐそばに馬小屋をつくり、大切に馬を世話していざというときに備えていた。

もちろん、当時も自宅を持てない侍は多く、上級武士の屋敷内に、社宅のような長屋を建ててもらって暮らしていた人もいた。だが、戦国時代は大名によって程度の差はあれ、日本史上珍しい能力主義の時代だったため、戦で武勲をあげたり、将来を嘱望されると、重臣となって、立派な敷地が与えられることも少なくなかった。

戦国の武将たちは、どんなタバコを吸っていた？

日本に初めてタバコが入ってきたのは、一五八二年（天正一〇）の本能寺の変の前後のこととみられる。スペイン商人が、きざみタバコを「薬」と称して売り込みにきたのだ。昔から薬好きの日本人はすぐに飛びつき、アッという間に全国へ広まったとみられる。もちろん、戦国武将の間でも、タバコは大ブームとなった。

たとえば、独眼竜の伊達政宗は、大のタバコ好きだった。毎日、朝起きてすぐ、昼、就寝前と三服から五服はしていたという。政宗の墓所からは、立派な梨地《なしじ》煙管箱に入ったキセル二本と、竹製の掃除具が発見されている。当時のタバコは、きざみタバコで、それをキセルに詰め、火をつけて吸っていた。

また、政宗愛用のキセルは、長さが六九・〇センチと六三・七センチもあり、のちのキセルに比べると、かなり長い。日本にタバコが伝わった頃には、この長キセルが一般的だった。

もっとも、薬と思ってふかすうち、悶絶して急死する者もいたようで、たびたびタバコ禁止令が出されている。それでも、タバコを吸う人は減らず、秀吉の時代に、「効かぬもの、たばこの法度、銭はっと(法度)、玉のみこゑ(御声)に、けんたくのいしゃ(医者)」と落首(落書き)されたほどだった。

ちなみに、庶民にまでタバコが広まっていくのは、江戸時代以降のことである。

戦国時代に来日した宣教師の食生活は?

一五四九年、日本を初めて訪れたキリスト教宣教師は、ご存じのように、フランシスコ・ザビエルである。そのとき、ザビエルと一緒に来日した宣教師に、スペイン人のコスメ・デ・トーレスという人もいた。日本にキリスト教が広まったのは、じつはこのトーレスの地道な布教活動の成果だとされている。

じっさい、ザビエルは、来日二年後には中国へ向けて出発したが、トーレスは七〇歳で死ぬまで二一年間も日本に滞在。その間、ザビエルの教えに従い、日本の文化を尊重し、日本社会によく溶け込んで、信者を増やしていった。

現実に、トーレスは日本人と同じ着物を着て、肉食をやめ、質素な日本食を食べていた。当時の日本人は、仏教の影響で殺生を嫌い、キジなどの鳥を除いて肉食しなかったからである。

もっとも、続々と来日した他の宣教師のなかには、祭日などに牛や馬の肉を食べる人もいた。それに対して、異教の布教活動を快く思わない仏教僧などが、「南蛮人は人肉を食べる」という噂を流したこともあった。そんなこともあって、イエズス会では、宣教師の肉食を禁止。日本人と同じように、米や雑穀、汁もの、野菜、果物の食事をするようにと通達したという。

日本で布教する宣教師は、日本流の食事に耐えられる人でなければ務まらなかったというわけだ。

戦国武士たちの下半身事情は？

サッカーのW杯のたびに話題になるのが、選手の〝下半身〟の問題。かつて日韓大会で、ブラジルは一切セックスを禁止して優勝したが、ドイツ大会で自由にしたら、ベスト8止まりだった。

もっとも、サッカーの試合とセックスの関係には、さまざまな意見があって、確たる結論が出ていない。さて、日本の戦国時代には、出陣前の三日間は、妻相手といえども一切禁止されていた。

といっても、セックスが、戦場でのフットワークや士気に影響を与えるからという理由からではなく、女性を穢れたものとする迷信によるものだった。とくに、妊娠中や、産後三〇日以内の女性は、セックスどころか、武士の戦衣に触れることもタブーとされていた。穢れがつき、運気が落ちることを嫌ったためである。

その代わり、出陣後のセックスについては、あまりうるさく言われなかった。合戦の場には、「御陣女郎」と呼ばれる売春婦が用意されていた。集団で武士団の後をついて来て、遊び相手になった。

もっとも、いつもいつも御陣女郎がいるわけではない。

山中深く分け入り、目にするのはキツネやタヌキばかりというときには、密かに持ち歩いている春画を取り出し、自分で慰める武士もいたという。

また、当時のセックスの基本は〝一触即発〟。とくに戦陣では、いつ敵が襲ってくるかわからず、ササッとすませるのが常識だった。

なぜ、戦国武将は〝両刀使い〟だったのか？

戦国武将には、映画やドラマ、小説では、ほとんど描かれない秘密がある。

「男色」である。戦国武将のほとんどは、小姓を側に置き、寵童《ちょうどう》として愛したのだ。有名な寵童には、織田信長の森蘭丸、上杉謙信の上村伊勢松などがいる。

彼らは、武将の秘書や小間使いのような仕事をするだけでなく、夜は男色の相手もしたのだ。

戦国武将のほとんどは、妻や側室とも交わり、男色もこなすという両刀使いだったのだ。

戦国武将のうち、寵童を置かず、女色一筋だったのは、豊臣秀吉くらいなものだった。

戦国武将が寵童を置いた最も大きな理由は、それが当時の上流社会では常識だったからだ。

男色は、もともと女性が入れない寺院から流行りはじめ、いつしか武士の世界にも入ってきた。

合戦が始まったとき、戦場に女性を連れていくわけにはいかない。一方、少年なら、いざというとき、戦闘要員にもなるので、手軽に欲望を満たすには、便利な存在だったのである。

そのため戦場では、もっぱら寵童が武士の相手を務め、それが平時にも及ぶようになったのである。

将軍の食事はどのくらい贅沢だった？

徳川将軍の食事といえば、贅を尽くしたものと思われがちだが、案外そうでもなかった。今どきの美食家のほうが、よほど贅沢なものを食べていることだろう。

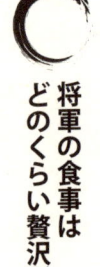

将軍の朝食は、二の膳まで付き、まず一の膳には、飯、汁、刺し身と酢の物などの向こう付け、平《ひら》（煮物）が乗っていた。二の膳は、吸い物と焼き物だ。二の膳の焼き物は、キスの塩焼きに付け焼きの二種と決まっていた。

キスは「鱚」（喜ばしい魚）と書くところから、縁起のいい魚とされていたのだ。ただそれだけの理由で、将軍はほとんど毎朝、キスを食べなければならなかった。ただし、毎月一日、一五日、二八日には、キスの代わりに、タイやヒラメの尾頭つきがついた。

将軍の昼食も、二の膳付きだ。魚は、タイやヒラメ、カレイ、カツオなどが付く。ほかに、将軍の所望する献立も出てくる。

夕食は、二の膳は付かなかったが、大きな膳を使い、品数はより多くなった。雁《がん》や鶴、鴨などの鳥料理が出ることもあったし、酒も付いた。

なお、一五代将軍・慶喜《よしのぶ》は、フランスと親交が深く、ポークピカタなどの豚料理を好んだ。そのため、彼が一橋《ひとつばし》家出身であることとかけて、「豚一様」と江戸の町民からあだ名を付けられることになった。

ただし歴代将軍には偏食家が多かったようだ。アミの塩辛や生姜のモヤシといった、ちょっと首を傾げるようなものを好んで食べる将軍もいた。世間を知らないため、食わず嫌いの側面もあったようだ。

各国大名からの献上品が膳にのぼることもあって、九州の八代《やつしろ》みかんや尾張の鮨などを好む将軍もいた。ただし、鮨といっても今日のものと違い、アユの麹漬のようなものだ。

と、意外に地味な将軍の食事だが、最上級の素材が用意されていたことは間違いない。そのあたりは、贅沢だったといえるだろう。

何人の女中が将軍の入浴に付き添った？

そもそも、将軍は入浴の際、自分では何もしない。将軍が湯殿に入り、脇差しを刀掛けにおくと、女中が将軍の帯を解き、衣服を脱がせていく。将軍が湯にいったん浸かり、湯船から出ると、湯殿係の女中が将軍の体を糠袋で洗う。糠袋は一つではなく、顔用、手用、背中用、足用に分かれ、一度使われた糠袋は、二度と使われなかった。

このあと、将軍は再び湯に浸かり、上がると別に用意した湯を背中からかけてもらった。これで入浴は終わり、上がり場に移る。そのあたりで、ムラッときた将軍が湯殿で女中を押し倒し、コトに及ぶこともあった。こうして生まれた子どもは「御湯殿の子」といわれた。

上がり場で体を乾かすのだが、将軍は自分で体を拭いたわけではない。

女中が、白木綿の浴衣を将軍の体にまず一枚かける。浴衣はすぐに水気を吸い取るから、取り替えて新しい浴衣をかける。こうして、何枚もの浴衣をかけては取っていくうちに、肌が乾いてくる。そのために一〇枚もの浴衣が必要だったのである。

このとき、将軍は、下着、肌着も取り替えたが、むろん自分では何もしなかった。

大名屋敷にはどんな人が住んでいたの？

大名屋敷の上屋敷・中屋敷・下屋敷は、それぞれ機能が異なった。

上屋敷は、大名とその家族が住む本宅。広間や書院、番所などが設けられ、江戸詰め藩士が住む長屋もあった。公邸としての側面もあり、藩の外交を担う場でもあった。

中屋敷は、比較的大きな藩のみが持っていた屋敷。隠居した藩主や後継ぎ、藩主の生母らが住むとともに、上屋敷が火災などで使えなくなったときの、代用屋敷でもあった。

下屋敷は、江戸の郊外に多く、その用途はさまざま。趣向を凝らした別荘庭園となっていることもあれば、菜園となっていることもあった。海辺の下屋敷は、船で運ばれてきた物資の荷揚げ場ともなっていた。

大名屋敷は、広いうえにさまざまな性格を帯びていたから、そこに住み、働く人の数は多かった。大名屋敷に住む人は、大きく二つに分けられ、一つは参勤交代に関係なく江戸にずっと居つづける人たちで、もう一つは参勤交代で江戸にやって来る人たちだ。

たとえば、紀州徳川家の場合で、前者が四〇〇〇人、後者が一〇〇〇〜二〇〇〇人、合計五〇〇〇〜六〇〇〇人が、いくつかの大名屋敷に住み分けていた。

一般に大きな藩で五〇〇〇〜六〇〇〇人、小さな藩で五〇〜六〇人が大名屋敷に住んでいたのだ。

参勤交代で江戸に来た侍たちの単身赴任生活は?

藩主が参勤交代で江戸にやって来るときに、付き添う武士は「江戸勤番」と呼ばれた。一方、藩主が帰国しても、江戸に居つづける役目を「定府《じょうふ》」といった。

定府の者は、江戸の大名屋敷内に家を与えられ、家族と暮らしていたが、江戸勤番の者はほとんどが単身赴任だった。その暮らしぶりは、昔の下宿学生のような感じだ。

勤番侍たちは、大名屋敷内の勤番長屋に

住むことになる。身分が高ければ一人部屋だが、そうでないと数人の相部屋。いずれも自炊生活を余儀なくされ、高級武士以外は持ち回りで炊事当番を務めた。

仕事はさほどなく、ある紀伊藩士の勤番日記によると、実際の勤務は多いときでも月に一三日程度だったという。しかし、遊んでいるわけにはいかなかった。さまざまな規則に縛られて、外出には届け出が必要だったし、門限もあって、破ると厳しい罰が待っていた。ゴミの管理や掃除、さらには風俗関係への出入り禁止など、細々としたルールがあった。

まるで、昔の女子寮のように規則ずくめだったのだが、江戸後期にはしだいに有名無実化し、勤番侍たちは江戸見物などにかなり自由に出かけるようになった。ある者は寺社参拝を楽しみ、ある者は寄席へ、ある者は盛り場から遊廓へという具合だ。

しかし、田舎者の悲しさ、彼ら江戸勤番は垢抜けない恰好や方言から、一目でそれとわかり、遊廓では最下級の客とされるなど、何かと江戸っ子たちのからかいの対象にされた。

江戸の人々の飲料水はどうやって供給された?

徳川家康が江戸を建設する際、もっとも苦労したのは、飲み水の確保だった。当時の技術では、井戸を深く掘ることができず、江戸湾に近い土地から汲み上げられる地下水には塩分がまじっていたからだ。

そこで家康は、一五九〇年(天正《てんしょう》一八年)、大久保忠行に上水道の建設を命じる。

忠行は、高田川から水を引き、初めての上水道である「小石川上水」を完成させた。そして、三代家光の時代にこの上水が拡張されて、井の頭池から取水する「神田上水」が完成する。

神田上水は、井の頭池から和田（杉並区）、落合（新宿区）を経て、関口（文京区）に至り、そこに築いた大洗堰《おおあらいせき》でせき上げたのち、水戸藩邸（現在の後楽園一帯）まで開削路を流し、さらに神田川を懸《かけ》樋《ひ》で渡して、神田や日本橋など江戸東北部に飲み水を供給していた。

一方、四谷、麹町《こうじまち》、赤坂といった江戸の西南部には、赤坂の溜池《ためいけ》（現在の「溜池」という地名の由来）を水源とする溜池上水によって水が供給されていた。

ところが、時代とともに、溜池の水質が悪化すると、幕府は、多摩川の水を江戸へ引き入れる壮大な計画を立て、民間の玉川庄右衛門、清右衛門兄弟に工事を命じる。工事は一六五三年（承応《じょうおう》二年）四月に始まり、約八カ月かけて羽村《はむら》取水口から四谷大木戸に至る約四三キロの水路が完成した。

さらに、翌年には、虎ノ門まで石樋《せきひ》、木《もく》樋《ひ》による地下水路も完成。江戸城をはじめ、四谷から赤坂、芝や京橋方面にも飲み水が供給できるようになった。

その後、江戸中心部の飲み水は、幕末まで神田上水と玉川上水（千川上水などの分水も含む）によって供給されつづけた。

江戸時代、意外とバツイチ女性が多かったのは？

近年はずいぶん離婚が増えたように思え

るが、歴史をひもとくと、明治前半の離婚率は、今よりも高かった。

江戸時代の離婚率も、明治時代前半と同程度とみられ、離婚する夫婦は今よりもずっと多かったのだ。しかも、妻から離婚を迫るケースが少なくなかったという。

夫がぐうたらだったり、性格が合わなかったり、ほかにいい人ができたりすると、意外にあっさり離婚する女性が多かったのだ。とりわけ、江戸後期には、女性の働き場所が増え、贅沢《ぜいたく》さえしなければ、亭主と別れても金銭的にそう困ることはなかった。

ましてや、新しい夫と一緒になれば、生活の心配は不要である。

ご存じのように、江戸時代の離婚状は、「三行半《みくだりはん》」と呼ばれた。離縁する旨が半紙に三行半にわたって書かれ、これが夫から妻へ渡されると離婚が成立した。

妻から夫へ手渡しても効力はなかったので、当時の女性の地位が低かったことの象徴とされているが、実際には、妻が夫に命じて書かせることもあった。

当時、離婚する女性は三行半を持たなければ、再婚ができなかったし、夫から持参金も返してもらえなかった。そこで、離婚を迫る妻が夫に命じて、三行半を書かせたというわけだ。

江戸っ子の温泉旅行ってどんな様子だった?

江戸時代には、最初の〝温泉ブーム〟が起きた。江戸っ子たちは、金と時間に余裕ができると、関東近郊の温泉に湯治《とうじ》の旅に出かけたのだ。

江戸っ子に人気があったのは、関所手形なしで行ける関八州《かんはっしゅう》の温泉である。なかでも、熱海と箱根の人気が高く、ほかに草津や那須、塩原も人気があった。弥次《やじ》さん喜《き》多《た》さんの『膝栗毛』シリーズにも、草津温泉が登場する。

もちろん、当時の温泉地には、現在のようなリゾート温泉ホテルがあったわけではない。客屋と呼ばれた宿が数軒並んでいるだけで、客屋は基本的に部屋と寝具を貸すだけ。食事は自炊しなければならず、食材も周辺の農家や店から自分で調達しなければならなかった。

旅にはけっこうな費用がかかり、作家の山東京伝《さんとうきょうでん》は、熱海に一週間滞在して約一両、今のお金に換算して八万円ほどかかったと書き残している。

それでも、温泉旅に根強い人気があったのは、やはり江戸っ子が大の風呂好きだったからだろう。江戸には湯屋が多く、入浴は庶民の手近な楽しみだった。しかも、すでに温泉の健康効果は知られ、百病に効くといわれていた。医療の発達していない当時、人々は現代以上に温泉の効能に期待したのだ。

むろん、温泉地での人との交流も、楽しいものである。温泉には、いろいろな国からさまざまな職業の人が湯治に訪れている。湯につかりながら、ともに寝起きするうちに親しくなって、互いに故郷の話を披露すれば、話は尽きない。温泉地には、そんな社交場としての楽しみもあったのだ。

江戸時代、凧揚げ禁止令が出されたのは？

凧《たこ》は古代中国で誕生した。おもに合戦場で、風力や風向きを調べたり、距離を測るために使われていた。

そんな凧が日本に伝わったのは、平安時代のこと。合戦の少なかった平安京では、豊作の吉凶を占う行事の道具の一つとされた。

戦国時代には軍事目的で利用されることもあったが、天下泰平の江戸時代には子どもの遊びとして全国に広まっていく。季節を問わず、風が吹くと、凧揚げに興じる子どもの姿が見られるようになった。

ところが、幕府は、江戸初期の一六五六年（明暦二）、凧揚げを禁止する。その理由は、参勤交代のジャマになるというものだ。

凧揚げをする子どもには、上手な子もいれば、下手な子もいる。また、風向きが変わったり、風が弱くなると、凧はキリキリ舞いしながら落ちてくる。落ちてきた凧が、武士の体や馬にからまって、行列の通行を妨げるという〝事件〟が起きていたのだ。

かといって、子ども相手に刀を抜くわけにもいかない。

そこで幕府は、大名からの苦情を受けて、凧揚げ禁止令を出したのである。しかし、凧揚げくらいでビシビシ取り締まるわけにも行かず、禁止令が出た後も、凧揚げをする子どもはいっこうに減らなかったという。

ちなみに、いわゆる「奴凧《やっこだこ》」が誕生したのは、江戸後期の一八〇〇年代のこと。あの姿は、武家奉公人の下級職である折助《おりすけ》をモデルにしたもので、大ヒット商品となった。

江戸時代「刺青」のお陰で得した人は？

江戸中期以降、刺青《いれずみ》は犯罪者の刑罰の一つだった。善良な市民にとって、刺青をした者はなるべく関わりたくない人々だった。

ところが、江戸時代には、刺青がオシャレとして流行した時期もある。江戸後期、火消しや鳶《とび》、飛脚、大工、左官などの間で刺青が大流行。なかには、立派な刺青をしていることで、いろいろと得をする者もいたという。

その代表が、駕籠《かご》かきである。

当時、吉原通いは、刺青のある駕籠かきを雇って乗りつけるのが通とされた。そこで、客は、立派な刺青を背負った駕籠かきにはチップをはずんだ。

やがて駕籠かきたちは、図柄の派手さ、大きさを競うようになり、頭のてっぺんから足の裏まで全身に刺青をする者まで現れた。

また、吉原の客も、刺青をしていると、遊女屋や料理屋で優遇された。刺青を入れていなければ、遊女を身請けする資格がないといわれたほどで、商家の若旦那や放蕩《ほうとう》息子にも刺青を入れる者が増えた。

その一方、彫り物をするのは涙が出るほど痛いので、吉原通いのときだけ、顔料で描くインスタント刺青も人気を集めた。

そんな風潮の中、幕府はしばしば刺青禁止令を出したが、ほとんど効果はなく、流行は旗本や御家人にまで広まった。

「遠山の金さん」として知られる町奉行の遠山景元も、放蕩生活をしていた若いころに刺青を入れたわけだが、テレビドラマで描かれるように「桜吹雪」の刺青だったかどうかは、諸説あってはっきりしない。

江戸時代はなぜ人妻をひと目で見分けられたの？

最近のテレビ時代劇では、既婚の女性でもお歯黒をしていない。歯を黒くすると「気味が悪い」という視聴者が増えたからだという。

しかし現実には、戦国時代から江戸時代にかけて、武家の既婚女性はお歯黒をしているものだった。

お歯黒は古くから伝わる化粧法の一つであり、平安貴族は男女を問わず、一二～一六歳になると歯を黒くした。お歯黒は成人の証《あかし》だったのだ。戦国時代には、武将の娘たちは八～九歳になるとお歯黒をした。政略結婚に備え、その存在をアピールするためである。

江戸時代、お歯黒は庶民にも広まっていくが、そのうち手間がかかることと悪臭のため、若い女性や男性は敬遠するようになり、既婚女性を表す印となっていく。

そこから、未婚の娘が、恋仲の男性に結婚を迫るときは「早く歯を染めさせて」と言ったり、未亡人がお歯黒をしていると、再婚の意思がないことを表すようになった。

なお、お歯黒は、古釘などを茶や酒、酢に浸し、それに飴や粥《かゆ》を加えて作った。ただ、それだけでは歯にくっつかないので、五倍子《ごばいし》を接着剤代わりに混ぜた。

五倍子は、ヌルデの芽や葉にできる昆虫の産卵や寄生によって異常発育した部分のこと。江戸の若い女性たちがお歯黒を嫌った理由もわかるような気がする。

子どもたちが楽しんだ「虫遊び」ってどんな遊び？

江戸時代は、日本の子どもたちの伝統的な遊びが出そろった時代でもあった。男の子なら、竹馬乗り、凧上げ、独楽《こま》回し、草履隠し、女の子なら手鞠にお手玉、人形遊び、おはじき、綾とり、折り紙、切り紙、ままごと遊びといったところである。

これらの遊びに共通するのは、いずれもお金がかからないところである。竹馬なら竹を切り出して自分で作ればいいし、綾とりなら紐一本あればいい。おはじきは、小石で代用できる。

虫遊びも人気で、カタツムリの角を出させる遊びや、アメンボ釣りなどに興じる子どもが多かった。アメンボ釣りは、まずハエを捕まえて糸で結び、ハエをエサにアメンボを釣る遊びである。

現代の子どもがする〝ヒーローごっこ〟のような遊びもあった。人気の役者を真似て、芝居ごっこをしたのだ。江戸では、芝居が最大の娯楽といってよく、子どもも芝居の役者に憧れ、その真似ごと遊びに興じたのだ。

やがて経済の発達につれて、市販の玩具も登場してくる。

縁日になると、天狗やおかめの面や笛などが売られ、親が子に買い与えた。正月の絵双六《えすごろく》が人気を呼び、かつては自家製だった凧も、市販の高級品が出回るようになる。

竹馬も、木彫りの馬首のついた高級品が登場した。独楽や羽子板にも高級品が現れ、現代と同様、高級品を買い与えて喜ぶ親もいたようだ。

江戸庶民はどんな布団で寝ていた？

時代劇には、長屋暮らしの夫婦が掛け布団で寝ているといったシーンが登場する。しかし、これは現実にはありえない情景だ。江戸時代、庶民は敷き布団しか使っていなかったのだ。もちろん、敷き布団だけで寝ると、風邪をひきかねない。そこで、「夜着」を着込んで寝ていた。

夜着は、着物よりひと回り大きく、襟や広袖がついていた、綿入れ仕立ての「着る物」だ。江戸の庶民は、この夜着を着て、敷き布団の上に寝ていたのだ。

夜着は襟付きだったので、首まで引き寄せると、風が入りにくく、今の掛け布団以上に温かかったようだ。夏になると、夜着ではさすがに暑いので、夜着を小ぶりにした掻巻《かいまき》を掛けて寝ていた。

一方、敷き布団にもピンからキリまであって、長屋の住人はたいてい煎餅《せんべい》布団である。豊かな商人となると、綿をたっぷり入れた分厚い敷き布団を使っていた。

江戸庶民にとって、布団とは敷き布団のみを意味したが、上方では様子が違い、元禄のころには、すでに掛け布団をかけて寝ていた。

松尾芭蕉の弟子・服部嵐雪《らんせつ》は、元禄年間

に「ふとん着てねたる姿や東山」という句を残している。上方の庶民もそれ以前は、夜着のようなものを着て寝ていたが、元禄のころには掛け布団で寝ていたというわけだ。

嵐雪は江戸の人であり、夜着を着て寝るのが当然と思っていたから、布団を掛けて寝る姿が珍しく、この句を詠んだと思われる。

高い木の枕があえて使われるようになったのは？

江戸時代の枕といえば、時代劇でよく見かける「箱枕」である。ただし、箱枕は江戸中期以降のもので、初期は括《くく》り枕で寝ていた。括り枕は、長方形の袋の中に綿やそばがら、茶がらなどを入れてつくる円筒形の枕。まだしも、こちらのほうが現在の枕に近かった。おそらく寝やすくもあっただろう。

ところが、中期になると、括り枕が使われなくなり、代わって高さのある木枕が登場する。その木枕に代わって、やがて箱枕が主流となる。

箱枕は、箱型の木枕の上に括り枕を乗せたもの。括り枕がずれ落ちないよう、木枕と括り枕が紐で結びつけてあった。

木枕にしろ箱枕にしろ、ずいぶんと高い枕なので、首を痛めそうな感じもする。そんないかにも寝づらそうな枕で寝るようになったのは、髪形に大きな変化が起きたからである。

江戸初期の髪形は単純だった。女性は無造作な垂れ髪か、それを後ろで軽く結ぶくらい。男性も、武士にしろ町人にしろ、凝った髪形をしていなかった。そのため、低い括り枕でも十分だった。

江戸も中期になると、男女ともおしゃれを覚え、髪形に凝りはじめる。女性の髪形はまず後ろに張り出し、明和年間には今度は左右に張り出すようになる。そんな髪形になると、低い枕では寝られなくなる。せっかく結い上げた髪形が台無しになるからだ。

男性も同様で、髷に凝りはじめると、低い枕では髪形を崩してしまうため、男女とも高い枕を必要とするようになったのである。

その需要に応じたのが箱枕であり、寝やすさよりもヘアスタイルを優先した江戸のおしゃれ革命の産物といえた。

電気がない中、どうやって「夜更かし」していた？

江戸時代より前は、庶民は日が暮れると寝るしかなかった。ところが、江戸時代になると行灯《あんどん》が普及し、おかげで庶民も行灯を灯して、夜間、内職や読書ができるようになる。

行灯には、燃料となる油が必要だが、使われたのはおもに菜種油である。安土桃山時代から、菜種が盛んに栽培されるようになり、江戸時代になると庶民の手にも届く値段になった。それを食用だけでなく、照明用にも使うようになったのだ。

もっとも、行灯の明かりは暗く、せいぜい一～二ワット程度。蝋燭のほうが何倍も明るかった。それでも、人々が行灯を使ったのは、当時、蝋燭が一本二〇〇文とひじょうに高価だったからだ。

一方、行灯用の菜種油は、一八〇八年（文化五）の時点で、一合が四一文。一合の油があれば、真夜中まで起きていても、二〜三日間は使えた。

貧しい人たちは、菜種油の代わりに、イワシなどの魚油を使うことが多かった。菜種油は蝋燭よりは安かったとはいえ、菜種油一升で米二升買えるといわれた程度の値段はした。そこで庶民は、その半額程度で買える魚油を愛用したのだ。

もっとも、魚油には悪臭が漂うという大きな欠点があった。長時間灯していると、部屋中に生臭いにおいが漂い、気分が悪くなった。結局、魚油では、あまり夜ふかしはできなかったようである。

虫歯になったときに歯に付けた妙薬とは？

日本人に虫歯が増え始めたのは、室町時代のこと。食生活が豊かになったことが、その原因とみられる。

引き続き、江戸時代も虫歯の人が増え続けた。

では、虫歯になったとき、どうしていたかというと、水戸黄門で知られる徳川光圀《みつくに》の命でつくられた『救民妙薬』という民間療法を記した本に、その処方が記されている。

「杉脂または檜《ひのき》脂を丸くして、虫歯の穴に入れるといい」という。また「歯が痛むときには、あかざと昆布を黒焼きにして、粉にして付けるといい」とも書かれている。

さらに江戸後期には、津村淙庵《そうあん》という歌人が、随筆『譚海《たんかい》』に虫歯を直す法として、「ゴボウの種を煎って煎じたものを含むといい」と記している。

一方、『妙薬いろは歌』という民間療法を紹介した冊子では、「松のみどりをよく焼いて痛むところにつける」という療法が紹介されている。

江戸の人々は、虫歯がチクチク痛みだしたとき、このような方法で対処していたのだ。

もちろん、江戸時代にも、歯を磨く習慣はあった。歯磨き粉は、海の砂や白土、白石などを粉末にして、白檀や丁子《ちょうじ》などの香木で香りをつけたもの。これを「房《ふさ》楊枝」と呼ばれる先が房状になった長い楊枝に付けて、毎日ブラッシングしていたのだ。

男湯だけにあった「石ころ」の使い道とは？

江戸時代の銭湯には、桶をはじめ、爪切り用のハサミや櫛などの入浴グッズが常備され、小さな石ころも用意されていた。石といっても、足の裏などを磨く軽石とは別で、しかもその石は男湯だけに置かれていた。なぜ、男湯に石ころが必要だったのだろうか？

その石ころは「毛切石」と呼ばれ、陰毛を二つの石ではさみ、打ちつけるようにして毛先を揃える道具だった。江戸の男たちは、その石で下の毛を手入れしていたのである。

江戸っ子の価値観をひと言で表すと「粋」。着物の裾をからげ、シャレた柄のフンドシを見せるのも粋なしぐさの一つだった。

ところが、そのときフンドシから陰毛がはみ出るようでは野暮というもの。銭湯の毛切石で、きちんとお手入れしておくのが、粋な江戸っ子のたしなみだったのである。現在でいえば、ハイレグ水着の女性が、ムダ毛を処理しておくようなものだ。

なお、二つの石を打ちつけると、カエルのなくような音がしたという。「女湯へ蛙きこゆる毛切石」という川柳も残っている。

江戸時代、どうやって避妊していた？

現代の避妊法といえば、コンドームやピルが主流。では、江戸時代はどうだったかというと、〝避妊薬〟が使われていた。

「天女丸」「朔日丸」といったものが、当時人気のあった避妊薬。効能書きによると、天女丸は生理不順にも効くうえ、服用をやめれば、すぐに妊娠可能になるという。一方の朔日丸は、毎月一日に飲むと妊娠しない、今でいうピルのような存在だ。

もっとも、これらの薬には、避妊効果はなかった。そもそも、江戸時代の薬は、避妊薬に限らず、どの薬も効かないのが当たり前だったから、「薬を飲んだのに妊娠した」と騒ぎ立てる人もいなかった。

結局、確実な避妊法はなく、妊娠するかしないかは、自然にまかせるしかなかった。出産を調整するのは、避妊ではなく、むしろ堕胎によってだった。

こちらには本当に効く薬があって、望まない妊娠をした女性は、堕胎医に処方してもらって飲んだ。ただし、母体そのものも傷つけるため、薬によって命を縮めた女性も少なくなかった。

　また農家では、ホウズキの根の煎じ汁を飲むこともあった。このほかイノコヅチやテッセンの根茎、紫草の根なども堕胎薬として使われた。

武士の普段着と仕事着の違いとは？

　現代のサラリーマンがオンとオフで服を代えるように、武士もオンとオフで衣装を代えた。まず、オフの武士は小袖姿だった。小袖は士農工商に共通する衣服であり、素材や柄、織り方で差をつけた。武士の場合、小袖姿に刀をさすのが、日常の恰好となる。

　一方、オンつまりは出仕するときには、小袖の上に肩衣《かたぎぬ》と袴《はかま》の裃《かみしも》姿となった。一○○俵以下の者は羽織袴姿だ。

　さらに、上級の武士には、儀礼用の礼装服があった。公家の服装に準じたもので、一番ランクの高い服装は束帯《そくたい》と衣冠《いかん》。従五位下以上の官職にある武士が、将軍宣下や朝廷との儀式のときに着用した。

　これにつづくのは直垂《ひたたれ》と狩衣《かりぎぬ》と大紋《だいもん》。直垂は、将軍家、有力外様大名、老中らで従四位下侍従以上の者が正月に着た。狩衣は、ランクの高い大名、老中、高家で官位四〜五位の礼服。大紋は、一般大名、旗本クラスで官位五位の礼装だった。

武家の食卓に決してのぼらなかった食材とは？

　江戸時代には、町人は食べられても、武

士は食べられないものがあった。その代表格は、コノシロ、マグロ、フグの三つである。

コノシロは江戸前の魚であり、大衆魚。貧乏武士にとっては貴重なタンパク源になったはずだが、その名前が忌嫌《いみきら》われた。「コノシロを食う」は「この城を食う」に通じるところから、落城に通じるとされたのだ。切腹を命じられた武士の最後の食膳にのぼることが多かったことからも、縁起の悪い魚とされた。

マグロは、その異名である「シビ」が「死日」に通じることから疎まれた。合戦でいつ命を落とすかもわからない武士にとって、この名はタブーだったのだ。

「フグ」が嫌われたのは、もちろん毒性の強さゆえ。今でも、フグ毒に当たって亡くなる人がいるが、武士はフグ毒に当たって死ぬことを大きな恥とした。武士が死ぬのは戦場であって、魚の毒などで死ぬのは武士にとってあるまじきことだったのだ。

そのため、武士のほとんどは、明治維新までフグの美味しさを知らなかったのである。

大名同士の結婚に仲人はいたのか？

江戸時代、大名の結婚には、恋愛結婚どころか、見合い結婚もなかった。当人どうしが見合いするようになるのは江戸時代後期のことで、それまではお互いに顔も見ないまま結婚した。

たいてい、親の命令のままに結婚したので、現在のような媒酌人は置かないのが一般的だった。その代わり、二人の間を取り持つ者が本来の意味で「仲人」と呼ばれていた。

仲人となるのは、大名の主君というべき徳川将軍家、大名、有力旗本など。

ちなみに、『武家諸法度』によって、大名の結婚は、当人同士で勝手に縁組することが禁じられていたので、父親の名前で幕府に申請して、許可を得ていた。

花魁はどんな一日を送っていた？

吉原で最高ランクの遊女といえば、太夫《たゆう》か花魁《おいらん》である。ただし一八世紀の終わりごろには、太夫はいなくなり、花魁が最高の遊女となった。

その花魁の朝は意外に早い。前の晩からともに寝ている客がいれば、その男とともに起き出した。客はたいてい仕事を持っているから、朝早くから勤めに出かける。

となると六時前には起きて、客を送り出さなければならない。早いときは、四時ごろには起きていた。

そのあと、しばらく睡眠をとるが、いつまでも寝てはいられない。午前一〇時ごろには起きて、遅めの朝食をとった後、入浴に向かう。吉原の風呂屋は、正午には閉まったので、それ以前に入浴をすませる必要があったのだ。

正午から昼見世がはじまるが、花魁クラスはまだ出番ではない。風呂から上がれば、化粧と着付けの時間だ。下地から塗りはじめて、ゆうに二時間はかかったという。二時ごろには化粧と着付けが終わり、昼食はこのあとにとった。

このあと、花魁道中までしばしの時間がある。その時間を利用して、馴染みのお客に手紙を書く。ときには、おねだりの手紙も書く。客からの手紙が届くのも、このころだ。暇なときには、貸本屋の本でも読んでいる。

夕方四時ごろになると、いよいよ花魁道中が始まる。妓楼《ぎろう》から茶屋まで、せいぜい一〇〇メートルの道のりだが、一〇センチもある高下駄でゆっくり歩くため、かなりの時間がかかった。

午後六時ごろから、その日の客を相手に酒宴となる。酒宴には、芸者や取り巻きがついて派手なものになる。

客と一緒に床に入る床付けは、午後一〇時前後。このあと、相手によっては、午前二時ころまで床で戯れる。花魁にはゆっくり眠る暇はなかったのだ。

遊女はなぜ「ありんす言葉」を使っていた？

吉原をはじめとする遊廓では、遊女は特殊な言葉を使っていた。「ありんす言葉」とも呼ばれる廓《くるわ》言葉である。

たとえば、「〜であります」は「〜でありんす」と話す。「ありません」は「ありんせん」、「ございます」は「おざんす」だ。「自分」は「わちき」、客を呼ぶときは「ぬし」、「好かない」は「すかや」、「飲みなさい」は「のまんし」となる。

この独特な言葉は、どことなく優雅な印象を与えるが、たんに上品に見せるだけではなく、遊女の出身地をごまかすという意味合いもあった。

遊女たちは、江戸だけでなく、全国から集まってきていた。方言丸出しでは、すぐにお里がバレてしまう。

遊女の仕事は、男に幻想を与えることでもある。とくに太夫、花魁といった高級遊女になるほど、「都会生まれのやんごとない女性であってほしい」という幻想がある。「ありんす言葉」を使えば、お里がわかることはなく、客は勝手な幻想にひたっていられる。身分を隠したい遊女にとっても、幻想を抱く客にとっても、「ありんす言葉」は都合がよかったのだ。

また、「花魁」という言葉自体が、もとはお里が知られないようにするための言葉だった。当時、田舎から出てきた娘は、自分のことを「おいら」といった。「おいら」といわれては、客は興が失せてしまう。

そこで、自分のことを「おいらん」というようになったという説が有力で、これがやがてランクの高い遊女を指すようになった。

江戸の色街、「吉原」と「岡場所」の違いとは？

江戸の遊廓というと吉原が有名だが、それ以外にも遊女が男の相手をする場所が多数あった。深川や品川などが有名で、「岡場所」と呼ばれ、吉原と区別されていた。

吉原と岡場所がなぜ区別されたのかというと、吉原が幕府公認の遊廓であり、岡場所は幕府が公式には認めていない遊里だったからである。

江戸に幕府ができたとき、江戸の人口は

男性のほうがはるかに多く、その性欲を処理する遊女屋が次々と生まれた。

　その状況を見ていた庄司甚内という者が、遊女屋を一カ所に集めることを考え、幕府に願い出てこれを許可される。そうして生まれたのが、吉原だった。

　吉原の特徴は、格式ばったところにあった。とくにランクの高い遊女となると、何度も通ってようやく目的達成となる。もちろん、お金もかかる。そこで自然発生的に、大衆的で手軽な遊里ができあがっていった。それが岡場所である。

　岡場所は格式ばったところがなく、吉原並みの値段の店もあるが、たいていは六〇〇文（約一万二千円）以下で楽しく遊べた。一〇〇文、二〇〇文の店もあり、おまけにそれなりに美女をそろえている店もあった。庶民の人気は、しだいに吉原から各地の岡場所に移っていった。

　なぜ「岡場所」と呼ばれたかといえば、「岡」には局外、他という意味があるから。「許可を得ていない場所」という意味で、岡場所と呼ばれるようになったのだ。

　幕府は、ふだんは岡場所を黙認していたものの、目に余ると、ときおり弾圧して潰してしまうこともあった。

　幕府は、吉原からは冥加金を受け取り、公娼施設である吉原を保護する立場にあった。それもあって、岡場所をときどき取り潰したのだが、それでも新しい岡場所がかならず生まれてきた。

　あるいは、同じ土地に数年後に復活することもあり、幕末には一六〇カ所もの岡場所があったとみられる。

出島から出られないオランダ人向けの〝出張サービス〟とは？

長崎の出島といえば、オランダ商人の住んでいた島である。オランダ人は、出島を出て長崎市内に入ることを許されず、出島の中で生活しなければならなかった。その出島のオランダ人たちは、あっちのほうをどうやって処理していたのだろうか。

じつは、長崎の遊廓から遊女が〝出張サービス〟にやって来ていたのだ。長崎には、丸山という有名な遊廓があり、丸山の遊女たちは出島からリクエストがあれば、出向いていったのだ。

ふつう遊女は、遊廓から出てはいけない決まりになっているものだが、長崎だけは例外で、丸山の遊女は、遊廓から外に出ることを認められていた。

こうして、出島でオランダ人の相手をすることは「オランダ行き」と呼ばれたが、長崎にはもう一つ、「唐人《からびと》行き」もあった。

当時、日本唯一の貿易港・長崎には、中国人も多数住みついていた。長崎郊外、十《じゅう》善寺《ぜんじ》にある唐人館まで、遊女たちはやはり出張サービスに出かけていたのだ。

「唐人行き」は「オランダ行き」より格下に扱われていたが、唐人のほうが気前はよかったという。そのため、遊女にとっては「オランダ行き」より「唐人行き」のほうがありがたい仕事だった。

江戸時代の〝ラブホテル〟ってどんなとこ？

江戸のラブホテルは、「出合茶屋《であいぢゃや》」と呼

ばれていた。

江戸には、まず番茶を飲ませる「茶屋」が生まれた。その茶屋が料理を出す料理茶屋などさまざまに発展するなか、男女の逢い引き用に業態を特化したのが、出合茶屋である。

出合茶屋は、現代のケバケバしいラブホテルと違って、一見料理茶屋を装っていた。「料理処」という看板を掲げている店もあり、どの店も本当に食事を出した。中は、数寄屋風の二階建てになっていて、裏にも出入り口があった。部屋代、食事代を合わせた料金は、一分程度、今の二万円ほどだった。

出合茶屋は、神社や寺院の門前に多く、とくに上野の不忍《しのばず》の池周辺は、出会い茶屋のメッカだった。現在、近くの湯島界隈にラブホテルが多いのは、その名残といえる。この地域の出合茶屋は、不忍の池には蓮《はす》が群生しているところから、「蓮の茶屋」あるいは「池の茶屋」と呼ばれた。

出合茶屋を利用したのは、おおむね人目をはばかるカップルである。未亡人と若い男、御殿女中と歌舞伎役者といった組み合わせだ。当時、不義密通は重罪であり、死罪となる危険もあった。それを知ったうえで、彼らは命を懸けて出合茶屋を利用したのだ。

7 事情

律令時代の役人の「勤務時間」は どうなっていた？

古代人の脱税事情は？

『魏志』倭人伝には、卑弥呼の君臨していた邪馬台国には、すでに税制があったと記されている。

五世紀になると、天皇や豪族は、それぞれ「部民《べみん》」と呼ばれる農民や漁民、手工業者らを私有して、食料や嗜好品、織物、工芸品、武器など、私生活や職務に必要なものを納めさせた。その他にも、私有民を宮殿や邸宅、古墳の築造、田畑の耕作にあたらせたり、召使や従者などとして労力を提供させた。

大化の改新以降は、国家が一括して税を徴収する制度に切り替えられ、租《そ》・庸《よう》・調《ちょう》などの税制が整備された。ただ、この税制改革によって、納税者の負担はひじょうに重くなった。農民たちは、収穫した稲を税として納めると、自分たちはコメを食べられなくなり、加えて布や絹、特産品を納税させられ、二一歳～六〇歳の男性は六〇日（のちに三〇日）の雑徭《ぞうよう》（公共事業）にもかり出されたので、庶民にとっては過酷な税制度といえた。

そこで、当時も脱税が行われることになった。その方法は、徴税の台帳である戸籍をごまかすことである。

たとえば、男性なのに、女性として登録したり、年齢をごまかして老人として登録したり、生きているのに死んだことにして、なるべく税金がかからないようにした。また、京と畿内は税制面で優遇されていたので、諸国の農民のなかには、京や畿内の戸にもぐりこんだり、国司にワイロを送って戸籍を京や畿内へ移してもらう者もいた。

律令時代の役人の「勤務時間」はどうなっていた?

律令時代は、役人たちは日の出前に出勤した。午前三時頃、宮城の門が開き、日の出の少し後、鼓の合図で大極殿院や朝堂院の大門が開き、仕事が始まった。朝早くから会議や政治が行われたので、政府のことを「朝廷」と呼ぶようになった。

役人には、大門が開くときには、すでに門外に立っていることが求められ、遅刻した者は中へ入れなかった。

正式な勤務は午前中だけで、昼の鼓の合図に、朝堂や省庁付属の曹司《ぞうし》(役人の居室)から退出した。朝の会議の書類作成が主要な仕事だった下級役人は、たいてい午後も仕事をしたが、それ以外は午前中で仕事を終わり、帰宅した。そして、日没とともに宮城の門が閉鎖された。

古代の役人の勤務時間が、夜明けから昼までだったのは、弥生時代の政治スタイルに由来すると考えられている。

弥生時代には、卑弥呼の例にも見られるように、女性が巫女となって神を祀った。そして、夜のうちに神がかりになって、神のお告げを聞き、朝になると、お告げの内容を男子に伝え、神の意思に添って政務をとらせた。

政務を担当する者の仕事は、早朝、お告げを聞くことからはじまったので、彼らは日の出前に出勤する必要があった。この伝統が受け継がれ、律令国家となっても、役人は早朝から仕事をしたと考えられている。

「和同開珎には銀貨もあった」って本当？

奈良から平安時代にかけてつくられた一二種類の銭貨を「皇朝十二銭《こうちょうじゅうにせん》」と呼ぶが、その最初の銭貨が、七〇八年（和銅元）発行の「和同開珎《かいちん》」。日本最初の流通通貨とされる。

当時は、初めての本格的な都として「藤原京」がつくられ、国家体制が形式的に整い、貨幣の必要性が認識されはじめた頃だった。ちょうどその頃、武蔵国秩父で銅が発見されたこともあって、本格的な銭貨製造がスタートした。

平城京遷都の直前でもあり、遷都の経費を銅地金と貨幣価値との差額で補う目的もあった。

まず、七〇八年五月に発行されたのは、銀銭。和同開珎は、じつは銀銭のほうが先に発行されていたのだ。その二ヵ月後から銅銭の鋳造がはじまり、八月に銅銭が発行されたことが、『続日本紀』に記されている。一方、銀銭は翌七〇九年八月には廃止されている。

また、和同開珎には二つのタイプがあり、厚手で稚拙な「古和同」と、薄手で精密な「新和同」に分けられている。

このうち、「古和同」は、和同開珎の初期のものとする説と、正式発行前の試作品とする説がある。

いずれにせよ、新和同は銅銭しか見つかっていないので、銀銭は、新和同の発行前に廃止されていたと考えられている。

奈良時代にも残業はあったのか？

奈良時代、官位が五位以上であれば、働いても働かなくても収入が保証されていたが、六位以下の下級役人は懸命に働かなくてはならなかった。

奈良時代、下級役人は三六〇〇人ぐらいいて、そのうち常勤職員である長上官が六〇〇人、非常勤職員である番上官が三〇〇〇人くらいいたとみられる。長上官なら二四〇日、番上官なら一四〇日出勤することで評価の対象となり、給料をもらえた。常勤職員なら、週休五日制の公務員と同じくらい出勤していたことになる。

前にも述べたように、奈良時代の役人の朝は早い。大宝律令の注釈書である『古記』によると、朝六時半には出勤していなければならなかった。正規の就業時間は午前中の三～四時間だったが、下級役人は、午後も仕事をした。つまりは、残業である。

下級役人の勤務日数を残した史料によれば、午前中の勤務である「日」印とともに、午後の残業印である「夕」も数多く残っている。下級役人は残業を強いられ、中には泊まり込みで仕事をする役人もいたようだ。

下級役人は、上司から勤務評定された。勤務態度、道徳性、才能、失敗の有無などをチェックされ、長上官なら九段階、番上官なら三段階の評価を受けた。評価期間は、長上官なら六年間、番上官なら八年間で、その間、評価が中等以上なら、官位を一ランクを上げてもらえた。つまりは、昇進である。

ただ、下級役人は昇進しても、年収の上昇カーブは緩やかで、正七位に昇進しても、年収五〇〇万円に満たなかった。さほど収入は上がらないので、家族が農業を営んで、なんとか暮らしを立てていたというのが実状だったようだ。

奈良時代の大工は、官僚だったって本当？

大工さんといえば、いまは建設工事を請け負う人たちのことだが、奈良時代は違った。古代日本の大工は、官僚社会の一員だった。

奈良時代よりも前は、大工は「大匠《おおきたくみ》」と呼ばれ、官名の一種だった。大匠は、古代日本のモデルになった中国の建設担当役所の長官である「将作大匠」を略したもののようだ。

奈良時代になると、建設に携わる技術官僚の肩書が、「大匠」から「大工《おおいのたくみ》」に変わる。とくに、建設事業担当の役所である木工寮の技術系のトップが、「大工」と呼ばれた。

奈良時代、大工の地位はひじょうに高かった。平城京造営に加え、聖武天皇による大仏の造営も、大工の力によって行われた。

とくに、大仏建立に関しては、その事業に携わった者には、最高の敬意が払われた。大鋳師と大工ら五人は、大仏完成後、従五位下にまで昇格している。立派な上級貴族の仲間入りだ。彼ら大工は、のちに国司として赴任するくらいの高い地位に昇ったのだ。

大工という名は、その後、中世にあって

は、建設職人を束ねる立場の者に与えられる職名となった。それが、いつしか建設に関わる職人全般を指す言葉に変わったのだ。

平安時代、朝廷に租税が届かなくなった原因は？

平安時代後期になると、朝廷は財政難にあえぐことになった。地方からの租税が都まで届かなくなったからである。これが、平安朝の衰退の一因になった。

租税が届かなくなった理由の一つは、流通網が乱れたことである。地方から米などを都に輸送するとき、便利なのは船だが、これを狙う海賊が現れた。

また、陸地での輸送には専門の業者がいたが、彼らは流通を促進するよりも阻害した。彼らが高額な運賃をふっかけるため、輸送が滞ったのである。

さらに大きな理由は、寄進地系荘園が増えすぎてしまったことである。寄進地系荘園とは、藤原氏をはじめ、都の有力貴族や寺社が保護する荘園のことだ。

本来、律令制の原則からいえば、土地からの租税は、国司を通じて都の朝廷にはいるはずのもの。しかし、寄進地系荘園は、国司に租税を納めないでもいい不輸《ふゆ》の権を手にしていた。

寄進地系荘園からの収入は、国司のもとにはいらず、荘園の保護者である都の有力貴族や寺社に流れるようになっていたのだ。

そんな事態を招いたのは、朝廷の地方政策が失敗したからである。朝廷は、貴族を国司に任命し、その国の支配に当たらせたが、国司の筆頭職である受領《ずりょう》たちは、その国でやりたい放題のことをした。受領は、土豪、農民を圧迫し、自らの懐ばかりを豊かにしたのだ。そこで、土豪や農民は朝廷に何とかしてほしいと願い出るが、朝廷は何もしない。

そこで、土豪らは有力貴族や寺社に荘園を寄進し、保護者となってもらい、受領に対抗したのである。

寄進地系荘園が増えると、藤原氏をトップとする有力貴族が力を増す一方、朝廷は税収不足となった。

朝廷はそれを何とかしたいと思うが、政治の実権を握るのは、これまた藤原氏らの有力貴族である。彼らとしては寄進地系荘園を温存したいから、抜本的対策を打つことはない。そのため、朝廷は税収不足から抜け出せなくなったのだ。

戦国時代には、どんな商人がいたのか？

全国各地にさまざまな商人が登場したのは、戦国時代のことである。戦国武将が、新しい城を建てると、その周りに武士やその家族が暮らすようになる。そこへ、さまざまな職人と商人も移り住み、城下町が形成されていった。

当時の商人のなかで、もっとも大きな財を成したのは「土倉《どそう》」と呼ばれる人たちである。いまでいえば、「質屋」と「サラ金」を合体させたような存在で、貨幣経済が浸透してくると、こうした高利貸が繁盛するようになった。京の都だけでも、三〇〇〜四〇〇軒が営業していたという。

また、寺院の境内や街角に「市」が立つ

ようになったのも、戦国時代のことである。寺院が商人に営業権を与える代わりに、納入金を受け取り、定期的に市が開かれるようになった。

市では、近隣の村々で生産された米や野菜に、饅頭、酒、塩、心太、豆腐といった食料品、綿や白布、帯といった衣料品や化粧品、さらに、炊きつけ用の柴や照明用の灯心、枕などの日用品が売られていた。

こうした商品を売ったのは、頭に花などを載せて売り歩く「大原女《おはらめ》」や京都・桂川産の鮎を売った「桂女」などのように、多くが女性たちだった。

ただし、朝から夕方まで店を開いても儲けが少なかったので、寺院などに支払う納入金がしだいに重荷になっていった。そこで、こうした上納金を撤廃し、自由活発な経済活動を行えるようにしたのが、信長による「楽市楽座」である。

戦国時代は、血で血を洗う戦いの裏で、現在まで残る職業が続々と誕生した時代でもあった。

戦国時代の豪商たちは、どうやって稼いでいたか？

戦国時代も後半になると、大大名は何万という家臣や部下を抱えていた。いざ、合戦になれば、その何万もの兵士たちに、十分な食料や日常品を与えなければならない。もちろん、大量の武器や弾薬も調達しなければならない。

しかも、戦いに間に合わせるため、短期間で調達するには、専門の納入業者に頼らざるを得なかった。しかし、そうかといって、見ず知らずの業者に頼れば、だまされる危険もある。そこで、戦国武将は、気心が知れ、少々の無理を聞いてくれる商人たちとのみ取引きするようになっていく。これが、いわゆる「御用商人」のルーツである。

たとえば、武田軍にとっての酒田氏、上杉軍にとっての蔵田氏、今川軍にとっての友野、松木の両氏などは、いずれも戦国大名の〝御用商人〟として財を成していった。

こうした御用商人のなかから、戦国時代末期に豪商が現れる。彼らが、巨万の富を蓄える手段としたのは海運業だった。

たとえば、博多の豪商の島井宗室は、大友宗麟の御用商人として力をつけた後、海運業に乗り出す。やがて、九州一円の海運業から対外貿易にも手を広げ、莫大な富を蓄えていった。本能寺の変の前日、茶人でもあった宗室は、織田信長の催した茶会に招かれるほど、世間でも認められる存在になっていた。

また、大坂・堺の小西家は、一族が早くから日明貿易に参加。そこで実力を蓄えて、宇喜多直家の御用商人となる。その後、小西家は瀬戸内海の海運業にも手を染め、巨万の富を築きあげた。さらに、秀吉の信頼を得て〝政商〟として活躍する。

当時の豪商は、海運業や貿易で富を蓄えたため、貿易の中心地だった博多や長崎、堺から誕生している。

日本各地の商品をどうやって江戸に運んだ？

現在、夜中に高速道路を走ると、大型ト

ラックの車列にうずもれる。今では工業製品、農産物、日常品などの運搬をトラックに頼っているが、江戸時代の輸送の中心は水運だった。

日本は、周囲を海に囲まれ、天然の良港に恵まれた国。古くから海を利用した海運が発達してきた。

紀伊国屋文左衛門が、紀州や駿河《するが》からみかんや木材を江戸へ運び、巨万の富を築いたと伝えられるのも水運を利用したからだし、京都や大坂でにしんや昆布、鮭が大量に消費されたのも、北海道から松前船が運んできたからだった。

江戸時代、北海道へ渡り、松前を拠点に商業活動したのは近江《おうみ》商人たちである。彼らは、北海道で獲れた海産物を松前船によって大坂へと運んだ。

そのルートは、松前から日本海を下り、若狭《わかさ》湾の敦賀《つるが》（福井県の港湾都市）から琵琶湖、淀川を経て京都や大坂へ至るコースと、日本海からグルッと長州を回り、瀬戸内海を経て大坂に至るコースの二つがあった。

また、海以外の水運ルートも利用されていた。たとえば、江戸と川越（現在の埼玉県川越市）は舟で結ばれていた。江戸初期、家康を祀った川越東照宮が焼失した際、再建資材を江戸から運んだことで、江戸と川越を結ぶ水運が開通。当初は、川越周辺の年貢米を江戸へ運び、帰りに畑作用の肥灰《こえはい》や糠《ぬか》を積むようになった。

その後、川越は物資の集散地に発展し、各地の炭やサツマイモなどの産物が集まるようになった。そして、それらの産物を船で江戸へと運んだのである。帰りは江戸から日用品や肥料などが川越へ到着し、その後、各地へ陸運で運ばれた。

江戸時代には、このように水運を利用した輸送が全国で行われ、川越のように商品の集荷場となった都市が発展していった。

鎖国の中、イタリアからの舶来品が流通したワケは？

浅間山が大噴火したのは、一七八三年(天明三)のことである。そのとき、大量の溶岩流が北の急斜面を滑り落ち、またたくまに一つの村を呑み込んだ。山奥の寒村、鎌原《かんばら》村である。

のちに、その鎌原村が発掘されたとき、調査員たちが「こんな山奥にまで」と驚くような逸品が、数点発見されている。

その一つは、イタリア・ヴェネチア産のガラスの手鏡だった。つまり、江戸中期には、そのような山村にまで〝舶来品〟が入り込んでいたわけである。

江戸時代は、いわゆる鎖国が敷かれ、外国との交流は厳しく制限されていたはずだが、実際には長崎を窓口に、オランダと中国とは貿易していたので、舶来品は想像以上にたくさん入ってきていた。

また、蝦夷地《えぞち》に住むアイヌ民族は、海外との往来が自由だったので、彼らはロシアを通じて舶来品を手に入れていた。

当時、蝦夷地に出向いていた近江商人たちは、アイヌ民族を通じて舶来品を入手。それを各地で売りさばいたので、鎖国状態だったといわれる時代でも、農村や漁村にまで舶来品が出回っていたのである。

武士の〝給料〟はどうやって決まった？

現代のサラリーマンが会社から給料をもらうのに似て、江戸の武士は幕府や大名家から家禄を与えられていた。

家禄は「知行取り」と「蔵米取り」の二つに大きく分かれる。知行取りの場合、領地が与えられていて、そこからの年貢米収入を得た。ただし、知行地が一〇〇〇石だったとしても、一〇〇〇石がすべて自分の懐に入るわけではない。「四公六民」の税率なら、入ってくるのは、四〇〇石となる。

蔵米取りは、知行地を持たない武士で、大名家などから米を与えられた。その支給の方法は、俵高を単位とする「切米《きりまい》取り」、石高を単位とする「現米《げんまい》取り」、さらには「扶持《ふち》米取り」に分けられた。切米一〇〇俵で三五石になるから、切米四〇〇俵取りは、現米一四〇石取りと同じになる。

扶持米取りは、「〇俵〇人扶持」という形で支給される。一人扶持《いちにんぶち》は一日五合の計算で月単位で支給され、俵米は年単位に支給される。たとえば「三〇俵二人扶持」なら、五合×二人で一日一升だから一カ月に三〇升もらえ、さらに年に一度、三〇俵もらえた。合わせておよそ一四・七石といったところだ。

ほかに「給金」といって、金銭を支給される武士もいた。一番身分の低い武士の場合で、給金は一年で三両一分ほど。貧乏武士のことを「三一《さんぴん》侍」というのは、ここに由来する。現代のお金にして二五万円ほどである。

こうした家禄は言葉どおり〝家〟に与えられ、代々その家禄を引き継いだ。ただ、最下級の武士となると、世襲制ではなく、親が死ぬと新規採用の形となった。

取り潰された藩の武士はどうやって生活費を稼いだ？

江戸時代、武士は自分の藩が安泰であれば、藩から家禄をもらって、なんとか生活できた。彼らの運命が狂うのは、自藩が改易となったときである。いわば会社の倒産であり、武士として失業したことになる。浪人の身となれば、もはや家禄はもらえない。

そうなると、武士としての再就職は容易なことではなかった。しかたなく、失業した武士たちは武士以外の仕事、つまりは農業や商業に〝転職〟して生計を立てようとした。とりわけ農民になる者が多かった。江戸初期に新田開発が盛んだったのも、改易された大名家が多く、その家臣らが農民になったため。労働力に余裕があったのだ。

また、武士時代に身につけた学芸を生かす浪人もいて、彼らは、寺子屋で読み書きを教えたり、道場で剣術を教えた。高度な教養をもつ者は、儒学者や兵学者となった。

一方、学も芸もない武士が町で生きていく場合は、傘張りや楊枝削り、花札や凧の絵描きなどの内職仕事で収入を得た。盆栽や植木の手入れに出向く者もいた。

ほかに『太平記』の講釈師になったり、幇間《ほうかん》や芝居役者になる者もいた。日雇いの仕事をもらう者もいれば、武家の用人に雇われる者もいた。なかにはグレて、博徒の用心棒になる浪人もいた。

もちろん、浪人にも一発逆転があった。五代将軍・綱吉の側用人だった柳沢吉保の祖先は、三代将軍・家光の弟である忠長に仕えていた。その忠長が改易にあい、浪人の身となったところを、上州館林家にいた綱吉に拾われ、そこから新たな人生が開けたのだ。また、新井白石も一時は浪人で、在野の儒学者となっていた。これまた、その才能を認められ、幕府に再就職したのだった。

貧乏旗本が人件費削減のためにやったこととは？

旗本や御家人の家計を圧迫した大きな要因は「人件費」である。旗本や御家人は、家禄に応じて、お供の者となる武家奉公人を雇わなければならなかったのだ。

そのお供の者らは中間《ちゅうげん》や小者と呼ばれ、住み込みか通いで働いていた。仕事の内容は、槍持、草履取、挟箱持、馬の口取、駕籠を担ぐ陸尺《ろくしゃく》など。中間・小者は、ご主人が公式の外出をするとき、お供としてそれぞれの仕事についた。一〇〇石取りなら、槍持一人、草履取一人、挟箱持一人と決められていた。

彼らの給料は、幕末には一人に年三両程度。ただでさえ貧乏な旗本や御家人はしだいに給金を支払えなくなっていった。しかし、彼らを解雇すれば、いざ公式行事のときに困るし、だからといって雇いつづける余裕もない。そこで旗本、御家人たちは、今でいう〝人材派遣業〟に頼ることになった。

必要なときに「口入れ」「けんあい」「他人宿」などと呼ばれた人材斡旋《あっせん》業者からお供の者を調達したのだ。いわばパートであり、契約期間は一年、半年のこともあれば、日雇いのこともあった。

日雇いの中間・小者に雇われる者には、町人が多かった。町人であっても、その日ばかりは刀をさすことを許され、武士の端くれとして扱われた。

「とっかえべい」ってどんな職業？

江戸の町を「とっかえべい、とっかえべい」と叫びながら歩く商売人がいた。「とっかえべい」というのは、「取り替えよう」という意味である。

何と何を取り替えるのかというと、鍋や鎌、釘などの古い金属類と飴だった。古い金属類を買い取る古鉄商という職業もあったが、「とっかえべい」は、古い金属類を飴と取り替えるところが、ふつうの古鉄商とは違っていた。

客のほうも心得たもので、鍋や鎌なら、ふつうの古鉄商に売るほうが得だが、銭にはなりにくい古い釘や煙管の雁首《がんくび》などは「とっかえべい」と交換した。売りにくい小さな鉄くずを飴と交換したというわけだ。

この仕事が生まれたのは正徳年間（一七一一～一六年）で、紀州の僧が釣鐘《つりがね》の建立を思い立ち、浅草田原町に住んでいた紀州出身の紀伊国屋善右衛門に相談した。協力を約束した善右衛門が、飴と古鉄を交換し、集めた古鉄で釣鐘を建立することを思いついたのが、「とっかえべい」のはじまり。

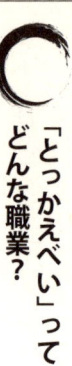

その後、ほぼ資金ゼロで始められるところから、真似る者が増え、江戸の職業の一つとなった。

江戸時代にもあった“一〇〇円ショップ”とは？

今や、どんな町にもある「一〇〇円ショップ」。江戸中期以降でも、似たような店が大流行していた。

その店は一九文均一だったので、「一九《じゅうく》文店《もんみせ》」とか、「一九文屋《じゅうくもんや》」と呼ばれていた。当時はソバ一杯が一六文だったので、一九文は今の感覚でいえば、四〇〇〜五〇〇円くらい。

ただし、一九文店は、現在の一〇〇円ショップのような店舗ではなく、いわゆる露天商。天気のよい日、人通りの多い場所にムシロを敷いて、日用雑貨やオモチャなどを並べて商う商売だった。

それでも一七二三年（享保七）ごろ、この商売が現れると、たちまち客が集まり、大繁盛。真似をする者があちこちにいて、路上に「一九文店」が並んだという。ちょうど享保の改革の時代であり、質素倹約は人々の合言葉。一九文店は、そんなトレンドに目をつけた商売でもあった。

その後、飽きられたり、景気が回復したこともあって、この均一価格ショップはすたれたが、文化年間（一八〇四〜一八年）には再び流行している。

式亭三馬の日記『式亭雑記』によれば、三八文均一と値段は倍にアップしていたが、並べられる商品のほうも、塗り枕や櫛、かんざし、茶ほうじなどへグレードアップしていた。

「見倒屋」って、どんなビジネス？

今でも、引越しするときには、リサイクル業者に不用品を引き取ってもらうものだが、江戸時代にも似たようなことが行われていた。たとえば、『東海道中膝栗毛』の弥次さんは、旅に出る前、八丁堀の借家に古物商を呼び、金目のものを売り払っている。

ただし、古物商といっても、弥次さんのような庶民が利用する業者は「見倒屋《みたおしや》」と呼ばれていた。古着や古道具、古い家具はもちろん、こわれ物や紙くずまで引き取ってくれたが、買取り価格は一般の古物商よりずっと安かった。安く買い叩くことを「見倒す」といい、そのような商いをする業者を「見倒屋」と呼んだのだ。

「見倒は刀を差して鍋をさげ」という川柳が残っている。これは、見倒屋が、刀も引き取れば、使い古しの鍋まで、なんでも引き取ることをからかったものである。

この見倒屋という商売、お客に同情していては商売にならないが、先立った亭主の遺品を買い取りながら、ふと後家さんに同情することもあったようで、「見倒屋　ついでに後家も仲人し」という川柳も残っている。後家さんの〝リサイクル〟まで面倒をみる見倒屋もいたようだ。

「おちゃない」の女性が町で拾っていたものは？

昔のパリやロンドン、ニューヨークなど

と比べると、江戸はひじょうに美しい街だった。「チリ一つ落ちていなかった」という記録もあるほどだ。

ただし、町の隅々まで掃除が行き届いていたといっても、清掃業者が大勢いたからではない。〝市民意識〟の高さとともに、街に落ちているものを拾い集め、リサイクルする業者が多かったのである。

「おちゃない」と呼ばれた人たちも、江戸の町の〝リサイクル業者〟だった。

頭の上に袋や風呂敷包みを乗せ、町中を歩く女性たちがいた。「落ちはないか」と呼び歩いたので、それがナマッて「おちゃない」という職業名になった。

彼女たちが拾い歩いたのは、もっぱら髪の毛である。拾うだけでなく、家庭や商家などからも抜け毛を買い集め、カツラ業者に売るのがこの商売だったのだ。当時は、髪の毛の模造品を作る技術がなかったので、芝居などで使われるカツラは、集めた人毛や動物の毛で作られていた。

「おちゃない」は、午後二時ぐらいから街角に現れた。午後から仕事を始めたのは、昼過ぎにならないと髪の毛が集まらなかったからだという。江戸は、人の往来が増えなければ、髪の毛一本落ちていないほど美しい町だったというわけである。

「灰買い」という商売が成り立ったワケは？

ものを燃やすと灰になる。江戸時代には、その灰まで、さまざまな分野で利用されていた。なにしろ、江戸では、最盛期には一〇〇万人を超える人々が、木やワラを燃料として生活していた。毎日大量に出る灰を集めて、必要とする業者へ売れば、「灰買い」というビジネスが十分に成り立ったのだ。江戸の前期には、この灰買いで巨万の富を築いた「灰屋紹由《じょうゆう》」という豪商がいたと伝えられるくらいだ。

灰はアルカリ性なので、土壌の中和作用がある。とりわけ、火山灰が堆積した関東ローム層は、土壌が酸性で、そのままでは作物が生育しにくい。そこで、土壌を中和させる灰は、肥料として江戸近郊の農村地帯の必需品だったのである。

ほかにも、灰は、繊維の脱色や皮の脱脂、清酒の酸味の中和、焼き物の釉薬《うわぐすり》、藍染の触媒などにも利用された。さらに、石けんと似たような働きをするので、食器の洗剤としても需要があった。

灰を買い集める灰買いたちは、モッコ(ワラなどで造った桶のような入れ物)を天秤棒《てんびんぼう》でかついで、江戸の町を歩いていた。その姿は、灰で髪の毛が真っ白になっているので、若い人でもお年寄りのように見えたという。

馬が通った直後に現れる専門業者とは?

江戸時代には、人や物の運搬に馬が利用されていた。武士が馬に乗っていたのは、テレビや映画でおなじみだが、それ以外にも、近郊農家でとれた米や野菜は、馬で江戸市中まで運ばれたし、江戸で作られた衣服や日用品などは、馬によって郊外へ運ばれた。

遠方への運搬には舟が利用されたが、江

戸と近郊を結ぶ主要運搬手段は馬車だったのである。実際、東海道や甲州街道、中山道などの街道には、多くの馬が行き交っていた。

　多くの馬が行き交いすれば、当然馬はあちらこちらで排泄したわけだが、街道筋には馬糞はほとんど落ちていなかったという。馬が排泄すると、間をおかず馬糞を拾って歩く人がいたからだ。「馬《ば》糞《ふん》掻《か》き」や「馬《ま》糞《ぐそ》取《と》り」などと呼ばれた専門業者である。

　これは、馬糞が絶好の肥料になったから。近郊の農家へ運べば買ってもらえたので、立派に商売として成り立ったのだ。しかも、馬糞を集める入れ物さえ用意すれば、だれでも開業できるビジネス。元手がかからないので、その日暮らしの人にとって、今日からでも始められる商売だった。

　といっても、彼らは、馬糞を素手で拾い集めたりはしなかった。大きな貝を拾ってきて、それですくい取っていた。

江戸名物が「伊勢屋、稲荷に犬の糞」といわれた理由は何？

　江戸初期のはやり言葉に、「江戸名物、伊勢屋、稲荷に犬の糞」という言葉がある。江戸の町を歩いていると、この三つがやたらと目についたというのである。

　「伊勢屋」というのは、伊勢（三重県）出身の商家のこと。

　幕藩体制が整ってくると、江戸へ進出してくる商人が増えた。とくに、伊勢、三河（愛知県）、近江（滋賀県）、京、堺といった西国の商人が進出してきて、彼らの多くが出身地を屋号としたため、江戸中に伊勢屋、三河屋、近江屋といった看板が立ち並ぶことになったのである。

なかでも、江戸初期には、木綿や紙、荒物、椿油、菜種油、茶などを扱う伊勢屋の看板がもっとも目立ったという。

はやり言葉の中で、伊勢屋に続く「稲荷」の総本山は、京都の伏見稲荷大社である。

もとは帰化人である秦《はた》氏の氏神で、平安時代、秦氏が政治的に力を持つと、京全体で信仰されるようになった。

「稲」という言葉が入るように、当初は穀物や農業の神だったが、中世以降、商工業が発展すると、開運の神様として全国的に広く信仰されるようになった。江戸時代には、武家の信仰も集めて、江戸中に朱色の鳥居や祠《ほこら》が建てられたのである。

さらに、当時は野良犬がウロウロしていて、犬の糞が方々にころがっていた。そこで、数の多い三つを合わせて、「江戸名物、伊勢屋、稲荷に犬の糞」というようになったのである。

馬ではなく、人が飛脚を務めた理由は？

飛脚制度は、鎌倉時代に生まれた。源頼朝が鎌倉に幕府を開いたため、京都の朝廷との間でひんぱんに連絡する必要が生じたためである。幕府専用と有力武家が家臣を使って運ばせた飛脚があったが、いずれも人が走るのではなく、馬を使って片道四日〜七日かかっていた。

江戸時代になると、まず江戸と京都の間に、幕府が御用飛脚を走らせた。また、大名が、江戸と領国の間に大名飛脚を走らせた。

やがて、京都や大坂の有名店が江戸へ進出すると、本店と江戸店との連絡用に商人経営の町飛脚が開業する。

毎月三度、定められた日に大坂を出発した普通便は「三度飛脚《さんどびきゃく》」と呼ばれ、これが、のちに頻度を増して「常飛脚《じょうびきゃく》」となった。

これら江戸時代の飛脚は、鎌倉時代と違って、馬を使わず、人間が走って運んでいた。馬を使うと、エサ代や休憩代、宿泊代などでコストがかさみ、採算が取れなかったからである。なにしろ、人件費の安い時代、人が交代で走り継ぐほうが経費を押さえられたのである。

江戸から京都まで、東海道を歩いていくと二週間ほどかかったが、普通便の飛脚は六日間で届けたという。

なお、当時の飛脚の料金は、荷物一貫匁（三・七五キロ）につき、江戸―大坂間で九匁五分（今の三五〇〇円ほど）。書類は、二〇〇〇円もしなかった。

緊急用に、大坂から江戸まで三、四日で届く〝速達便〟もあったが、こちらは値段がとんでもなく高かった。文化年間（一八〇四～一八年）ごろで、金四両二分というから三六万円ほどもしていた。

駕籠かきの収入はどれくらいあった？

江戸時代に、今のタクシーのような役割を果たしていたのが駕籠である。その担ぎ手の駕籠かきは、二種免許の必要な現在のタクシー運転手と違って、体力があれば誰にでもできる仕事だった。ただし、駕籠を担ぐには、前と後ろの二人が息をぴたりと合わせなければ、駕籠が変な揺れ方をして、乗客は気分が悪くなった。体力があって、相棒と息を合わせられること――それが、駕籠かきの〝免許〟のようなものだった。

当時の駕籠かきは、たいてい最下層の庶民で、その収入は苦労のわりには少なかった。

といっても、駕籠の料金が安かったわけではない。たとえば、天保年間（一八三〇～四三年）の駕籠賃は、日本橋から吉原大門まで二朱（一両の八分の一）だったという記録がある。一両八万円で換算すると一万円。とても、庶民が気軽に利用できる料金ではなかった。

しかし、駕籠かきたちは、そのお金を二人で山分けできたわけではない。その大半は、駕籠の持ち主である元締めの取り分で、駕籠かきの取り分は二割か三割程度。一人当たりでは一割から一割五分。日本橋から吉原大門まで客を乗せても、駕籠かきの取り分は一〇〇〇～一五〇〇円くらいのものだった。

また、同じく江戸後期、駕籠による料金収入は、多い日で三〇〇〇文、悪いときは五〇〇文がやっとだったという記録も残っている。三〇〇〇文は現在の金銭感覚で六万円、五〇〇文は一万円ほどである。

ということは、駕籠かき自身の収入は、稼ぎのいい日でも一人六〇〇〇～九〇〇〇円程度。悪い日には、一日働いて一〇〇〇～一五〇〇円にしかならなかったのである。

医者にかかるには、どのくらいお金が必要だった？

現在、日本の診療費は、問診いくら、○○の検査いくら、△△の注射いくらというように細かく定められている。診療費は、それらを合計して算出され、実際にはけっこうな額になっていても、医療保険のおかげで、風邪や腹痛程度なら患者負担は少なくてすむ。

しかし、医療保険に加入していなかったり、医療保険対象外の治療を受けると、高額の診察料を支払わなければならない。

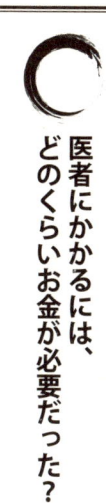

江戸時代には、もちろん医療保険制度はなかった。それればかりか、診察料という考え方すらなかった。医者は慈悲をほどこすという考えが基本で、本来、無償であたるのが当然とされていた。しかし、完全なボランティアでは、医者の暮らしが成り立たない。そこで、患者の懐具合に応じて、医者に謝礼を渡すようになった。その謝礼は「薬礼《やくれい》」と呼ばれた。

ところが、時代が下ると、その薬礼にも相場が生まれてくる。当時、医者になる試験はなく、看板を掲げれば誰でもなれたが、大別すると、幕府の御典医、諸藩の藩医、町医者の三種類があった。なかでも、もっとも薬礼の高かったのが、幕府の御典医である。

往診を頼むと、薬箱持ちに弁当持ちから、草履取り、乗物をかつぐ者たちまで付いてきた。診察料に加え、それらお付きの者の日当まで〝患者負担〟になったのである。風邪をこじらせた程度でも、現在の金額にして数十万円は支払わなければならなかった。

では、町医者の薬礼が安かったかといえば、そうでもない。よほど慈悲の心をもつ医者でもなければ、一般には薬礼が安い医者ほど、腕は落ちるというのが常識だった。そこそこ信頼のおける町医者にかかれば、一度の診察につき二万〜四万円は必要だった。往診を頼むと、それに駕籠代が加算された。

そのため、医者にかかれたのは、裕福な武家か商家だけ。裏長屋に住むような庶民にとって、医者はいないも同然だった。

「中条」と呼ばれたのはどんな仕事？

いつの時代にも、妊娠したが産みたくはないという女性はいる。江戸時代にも、堕胎を専門とする医者がいて、「中条」と呼ばれていた。

「中条」という言葉は、豊臣秀吉の家臣で、産婦人科を専門とした中条帯刀《たてわき》に由来する。彼の流れをくむ〝産婦人科医〟を「中条流」と呼ぶようになり、やがて堕胎専門の医者をそう呼ぶようになったのだ。

江戸で中条が大繁盛したのは、中期以降のことである。江戸時代は、避妊の知識が皆無に等しく、望まぬ妊娠をする女性が少なくなかった。そこで、町のあちこちに中条ができ、女性たちはその門をくぐった。

中条は、なるべく人通りの少ない路地裏に開業し、訪れた女性が他人に顔を見られずに入れるようになっていた。また、待合室で、他の女性と顔を合わせなくてもいいようなシステムも整えられていた。

ただし、堕胎といっても、現在のような手術が行われたわけではない。ほとんどが強引に流産や死産させる荒っぽい方法で、母体を害することも少なくなかった。

なお、「中条」の読みは、当初は「なかじょう」だったが、しだいに「ちゅうじょう」と呼ばれるようになり、その読み方で一般に広まった。

江戸っ子の一日の労働時間はどれくらいだった？

「カロウシ」という言葉が国際的に知られるほど、働きすぎといわれる現在の日本人。では、そのご先祖にあたる江戸庶民たちは、一日何時間ぐらい働いていたのだろうか？

当時の生活の基本は、日の出とともに起き出して働き、日の入りとともに仕事を終えること。だから、大工や左官、鳶《とび》といった職人たちは、夏の間なら午前七時には現場へ行き、午後五時には引き上げた。

その間には、昼休みに加えて午前一〇時と午後三時の休みもあったので、実質的な労働時間は八時間ぐらい。昼の短い冬になると、実働時間は五〜六時間程度のものだったという。

しかも、当時は、ほとんどの場合が職住接近。通勤時間はほとんどかからなかった。さらに、天気が悪ければ、仕事は休み。今のサラリーマンよりも、ずっと急がず焦らず、のんびりと働いていたのである。

もっとも、いつものんびりと働いていたわけではない。急ぎの仕事の場合は、労働時間が一〇時間以上ということもあった。そんなときは、手間賃が増額になったり、今でいう残業手当がついた。サービス残業は、当時の職人さんたちには考えられないことだった。

ただし、商家に住み込んでいる番頭や手代たちは、今でいえば〝サラリーマン〟にあたるだけに、職人ほどののんびりとはしていられなかった。朝七時から午後七時までの一二時間労働が当たり前で、丁稚の間は暗いうちから起きて雑用をこなし、深夜まで後片付けや雑用をさせられた。一日に一四～一六時間も働かされるケースもあった。

一方、同じ商売人でも、天秤棒を担いで食品や日用品を売り歩く業者は、朝は早くても、売れ行きがよければ早仕舞いも可能だった。扱う商品にもよるが、昼すぎには帰り支度をする業者がけっこう目立ったという。

旅の難所、大井川を越すのにかかった料金は？

江戸時代、東海道を旅する者にとって、もっともやっかいだったのは静岡県中部を流れる大井川である。幕府が軍事上の理由から、橋をかけたり、渡し舟の運行を禁じていたため、川越人足に肩車で渡してもらわなければならなかったのだ。

当初、川越料金は、人足側の言い値に等しかった。実際、無茶苦茶な値段をふっかけたり、値切った客を川に落とすといったトラブルが少なくなかった。

そこで元禄年間（一六八八～一七〇三年）、宿場の有力者によって料金システムが考案された。その日の水深を基準として川越料金を決めるというシステムである。

たとえば、享保年間（一七一六～三六年）の料金は、川水が人足の股下までのときは四八文、帯下のときは五二文、帯上で六〇文、胸のあたりで七八文、脇下までなら九〇～一〇〇文。それ以上、水深が深くなると、「川留め」といって渡れなかった。

もっとも、値段の基準が決められても、人足にもいろんなタイプがいて、水深が深くなると酒代をねだったり、個別交渉でふっかける者もいた。さらに、水の中で膝を曲げて姿勢を低くして、料金の〝水増し〟をする者もいたという。

火事がないとき、町火消しは何をしていた？

「火事と喧嘩は江戸の花」といわれるが、その火事を消したのは町火消しである。

江戸初期には、まだ町火消し制度はなく、大名による大名火消し、旗本による定《じょう》火消ししかなかった。彼らは侍だけに町人町の消防活動には消極的で、町人の住む町から火事が出ると、大火事になることがよくあった。

そこで、一七一八年（享保三）、町奉行大岡忠相《ただすけ》によって町火消しが組織された。

町火消しの活躍は目ざましく、やがては武家地の火事にも出動を認められる。ついには大名火消し、定火消しに代わって、火消しの地位を独占する。

そんな彼らは、火事がないとき、どうしていたのだろうか？

じつは、彼らの多くは鳶職だった。

当初は、商家の奉公人なども務めていたが、商人に火消しの仕事は荷が重かった。

当時の火消し仕事は、今のような放水による消火でなく、燃えている家やその風下の家を打ち壊す破壊消防である。

商家の奉公人たちでは、その荒っぽい仕事に向かなかったのである。そこで、建物を扱うプロである鳶職が、火消しも担うようになったのだ。

そんなわけだから、火事のない日は、火消したちは本業の鳶職に精を出していた。そして、いざ火事が出ると、仕事を中断し、現場へ急行したのだ。

町火消し「いろは四八組」に使われなかった平仮名とは？

江戸に町火消しが誕生したのは、前述のように一七一八年（享保三）のこと。

当初は、一つの町から二～五人の火消しを出して町火消しをつくったが、翌一七一九年（享保四）には有名な「いろは四八組」ができあがる。

隅田川から西の町を四八の区画に分け、その一つ一つの区画に組がつくられたのだ。組の名はいろは文字の順に呼ばれ、「い」組からはじまって、「は」組や「め」組などがあった。

そのいろは四八組の中で、いろは名でない組がある。「百組」「千組」「万組」「本組」である。それぞれ本来なら「へ組」「ら組」「ひ組」「ん組」となる順番の組だったが、「へ・ら・ひ・ん」の文字は組名には使われなかったのである。

というのは、「へ」「ら」「ひ」「ん」という文字には、それぞれ都合の悪い事情があるからだ。

「へ」は屁に通じて恰好が悪いし、「ら」は「魔羅」の隠語であり、これまた体裁がよくない。

「ひ」は火を連想させるから、火消しの組名としては論外。

そして「ん」は単独では発音しにくい。そこで代わりに、「百」「千」「万」「本」が組名に使われたのだ。

吉原の火事で得をした意外な人物とは?

江戸時代、吉原は二一回も火事に見舞われた。しかも、火事が出るたび、ほぼ丸焼けになっている。

吉原がつねに丸焼けになったのは、誰も本気で消そうとはしなかったからだ。享保年間に町火消しが誕生してからも、町火消は吉原での消防活動に消極的だった。

町火消しが消極的だったのは、一つには、吉原を不浄の地と見なしていたことがあるとみられる。

もう一つの大きな理由は、吉原が丸焼けになることを、関係者の多くが望んでいたからだ。

まずは、楼主《ろうしゅ》である。吉原が全焼すれば、彼らが大損害を被ると思ったら大間違いで、じつは儲かる仕組みになっていた。

吉原に新たに建物ができるまで、幕府は代替地を用意してくれた。代替地での仮営業では小屋程度ですむから、コストはかからない。

なにより大きいのは、代替地で営業しているかぎり、無税だったことだ。今でいう

「災害控除《こうじょ》」を適応されたのだ。冥加金《みょうがきん》を納めないですめば、儲け放題ということで、楼主はときおり丸焼けになることを望んだのだ。

江戸の商人たちも、吉原が丸焼けになると、そのたびに潤った。吉原を復興させるには、大量の木材や資材、調度品が必要になる。商人にとっては、ミニ・バブルがやってくるようなものだったのだ。

町火消しも、じつは得をしていた。形ばかりの消化活動をした火消しには、楼主からお礼が支払われた。その礼金の意味は、火事を放っておいてくれたことへのお礼である。

火消しの中には、楼主の意をくんで、消化活動中、焼け広がるような行動をとる者さえいたという。

江戸町奉行が担当していた仕事は？

大岡越前や遠山の金さんは、いずれも江戸の町奉行を務めた人物。

テレビ時代劇では、大岡越前や金さんが毎週、名裁きをしてみせるが、彼らは単なる裁判官ではなかった。

町奉行は、裁きをすると同時に行政官のトップでもあり、江戸の行政から司法、警察を一手に握る大権力者だったのである。

実際、大岡越前守忠相には、「物価引き下げに関する意見書」を将軍・吉宗に提出し、物価の安定を図った実績がある。大岡によって江戸の流通システムは合理化され、今の日本の流通の基盤がつくられたのだ。

さらに大岡は、吉宗の命を受けて町火消し

をつくり、江戸の消防システムを強化している。

町奉行は、行政にも力を注ぎながら、裁きも担当するから、一日のスケジュールは、現在の都知事や警視総監よりも、はるかにハードだった。

朝は五時ごろ起き出し、早くも六時には奉行所に出勤、前日の残務処理をこなす。午前一〇時には登城し、芙蓉《ふよう》の間に詰める。老中に呼ばれて会談することもあった。

午後二時に奉行所に戻ると、さまざまな案件が待ち構えている。経済、民生上の問題もあれば、民事・刑事の訴訟事もあった。訴訟だけでも、年間三〇〇〜四〇〇件は裁かねばならなかった。

江戸町奉行は、北町奉行と南町奉行に分かれ、一カ月交代で業務を行った。非番の一カ月間も休めるわけではなく、前月に受け付けた案件の処理に追われた。

そんな激務をこなさなければならないポストなので、町奉行には有能な旗本が選ばれた。五〇〇〜三〇〇〇石取りの旗本で、勘定奉行や遠国奉行を務め、その実績を買われた者だ。幕府のもっとも優秀な官僚がついたポストといってもいい。

それでも、激務に耐えかねて心身を消耗させ、在職中に亡くなった町奉行も少なくない。

看板がなくても町奉行所だと一目でわかる目印とは？

江戸の町奉行所を北町と南町の二つに分けたのは、三代将軍家光である。元禄時代には、中町奉行所がつくられ、江戸に三つの町奉行があった時期もある。その後、南町奉行が廃止となり、中町奉行所が北町奉行所に、北町奉行所が南町奉行所になって、二奉行所体制に戻った。

江戸後期には、北町奉行所は今のＪＲ東京駅付近、南町奉行所は今のＪＲ有楽町駅付近にあった。

その奉行所、時代劇では「北町奉行所」と太文字で書かれた表札が出ているが、実際にはそんなものはなかった。大名屋敷が表札を掛けていなかったのと同様である。

それでも、町奉行所かどうかは、正面玄関をみればすぐにわかった。北町・南町それぞれの奉行所の正面玄関には、鉄砲と胴乱（弾丸の入れ物）が飾ってあったからだ。

これは、町奉行所のスタッフたちの出自に関係する。町奉行を支えるのは、五〇騎の与力と二〇〇人（のちに二八〇人）の同心たちだ。その与力と同心は、かつて戦乱の時代には鉄砲組に属していた。平和な時代がつづいても、自らが鉄砲組であることを示すため、玄関に鉄砲を飾っていたのだ。

禄高が少なくても、与力や同心が贅沢できたのは？

町奉行所で働く与力《よりき》は、およそ二〇〇石取りである。お金に換えれば、七〇両程度。今の貨幣価値にして五六〇万円ほどだから、さほど高級取りだったとはいえない。

それなのに、与力はけっこう贅沢をしていた。与力とその家族が住む八丁堀の屋敷では、多くの女中を使っていたし、衣装にも凝り、食事もかなりの御馳走を食べていた。与力の実際の年収は七〇両どころではなく、三〇〇〜五〇〇〇両程度はあったといわれるのだ。

与力がそんな稼ぎを得られたのは、役得によるものだ。大名や大商人らが、金品を付け届けしていたのだ。何か揉め事があったときには、よしなに処理してほしいという思惑が、その付け届けにはこめられていた。

たとえば大名の場合、参勤交代のため、多くの家臣が江戸に在住している。彼らは江戸の町人から田舎者とバカにされがちで、ケンカを売られることもあった。

その際、家臣が頭に血をのぼらせて刃傷沙汰になり、それが幕府上層部に知られれば大問題になりかねない。もしそうなったときには、事件現場を仕切る与力に穏便な形で収めてもらおうと考えた。

そこで、江戸在住の大名は、付け届けをして与力と親密な関係を築こうとしたのだ。

それは大商人も同じこと。与力は、いわば大名や大商人のもめごと相談役といった存在だったのだ。

三〇〇家もの大名や多数の商人らが、五〇人の与力に金品や地方の特産品を贈るのだから、与力の懐はふくらむばかりだ。当時、贈収賄はご法度ではなかったから、いくらもらおうが問題はなかったのである。

「一宿一飯」の恩義にあずかるための渡世人の掟とは？

江戸時代には、任侠の世界に生きる「渡《と》世人《せいにん》」と呼ばれる人たちがいた。大前田英《おおまえだえい》五郎《ごろう》、新門辰五郎《しんもんたつごろう》、清水次郎長《しみずのじろちょう》、国定忠《くにさだちゅう》治《じ》らは、いずれも渡世人の親分たちだ。

テレビドラマの木枯らし紋次郎もたえず旅をしていたように、渡世人には旅がつきものだった。渡世人の旅は、時代劇では諸国漫遊の冒険活劇のように描かれがちだが、現実はそんな派手なものではなかった。

渡世人の旅の多くは、地元で不始末をしでかしたあとの、ほとぼりがさめるまでの逃避行だったのだ。

そんな渡世人の旅だけに、そこには厳しい掟《おきて》が存在した。

旅に出た渡世人は、同じ渡世人の元に厄介になる。渡世人どうしの約束で、午後四時以降に渡世人の訪問を受けたら、地元の親分は一宿一飯の世話をしなければならない。これで、渡世人は宿と食事を確保できるが、それ以上の歓迎はない。また、客として、ルールを守らなければならない。

渡世人は、まず玄関の敷居で笠を脱ぎ、右手拳を敷居について「御免なさい」とやる。

家の者は「旅人お出でなさいました」と返すから、そのあと定型のやりとりをしたあと、「かよう不様にて失礼ですがお控えなさい。自分のことは～」と仁義を切る。

このとき、言い損ねたり、詰まったりしたら、相手にされなかったという。

また、夕食の「おかわり」にも制限があった。〝一宿一飯〟とはいえ、二膳目まではOKだったが、三膳目を食べることは許されなかった。いくら勧められても「体の調子が悪いので」と辞退するのがルールだった。

こうした掟を破ると、たちまち追い出されたという。

【付章】

60分でつかめる日本史の「見取り図」

ここでは、日本の歴史の大きな「流れ」を大胆につかんでみよう。「古代」「中世」「近世」「近代」という四つのパートを通して読めば、縄文時代から現在の日本が置かれた状況まで、スッキリ整理できるはずだ。

1 日本の「古代」を15分で総ざらいする！

なぜ、時代は変わり、クニが生まれたのか？

縄文時代／弥生時代

いまより数万年ほど前、地球はいわゆる氷河時代にあり、海面が低下し、日本列島は大陸と地続きになっていた。大陸から、マンモスやナウマン象が日本列島に渡り、それを追って人類も日本列島に渡ってきた。

氷河期が終わり、地球が温かくなると、海面が上昇、日本列島は大陸と切り離された。そこから、日本列島に住む民は、大陸と異なる独自の文化を形成していくことになる。

そうして、約一万二〇〇〇年前（諸説あり）から**縄文時代**がスタートする。縄文時代という名は、縄目の入った独特なスタイルの土器名に由来する。縄文人たちはその**縄文土器**

を使い、**竪穴式住居**《たてあな》に住みはじめた。初期の主食はドングリやトチ、クリの実で、中期にはイモやヒエの焼畑農業も始まった。

縄文時代を代表する遺跡は青森県の**三内丸山遺跡**《さんないまるやま》である。そこには数百人規模の集落があり、高さ一五メートル程度の建物や広場のほか、ゴミ捨て場や墓場もあったとみられる。

その後、縄文時代は一万年以上続き、同時代の末期に**稲作**が始まる。稲作の起源は、インド北部のアッサムとも中国の雲南地方ともいわれるが、それが長江流域に移り、やがて日本にも伝わってきた。縄文時代後期の遺跡からは、モミの痕跡物が発見されている。

この長く続いた縄文時代は、紀元前三世紀頃になると日本列島の多くの地域で終わりを告げ、**弥生時代**が始まる。縄文から弥生へと時代を変えた原動力は、稲作の拡大である。

稲作が広まったことによって、日本人の食糧事情は劇的に変化し、米から大きなカロリーを得られるようになった。また、稲作には大勢の人々が協力しあうことが必要であり、そこから各地に**ムラ**が生まれた。しかし、それはムラ同士の争いを生み、金属器（武器）が普及しはじめていたこともあって、激しい戦いが頻発するようになる。弥生時代のムラが濠を周囲にめぐらすなど、防御的な機能を備えているのは、そのためといわれる。

やがて、多数のムラが誕生、ムラどうしが連携し、あるいは支配・被支配関係が生じることによって、**クニ**が生まれる。卑弥呼の邪馬台国も、そのようなクニのひとつだった。

邪馬台国
卑弥呼って、そもそもどんな女帝だった？

日本という国について初めて文字で記録したのは、日本列島の人々ではなく、古代中国の各王朝だった。まず、後漢王朝の学者・班固の『漢書』地理志によれば、紀元一世紀ごろ、倭人（日本人）の国は百余りに分かれていたとある。

また『後漢書』東夷伝には、倭の**奴国**《なこく》の王による使者が貢ぎ物を持って、後漢の都・洛陽を訪れ、光武帝から印綬をさずかったとある。印綬を受けるということは、中国に朝貢していたことを表している。そのころの日本の小さな国は、すでに文明を築いていた中国の王朝に服属しようとしていたのである。

古代中国王朝の文献のなか、日本でもっともよく知られているのは、『魏志』倭人伝だろう。『魏志』倭人伝には、二世紀末から三世紀にかけての日本の様子が、約二〇〇〇字にわたって描かれている。

それによると、倭国は二世紀の末から戦乱状態となった。その戦乱を解決すべく、擁立《ようりつ》されたのが、**邪馬台国**の女王・**卑弥呼**である。多くの国は、共同で卑弥呼を女王と奉り、卑弥呼を崇めることで平和を得た。

ただ、卑弥呼は絶対的な権力をもつ女帝だったわけではない。『魏志』倭人伝に、卑弥呼は「鬼道《きどう》を事として、よく衆を惑わす」とあるように、彼女は神と交信する巫女《みこ》のような存在であり、連合のシンボルとして位置づけられていたようだ。実際の政治は弟が行い、彼女は巫女であるがゆえに結婚することもなかった。

卑弥呼は、二三九年に中国の魏王朝に使者を出し、魏の皇帝に奴隷などを献上している。その見返りが「親魏倭王」の称号である。

卑弥呼の死後、男王が立つと、ふたたび倭国は乱れた。混乱を収拾すべく、卑弥呼の一族である**壹与**《いよ》（台与《とよ》ともいう）を女王とした。これにより、乱は治まったとあるので、当時の邪馬台国では政治と呪術が密接につながり、男性ではなく、女性をトップに据えることで平和を保っていたことがわかる。

なお、邪馬台国の所在地については、『魏志』倭人伝の記述をどう読むかで異なってくる。北九州説もあれば畿内説もあり、いまだ結論は出てはいないが、近年は畿内説が有力になってきている。

巨大古墳の時代

ヤマトの大王は、実際どのような権力を手にしていた？

卑弥呼の邪馬台国がどこにあったかはともかくとして、三世紀後半から近畿を中心に巨大な勢力が誕生したことは確かである。**ヤマト王権**（かつては大和朝廷と呼ばれていた）が確立し、勢力を保ちつづけたのである。

ヤマト王権の大王たちは、巨大な古墳を建造したことで知られる。日本最大の古墳である大阪府堺市の**大仙陵古墳**（大山古墳、大仙古墳ともいう）の長さは四八六メートルもある。大仙陵古墳は、かつては仁徳天皇陵とされていたが、いまは仁徳天皇の墓ではなく、別の大王の墓と考えられている。

大仙陵古墳の築造には、のべ六八〇万人が動員されたと試算されている。一日に二〇〇〇人を動員しても、築造に一〇年以上かかる計算になる。

ヤマトの大王はそれだけの強権を誇っていたわけで、その力は国外にも向けられた。ヤマト王権は、朝鮮半島に軍勢を送り込み、強国化しつつあった高句麗《こうくり》と戦っている。

それは、中国吉林省集安市にある**広開土王（好太王）の碑文**に記録されている。三九一年、倭国（ヤマト王権）の軍が海を渡り、高句麗と戦ったとあるのだ。

当時の朝鮮半島では、南方で新羅《しらぎ》と百済《くだら》が勃興、北方では高句麗が南満州にかけて盛んであった。新羅、百済、高句麗の戦いに、ヤマト王権は首をつっこんでいたのである。

ただ、ヤマト王権の朝鮮半島への介入は、やがてジリ貧となる。ヤマト王権は失地を回復するため、対新羅の軍勢を送り込もうとするが、それを嫌がった筑紫国造磐井《いわい》が五二七年に反乱を起こす（**磐井の乱**）。ヤマト王権はしだいに朝鮮半島での基盤を失い、ついには撤退を余儀なくされることになる。

遣隋使

七世紀のヤマト王権が本格的な外交を開始したのは？

六〇〇年、ヤマト王権から**遣隋使**が派遣された。それは、ヤマト王権が北東ユーラシアの変化に乗り遅れまいとする一大イベントだった。

後漢の滅亡後、中国大陸では何世紀も戦乱がつづき、統一政権が生まれなかった。五八九年、ようやく隋が中国を統一、北東ユーラシアに新たな秩序が生まれた。日本も、隋を中心とする国際情勢の変化に対応するため、遣隋使の派遣を決断したのである。

ただ、その第一回の遣隋使（日本側の文献にはなく、中国側の文献にのみ登場する）は、不発に終わっている。隋の始祖である文帝が、遣隋使を外交ルールを心得ない者たちとみなし、国の代表として扱ってもらえなかったのだ。

そこで、六〇七年、ヤマト王権は、あらためて小野妹子を遣隋使として派遣する。第一回から二回の間には、**冠位十二階の制**や**憲法十七条**が定められ、国家としての体裁を整える作業が急がれた。

なお、冠位十二階の制と憲法十七条は**聖徳太子（厩戸皇子《うまやど》）**の功績として知られるが、近年の研究では、聖徳太子の関与は疑問視されるようになってきている。さらには、聖徳太子の存在そのものが後世の創造という「聖徳太子＝幻説」も浮上してきている。

いずれにせよ、小野妹子はそれなりに文明化した身なりと外交儀礼によって、隋の帝王・煬帝《ようだい》との会見にこぎつける。しかし、この第二回遣隋使は、煬帝を怒らせてしまう。

隋に宛てた国書の中に、「日出づる処の天子、書を日没する処の天子に致す。恙《つつが》無きや」という文言があった。それが、煬帝には尊大な文書に映ったのだ。そのとき、ヤマト王権にどのような意図があったかは不明である。それでも、煬帝は小野妹子を受け入れ、遣隋使は成立した。隋は当時、強大化する高句麗と敵対していたので、倭国との関係を悪くして、倭国を高句麗側に追いやることを恐れたのだ。

その後、隋が滅び、唐が興ると、遣隋使は**遣唐使**に変わり、長くつづいていく。倭国（日本）は、遣唐使によって大唐帝国から政治システムや文化を吸収し、奈良・平安前期の政治・文化を築きあげていく。

九世紀の末、菅原道真の提案により、遣唐使は廃止された。そのころには、唐はすでに衰退期に入り、渡航のコストや危険に見合う見返りが乏しくなっていた。また、日本と唐の間では、すでに民間船が往来するようになっていて、政府の使節は不要になっていたのだ。

乙巳の変

「乙巳の変」と「大化の改新」の違いは何？

六四五年、古代日本における最大級のテロ事件、**乙巳《いっし》の変**が起きる。事件後に進められたとされる改革が、いわゆる**大化の改新**である。

乙巳の変以前、日本では蘇我氏が権力を独占していた。崇峻《すしゅん》天皇は、それに不満を抱いて対抗しようとするが、蘇我氏によって暗殺される。

蘇我氏の専横に対して、**中大兄皇子《なかのおおえのおうじ》**（のちの**天智天皇**）や**中臣鎌足《なかとみのかまたり》**らが立ち上がり、蘇我入鹿《いるか》を暗殺。蘇我入鹿の父・蝦夷《えみし》を自殺に追い込み、蘇我氏の本宗家は滅亡する。

その後、皇極天皇が退位して、弟の孝徳天皇が即位。改新の詔《みことのり》が出され、日本は中国の唐王朝を手本とした中央集権的な律令国家を目指した――と『日本書紀』などにはある。

改新の詔では、土地制度の改革に主眼が置かれた。王族や豪族による土地の私有を禁じ、**公地公民制**を構想した。さらに、戸籍をつくり、**班田収授法**《はんでんしゅうじゅのほう》を行うとされた。

以上が、従来語られてきた大化の改新のあらましだが、近年ではそのような『日本書紀』などの記述に対して、さまざまな疑義が投げかけられている。

第一には、蘇我氏と中大兄皇子らとの間に、どのような政治的対立、確執があったのか、よくわからないことだ。

さらに、テロ事件後、本当に大化の改新と呼ばれるような改革が行われたかどうかも、疑問視されている。大化の改新を伝える主要史料は『日本書紀』であり、同書には、大化の改新を進めた孝徳天皇の時代に出されたとされる詔文が記録されているのだが、それが本当に孝徳天皇の時代のものなのかどうか、真偽不明なのだ。

実際のところ、大化の改新が目指した律令体制が進められたのは、この時代ではなく、三〇年近くのちの天武天皇の時代からなのだ。

それでも、乙巳の変が後世に大きな影響を及ぼしたことはたしかで、その影響の一つに

藤原氏が浮上したことがある。中大兄皇子の仲間だった中臣鎌足は、のちに藤原氏に改姓、彼の子孫である藤原氏は、やがて天皇家の外戚として権力を欲しいままにする。その意味では、乙巳の変は、蘇我氏の権力独占から、藤原氏の権力掌握への転換点だったことになる。

白村江の戦い／壬申の乱
同じ時期に大戦争が続いたのは？

七世紀後半の日本は国内外で、二つの大きな戦争を経験した。一つは、朝鮮半島での**白村江の戦い**、もう一つは内戦の**壬申《じんしん》の乱**だ。いずれの戦いにも、天智天皇（中大兄皇子）が深く関係している。

まず、白村江の戦いは、朝鮮半島の情勢変化に対応して出兵したうえでの敗戦だった。それ以前、日本は、百済と親密な外交関係を結んでいたのだが、その百済が唐王朝と新羅の連合によって滅ぼされる。百済の王子・豊璋《ほうしょう》は、日本に百済の復興を依頼、それを受けて日本は朝鮮半島への出兵を計画する。

中心となったのは、大化の改新の主役とされる中大兄皇子である。皇子は六六一年、母である斉明天皇とともに筑紫にまで軍を進め、渡海の準備をする。その地で斉明天皇が崩御したため、天皇不在のまま、日本軍は渡海した。しかし、六六三年、待ち構えていた唐・新羅の連合軍に、白村江で完敗を喫した。

その敗戦で、日本は危地に陥った。勢いに乗る唐・新羅連合軍の日本列島侵攻が予想されたため、中大兄皇子は本土防衛に力を注がねばならなくなった。九州には防人《さきもり》を置き、筑紫には水城《みずき》という防衛拠点を築いた。加えて、それだけでは都の防衛が不十分であると見て、近江の**大津宮**に遷都した。

中大兄皇子は、敗戦から五年後の六六八年になってようやく天智天皇として即位、天皇不在という異様な時代は終わりを告げた。

その後、唐と新羅が仲違いをして、日本は国際的な危機からは脱した。しかし、こんどは内戦が勃発する。六七一年、天智天皇が没すると、後継者争いが起きたのだ。いわゆる壬申の乱である。

天智天皇は、長子の大友皇子を後継者としていたが、天智天皇には**大海人皇子**《おおあま》(のちの**天武天皇**)という弟がいた。天智天皇が没すると、大海人皇子は挙兵し、東国の軍勢を集めて、大津宮を目指した。

大友皇子は、西国の軍勢を集めて対抗しようとしたが、大海人皇子が勝利、六七三年、天武天皇として即位した。敗れた大友皇子は、自殺した。

大宝律令／平城京遷都

なんのために、律令や都をつくった？

天武天皇の時代に、日本は**律令国家**体制を整備していく。それまでは、豪族の寄り合い所帯のような政権だったが、天武天皇は、天皇を中心とする統治体制や法、そして大規模な都をもつ国家への脱皮をめざしたのである。

天武天皇は、唐王朝の都を模した本格的な都城・**藤原京**の造営に着手、没後の六九四年に藤原京は完成した。また、貴族を序列化するため、**八色《やくさ》の姓《かばね》**を定めている。

天武天皇は六八六年に崩御するが、天武天皇の遺志はその妻である持統天皇に受け継がれた。持統天皇は飛鳥浄御原《きよみはら》令を施行、庚寅年籍という戸籍を完成させた。

持統天皇がその後、孫である文武天皇に皇位を譲るなか、律令国家体制は仕上がっていく。大宝元年（七〇一）には**大宝律令**、養老二年（七一八）には**養老律令**ができあがる。また、本格的な都城として、藤原京を上回る**平城京**が、和銅三年（七一〇）に完成した。奈良時代が始まったのである。

こうして、日本は国家として体裁を整えていくが、それは隋・唐帝国という中国王朝の物真似だった。当時の日本は、ひたすら中国の政治システムや文化を吸収し、中国に追いつこうとした。

この、日本が律令国家を目指す過程で台頭したのが、**藤原不比等**《ふひと》である。不比等は、天智天皇の片腕だった藤原鎌足の子であり、娘の宮子を文武天皇の后とした。藤原不比等は律令国家づくりに貢献する一方で、父・鎌足が打倒した蘇我氏と同じく、天皇の外戚という地位を手にする。

以後、婚姻と出産によって、天皇家との結びつきを強めていく手法は、その後の藤原氏による権力独占のモデルになっていく。

飛鳥文化／白鳳文化
日本が国になっていく時代に栄えた「文化」は？

蘇我氏が全盛期を築いた飛鳥時代、そして天武天皇・持統天皇の時代は、日本で本格的な文化が栄えはじめた時代でもある。

飛鳥時代の文化は**飛鳥文化**、天武天皇・持統天皇時代の文化は**白鳳文化**と呼ばれる。共通するのは、ともに中国渡来の文化を取り入れ、とりわけ仏教文化が隆盛を誇った点である。

まず、飛鳥時代には、本格的な寺院建築が始まった。権力者たちは、仏教のすばらしさを知らしめ、また自らの権力を誇示するために、巨大かつ荘厳な建築物を必要とした。そこで、蘇我氏をはじめ有力豪族が競うように自らの氏寺を建てた。そのうち、現代なお、創建時に近い姿をとどめているのは、聖徳太子の法隆寺である。

白鳳時代に入っても、仏教文化は栄えつづける。薬師寺の東塔は、その時代の最高傑作とされる建築物だ。すぐれた絵画も多数生まれ、法隆寺金堂壁画や高松塚古墳壁画などがよく知られている。法隆寺金堂壁画には、インドのアジャンター石窟群の壁画や中国の敦《とん》煌《こう》石窟の壁画の影響が見られ、日本への仏教伝来ルートを垣間見ることができる。

白鳳時代は、言葉と文字による文化が本格化した時代でもあった。天武天皇は国史の編纂事業をはじめ、約三〇～四〇年の歳月を経て、奈良時代に完成する。まず、和銅五年（七一二）に稗田阿礼《ひえだのあれ》と太安万侶《おおのやすまろ》によって**『古事記』**が完成、つづいて養老四年（七二〇）に舎人《とねり》親王らによって**『日本書紀』**ができあがる。

そのうち、『古事記』は国の始まりから神武天皇、日本武尊《やまとたけるのみこと》らの活躍を語り、推古天皇の時代で終わっている。『日本書紀』は、中国の歴史書を真似て編年体で書かれ、持統天皇の時代までが記されている。

仏教興隆

聖武天皇が大仏造立を決意したきっかけは？

八世紀の大半は、平城京を都とする**奈良時代**である。その奈良時代を象徴する大イベントが、**東大寺の大仏造立**だった。

奈良時代を代表する天皇・聖武天皇は、仏教を篤く信仰していた。仏教は、蘇我氏全盛の時代、すでに盛んになっていたが、奈良時代になると、国家宗教の色合いがより濃厚になった。仏教を信仰すれば、国家が守られるという**鎮護国家思想**が国家運営の基礎におかれたのだ。

その推進者である聖武天皇は、仏教を隆盛させることを最優先の国策とし、各地に**国分寺**や**国分尼寺**《にじ》を建立した。

そして、都の奈良には、東大寺と大仏が造立された。当時は、中央ユーラシアから北東ユーラシアにかけて、大仏造立がブームのようになっていた。聖武天皇はそのブームに乗って、唐の大仏に迫るサイズの大仏を目指したのだ。

東大寺の大仏は、天平勝宝四年（七五二）に完成する。大仏の開眼供養の儀式には、唐やインドから僧が来日し、国際色豊かな儀式が執り行われた。

仏教という世界宗教に裏打ちされた奈良時代が、国際色豊かな時代だったことは、東大寺正倉院の宝物からもわかる。西アジアや南アジアの影響を受けた文物が、聖武天皇に献上され、いまも正倉院に収蔵されている。

道鏡の登場
稀代の怪僧はいったい何を狙っていた？

奈良時代中期、聖武天皇は仏教による鎮護国家を図ったが、仏教は国家の安定をもたらさなかった。奈良時代は、内乱が相次ぐ時代だったのだ。

天平一二年（七四〇）には、大宰府の藤原広嗣《ひろつぐ》が挙兵し、大きな争乱が勃発した（**藤原広嗣の乱**）。聖武天皇は動揺して平城京を放棄、以後、恭仁《くに》京、難波京、紫香楽《しがらき》京と都を転々と移す。天平宝字元年（七五七）には、**橘《たちばなの》奈良麻呂《ならまろ》の乱**が起きた。

奈良中期の政治が混乱した背景には、僧・**道鏡**《どうきょう》の存在があった。聖武天皇の娘である孝謙太上天皇は、僧・道鏡に籠絡《ろうらく》され、道鏡の意のままに動くようになった。

それ以前、政治の中心にあったのは、**藤原仲麻呂**である。彼は、橘奈良麻呂の乱を平定し、天皇から恵美押勝《えみのおしかつ》という名を賜るほどの地位にあったが、道鏡の登場よってその地位が揺らいだ。藤原仲麻呂は天平宝字八年（七六四）、孝謙太上天皇と道鏡打倒の兵を起こすが、その挙兵は失敗し、殺害される。

その後、孝謙太上天皇は、称徳天皇としてふたたび天皇に即位、道鏡をさらに寵愛する。道鏡は法王という天皇に準じる地位を手に入れ、天皇の座まで狙ったとされるが、和《わ》気清麻呂《けのきよまろ》らに阻まれたと伝えられている。宝亀元年（七七〇）、称徳天皇が没すると、道鏡は後ろ楯を失い、追放された。

というように、内乱、政治的混乱が相次いだ奈良時代は、土地制度が大きく変化した時代でもあった。律令政治が目指した公地公民制は現実に則したものではなかったので、すぐに崩れはじめたのだ。

そこで、養老七年（七二三）には**三世一身法**、天平一五年（七四三）には**墾田永年私財法**が出されて、土地私有化の道が開かれた。公地公民制は建前上のものとなり、貴族や大寺院は大規模な開墾をはじめ、その田は**荘園**と呼ばれるようになった。荘園は、平安時代になると、さらに広がっていく。

平安京遷都

桓武天皇はなぜ新たな国づくりを模索した？

桓武天皇は、奈良時代末期に即位すると、新たな国造りを模索する。まずは、遷都である。延暦三年（七八四）、桓武天皇は奈良から京都の**長岡京**に遷都する。

その遷都にあたって、中心人物だった藤原種継《たねつぐ》が暗殺されるという事件が起きた。皇太子であった早良《さわら》親王は、関与を疑われ、追放される途中で自ら食を絶って息をひきとった。

桓武天皇は、早良親王の祟りを恐れて、延暦一三年（七九四）、こんどは長岡京の北東、**平安京**に遷都する。それが、以後、約四世紀もつづく平安時代の始まりとなる。

桓武天皇が平城京を捨てて、新たな都に移ったのは、奈良の仏教勢力の政治介入を嫌ったからといわれる。桓武天皇は、平城京の有力寺社が政治に口出しすることに危機を感じていた。そこで、桓武天皇は、有力な仏教勢力のいない場所に、新たな都を建設しようとしたのだ。

桓武天皇のもう一つの政策は、対蝦夷《えみし》戦の遂行である。当時、東北には蝦夷と呼ばれた人々が暮らし、中央政府から独立した生活を営んでいた。朝廷としては、彼らを服属させたいと考えていたが、蝦夷はそれを嫌い、対立状態が生じた。桓武天皇は、蝦夷問題を解決するため、中央から今の東北地方へ大軍を送り込んだ。

だが、蝦夷は強敵だった。当初は族長・阿弖流為《あてるい》の軍に完敗。その後、坂上田村麻呂の活躍によって勝利する。**坂上田村麻呂**は阿弖流為を帰順させ、これによって朝廷の勢力範囲は、いまの岩手県あたりにまで広がった。

桓武天皇の政策は一応の成功をおさめたものの、平安京の造営と対蝦夷戦は国庫を傾けることになった。結局、対蝦夷戦は中止、平安京の造営も途中で終わっている。

また、平安京遷都への反発を原因として、**藤原薬子《くすこ》の乱**が起きた。桓武天皇の死後、平城《へいぜい》天皇は弟の嵯峨天皇に譲位したが、藤原薬子に操られ、平城京への再遷都を図ったのだ。嵯峨天皇は蝦夷戦の勇者・坂上田村麻呂を起用して対処し、混乱を収拾した。

最澄と空海

二人が日本に築いた新たな宗教世界とは？

平安遷都からまもなく、仏教界に二人の巨人が現れる。**空海**と**最澄**である。空海と最澄は、ともに平安遷都から一〇年後の延暦二三年（八〇四）、遣唐使船に乗って中国大陸に渡り、最新の仏教を持ち帰った。

彼らが持ち帰った仏教は、奈良仏教とは異なるものであり、奈良仏教を嫌って遷都した桓武天皇は、新たな仏教を新鮮な思想として受け入れた。桓武天皇は空海と最澄を保護し、二人は日本に新たな宗教世界を築いていく。

まず、最澄は、唐で法華経を中心とする天台の教えを受けて帰国、比叡山延暦寺を根拠地に**天台宗**を開く。

つづいて、空海が唐より帰国、密教を持ち帰り、**真言宗**を開く。密教は、当時の日本にはなく、最澄も十分に学んでいなかった。

空海の真言宗は、独特の神秘性を持ち、加持祈禱《かじきとう》に現世利益や救済の側面があったことも、人々を引きつけ、最澄の天台宗を人気で上回った。最澄は早くに帰国したため、密教を取り込む時間がなかったのだ。

最澄と空海は当初は仲がよかったが、空海が密教ブームの主役になると、最澄が反発して疎遠となり、やがて両者は敵対関係となっていく。最澄ものちに密教を取り入れ、彼の根拠地・延暦寺は日本仏教の中心地になっていく。

空海、最澄が生きた時代から九世紀の末ごろまでは、「**弘仁・貞観文化**」と呼ばれる。

その特徴は密教文化の影響を受けていることで、曼荼羅《まんだら》が多数制作された。

また、遣唐使が続いていたので、唐風文化がもてはやされた。唐風の書が人気を集め、嵯峨天皇、空海、橘逸勢《はやなり》が「三筆」と讃えられた。

藤原氏の栄華

摂関政治の時代ってどんな時代?

平安時代は約四世紀間つづくが、その半分、約二世紀にわたって、権勢を誇ったのが藤原氏である。

なかでも、**藤原北家**は、**摂政**と**関白**の地位をほぼ独占、天皇に代わって政治を取り仕切った。その時代の政治は、**摂関政治**と呼ばれる。

藤原氏が権力を独占できたのは、巧みな婚姻策で天皇の外戚となったからである。まず、藤原氏を代表する実力者が、娘を天皇に嫁がせる。娘と天皇の間に子が生まれると、その子が皇太子となる。彼がやがて天皇となれば、藤原氏はその天皇に大きな影響力をおよぼすことができる。

とりわけ、幼少の天皇は政務をとることができないので、天皇に代わって外戚である藤原氏の長が摂政・関白となって、政治を動かした。
この外戚政治の原型を発明したのは、前述したように藤原鎌足の子・不比等である。不比等は娘を天皇に嫁がせ、聖武天皇は彼の孫にあたった。藤原氏が有力貴族のなかで特別な地位にありつづけたのも、不比等の時代に天皇家の外戚の地位を得ていたことが大きかった。

平安時代にはいっても、藤原氏は不比等の手法を踏襲しつづける。さらに巧妙化したのは、天皇の外祖父が摂政、関白という公式の政治的地位に就いて、その地位を磐石なものにしたことだ。

また、他家の有力貴族が台頭してくると、藤原氏は彼らに罠を仕掛け、左遷した。「学問の神様」として知られる菅原道真も、藤原氏の陰謀によって排除された者の一人である。

藤原氏の栄華は、**良房**にはじまって**基経**、**時平**、**忠平**、**兼家**、**道隆**、**道長**、**頼通**《よりみち》とつづく。永遠に続くかに見えた栄華が終わるのは、藤原頼通の末期からである。藤原頼通が天皇家に送り込んだ娘に子供が生まれず、藤原氏は外戚の地位を失ったのだ。

そこから天皇家の逆襲が始まり、**院政**の時代を迎え、以後、藤原氏がかつての栄光を取り戻すことはなかった。

承平・天慶の乱

武士は、どうやって成長したのか?

平安京で藤原氏が権勢をふるっていた時代、地方が平穏に治まっていたかというと、そうではなかった。一〇世紀中頃には、**承平・天慶《てんぎょう》の乱**という大乱が東西で勃発した。

承平年間(九三一〜九三八)、父の遺領をめぐり、一族と争っていた**平将門《まさかど》**が、天慶二年(九三九)に関東で反乱を起こし、その一方、瀬戸内では**藤原純友《すみとも》**が海賊を率いて反乱を起こしたのだ。

平将門は関東に独立国を築こうとし、自ら「新皇《しんのう》」と名乗った。一方、藤原純友は大宰府を襲い、そこを根拠地にした。

二つの乱はともに鎮圧され、平将門は戦死、藤原純友は処刑されたが、東西でほぼ同時に起きた内乱に中央政府は震撼した。

平将門の乱の背景には、地方で土地をめぐる争いが頻発していたことがある。地方にも有力な豪族が生まれ、彼らは朝廷や中央の貴族に土地所有の保証を求めたが、中央は彼らの要求をうまくさばけなかった。

中央をあてにできないため、豪族らは自ら武装し始め、それが**武士**のルーツのひとつとなる。

武士たちはやがて棟梁（ボスとなる存在）を求めはじめる。棟梁にまつりあげられたのは、名族の血をひきながら、地方に下った者たちであり、天皇家の血をひく源氏と平氏がその代表となった。源氏も平氏も地方の中心勢力として、武士を束ねていく。

源氏の存在をより大きくしたのは、一一世紀後半に起きた**前九年の役**と**後三年の役**である。当時、東北地方の日本海側は清原氏、太平洋側は安倍氏が治めていたのだが、まずは安倍氏が乱を起こす。それが前九年の役で、源頼義・義家父子が清原氏の助けを得て、安倍氏を滅ぼした。

その後、清原一族の内紛から、後三年の役が起きる。そのさいにも、源義家が出陣、清原清衡《きよひら》の協力を得て乱を終息させた。

これにより、東国の武士団の間では、源義家の声望が大きく高まり、源氏は東国を根拠地とするようになった。

また、源義家を助けた清原清衡は、藤原清衡と改名し、平泉を中心に奥州に一大勢力を築く。それが、平泉の中尊寺などを築き、後には源義経をかくまうことになる**奥州藤原氏**である。

国風文化

この時代に傑作文学がいくつも生まれたのは？

平安時代の王朝文学を代表する作品に、**紫式部**の『**源氏物語**』がある。『源氏物語』は華麗なる恋愛絵巻であるとともに、世の無常を感じさせる文学でもある。同時代に、**清少納言**は随筆『**枕草子**』を残し、藤原道綱母は『**蜻蛉日記**《かげろうにっき》』、菅原孝標女《たかすえのむすめ》は『**更級日記**《さらしなにっき》』という日記文学を著した。

これらの傑作文学は、作者が女性であり、ひらがな主体で書かれたところに共通点がある。

平安中期以降の文化は、「**国風文化**」と総称される。奈良時代、平安初期の文化は、唐文化の影響下にある唐風文化だった。紫式部の時代（一〇世紀後半）には、唐風文化を咀《そ》嚼《しゃく》し、日本に合うスタイルに進化させていたのだ。その国風文化のもと、ひらがなを自由に使うことを許された女性たちによって、国文学が隆盛したのである。

和歌も盛んになり、延喜五年（九〇五）には、最初の勅撰和歌集『**古今和歌集**』が、**紀貫之**らによって編集された。

国風文化は、またの名を藤原文化ともいう。紫式部、清少納言らの活躍の背景にも、藤原氏の存在があった。

藤原氏は、娘を天皇の妃とすることで権力を握ったが、娘を天皇の妃とするには、教養を身につけさせなければならなかった。紫式部も清少納言も、もとは藤原氏が娘たちの家庭教師として雇った才女たちだったのである。

院政のはじまり
天皇家が藤原氏から権力を奪還できた理由は？

藤原氏の栄華の時代を終わらせたのは、**院政**である。それは、ふとした偶然から始まった。時の最高権力者・藤原頼通は、娘・寛子を後冷泉《ごれいぜい》天皇に入内《じゅだい》させていたが、二人の間には子ができなかった。

そのため、後冷泉天皇が崩御《ほうぎょ》すると、藤原氏を外戚としない後三条天皇が治暦四年（一〇六八）に即位する。

天皇家はこのタイミングを逃さなかった。後三条天皇は政治の実権を握り、延久四年（一〇七二）には実子の白河天皇に譲位する。

このとき、後三条天皇は院庁を設置、院政の構想を持っていたが、すぐに崩御。後三条天皇自身は、院政の実行がかなわなかった。

院政の構想は、白河天皇に受け継がれる。白河天皇は応徳三年（一〇八六）に堀河天皇に位を譲り、自らは上皇となった。

天皇の座を退いた上皇や法皇が、天皇を後見するという名目で政治の実権を握りつづけるという院政の始まりである。

院政によって、藤原氏は天皇家とのつながりが薄くなり、力を失っていく。一方、天皇家は、天皇時代はあまり力を持たないが、次の天皇に譲位し、上皇となることで、天皇家の長として大きな権力をふるった。上皇が出家して**法皇**になり、法皇として統治することもあった。

院政時代は、平清盛が台頭してくるまで、約一世紀の間つづくことになる。

院政の時代、都で力を大きく伸ばしたのは、武士である。上皇は護衛として源氏、平氏の武士を登用、また院の御所には**北面《ほくめん》の武士**を置いた。

院政は、藤原氏をはじめとする貴族の時代を終わらせるものだったが、天皇家内に波乱の種をまく原因にもなった。やがて、天皇と上皇が対立する事態を招き、内乱を誘発することになる。

平清盛の時代

平氏の実力は、どの程度だったのか？

一二世紀半ば、平安京ではたてつづけに内乱が起きた。**保元《ほうげん》の乱**と**平治の乱**である。この二つの戦いは、天皇家と藤原家の内紛にからんで、**源氏**と**平家**が入り乱れて争った戦いだった。

保元・平治の乱では、源氏・平氏の武士が、天皇家や藤原家の各勢力に味方して戦った。まず保元の乱では**崇徳《すとく》上皇**と**後白河天皇**が対立したが、後白河天皇方を勝たせたのは、**源義朝**（頼朝の父）と**平清盛**である。これによって、源氏・平氏の武力が天下に知れわたった。

三年後の平治の乱では、源義朝の軍勢と平清盛の軍勢が戦うことになった。勝ったのは平清盛で、敗れた源氏は、義朝は命を落とし、その子・頼朝は一命は助けられたが、伊豆に流された。

後白河法皇は、二つの乱を勝ち抜いた平清盛を取り立てざるをえなくなった。平清盛は、武家として初めて太政大臣にまで出世、国政を掌握する。

平清盛は権力を掌握すると、海外貿易に力を入れた。当時、中国南部には南宋王朝があって、豊かな商業帝国を築いていた。平氏は、清盛の父・平忠盛の時代には、すでに南宋貿易を始めていた。平清盛は、南宋貿易をさらに拡大するため、航路の安全を図り、瀬戸内海の音戸《おんど》の瀬戸や大輪田泊《おおわだのとまり》（いまの神戸市）を修築した。平清盛が目指した国造りは、貿易・海運を主軸とした商業帝国だったといえる。

その一方で、平清盛は娘・徳子を高倉天皇に入内させた。その子が安徳天皇であり、平氏は天皇家の外戚となった。そうした手法は貴族的であり、全国の武士の完全な代弁者にはなりえなかった。それがやがて平氏が武士勢力から見放される一因になる。

源平争乱

どのような戦いが繰り広げられたのか？

平氏政権に反発する貴族や武士は、やがて打倒平氏を画策する。治承四年（一一八〇）には、後白河法皇の子・**以仁王**《もちひとおう》と源頼政が挙兵するが、これはあっさり鎮圧される。ただし、それは戦乱の序曲にすぎなかった。そこから**治承**《じしょう》**・寿永**《じゅえい》**の内乱**、俗にいう**源平合戦**が始まる。

反平家勢力の主役となったのは、**源頼朝**である。源頼朝は、前九年の役・後三年の役で、東国武士の声望を集めた源義家の直系の子孫。全国の源氏を代表する人物であり、打倒平氏のためにかつぐには、棟梁として最もふさわしい血筋の人物だった。以仁王の平氏打倒の命は、頼朝の元にも届いていた。

当時、源頼朝は伊豆に配流《はいる》の身であったが、妻の父・**北条時政**の支援を得て、挙兵する。緒戦の**石橋山の戦い**で敗れ、逃亡するが、その敗北で源頼朝の声望は落ちるどころか、兵を挙げたことで一気に高まる。源頼朝のもとには、多数の東国武士が参集し、頼朝は大軍を率いて鎌倉にはいる。その後、**富士川の戦い**で平氏の軍勢を破り、東国支配の基盤を固めた。

平氏にとって不運だったのは、地盤としていた西日本で、折悪しく大飢饉が発生、動員が思うにまかせなかったことだ。さらに、大黒柱の平清盛が養和元年（一一八一）、病死してしまう。

そして平氏の敵は、源頼朝だけではなかった。頼朝の従兄弟である**源義仲（木曽義仲）**が信濃で挙兵、**倶利伽羅峠**《くりから》の戦いで平氏軍を破り、平氏は木曽義仲に都を明け渡さざるをえなかった。

しかし、木曽義仲の軍は京都で乱暴狼藉を働くなど、都を統治する力がなかった。後白河法皇は義仲を排除するため、源頼朝に助けを求める。頼朝は弟の範頼《のりより》と義経を京都に進軍させ、木曽義仲を敗死させた。

このあと、**源義経**による平氏討伐戦が始まる。義経は**一の谷の戦い**、**屋島の戦い**で連勝し、平氏を追い詰める。

文治元年（一一八五）、平氏は**壇ノ浦の戦い**に存亡を賭けるが、ここでも義経の前に敗北、ついに滅亡した。幼い安徳天皇も、壇ノ浦の海の中に平氏とともに没した。

2 日本の「中世」を15分で総ざらいする！

鎌倉幕府の成立
源頼朝の政権はどの程度強力なものだった？

源義経が平氏を滅ぼしたあと、源氏のトップをめぐって権力争いが起きる。

平氏を打倒するにあたって、軍事的に最も活躍したのは、**源義経**である。**後白河法皇**は、最大の功労者の源義経を、その兄・**頼朝**の対抗者に仕立てようと画策する。源頼朝の力を削ぎ、あわよくば源氏の共倒れ、朝廷の復権を狙ったのだ。後白河法皇は、義経に頼朝追討を命じた。

ところが、武士たちは、後白河法皇の思うようには動かなかった。彼らは、義経ではなく、頼朝こそ源氏の長、武門の棟梁であると考え、頼朝のもとに集結。誤算を悟った後白河法皇は、今度は頼朝に義経追討の院宣《いんぜん》を与える。

この誤算によって、後白河法皇は源頼朝につけ込まれるスキを与えてしまう。文治元年(一一八五)、頼朝は後白河法皇に迫って、義経追討を理由のひとつにして、全国に守護と地頭を設置する権利を認めさせた。これにより、源頼朝は、当時の権力の源泉である土地領有を保証する権限を握ることになった。

当時は、土地の領有の裁定権こそが、権力者の力の源だった。それを考えれば、この時点で、武家の源氏が、朝廷・貴族から権力を奪取したといっていい。そこで、近年では、**鎌倉時代**は、一一九二年からではなく、この一一八五年に始まったとみる研究者が増えている。

このあと、後白河法皇の死後の建久三年(一一九二)、源頼朝は朝廷から征夷大将軍に任じられる。それは、源頼朝の権力を追認するものであったといえる。以後、武家の棟梁は、徳川幕府に至るまで、このポストを最高権力の象徴と見なすようになる。

なお、義経は頼朝との権力争いに完敗し、追われる身の上となる。義経は、奥州平泉に王国を築いていた藤原秀衡《ひでひら》を頼る。

秀衡は義経を保護するものの、秀衡が没すると、藤原氏に対する頼朝の圧力は一段と高まり、秀衡の子・泰衡《やすひら》は義経を殺害した。それでも、源頼朝は藤原氏を許さず、討伐にかかり、文治五年（一一八九）、藤原氏を滅亡に追い込む。

執権政治
北条氏はなぜ戦いつづけなければならなかったのか？

源頼朝によって生まれた鎌倉幕府だったが、源氏政権は短命に終わる。初代将軍・頼朝の没後、子の**頼家**が二代将軍になったものの、軟禁されたうえに殺害され、代わって頼家の弟の**実朝**《さねとも》が三代将軍の座につく。

その実朝も頼家の子の公暁《くぎょう》によって暗殺され、下手人の公暁も殺される。源氏の正統の血は、ここで絶えてしまう。

その背景で動いたと思われるのが、**北条氏**である。源頼朝の妻・政子は北条時政の娘であり、時政は挙兵時から頼朝を支え、実朝の時代に**執権**の地位についた。執権は将軍を補佐するナンバー2の地位であり、実朝暗殺によって源氏の血が絶えたところから、執権の北条氏が、幕政の実権を握ることになった。

北条氏は、実朝の死後は、京都から迎え入れた傀儡《かいらい》将軍を擁立。実権を掌握した。

しかし、その二重権力制度は、幕府内で凄まじい権力闘争を生むことになる。一般に、北条氏統治下の鎌倉時代はよく治まった時代とされるが、こと鎌倉の北条氏の周辺では、果てしない抗争が繰り広げられた。

北条氏は、家格がさほど高くなかったため、東国武士は北条氏に簡単には従わなかったのだ。北条氏の権力独占に反発する武家は数多く、北条氏は権力を握り続けるため、次々と登場するライバルと戦い続けなければならなかった。

承久の乱
勝敗を分けた決め手は何だった？

「鎌倉幕府の誕生＝武士による支配の時代の到来」と思われがちだが、じつはそうとは言い切れない。源頼朝が鎌倉に政権を築いた時点では、鎌倉幕府の権力がおよぶ範囲は、東国周辺に限られていた。西国では、まだ朝廷の支配力が強く、日本の東西に別々の政権があるような状態がしばらくつづいた。

その状況を変え、鎌倉幕府による全国支配を完成させた事件が、承久三年（一二二一）に起きた**承久の乱**である。

承久の乱は、後鳥羽上皇による鎌倉幕府打倒計画から始まった。その発端となったのは、三代将軍・源実朝暗殺である。源実朝は京文化に憧れ、後鳥羽上皇はそんな実朝に親近感を抱いていた。天皇は実朝に力を与えることで、間接的に鎌倉幕府をコントロールしようとも狙っていた。その実朝が暗殺され、執権・北条氏の力がさらに強まった。後鳥羽上皇は、北条氏とは相入れないと考え、執権・北条義時追討の院宣を発した。

鎌倉武士の多くは、当初、天皇家相手には戦えないと怖じ気づく。そんななか、大江広元が短期決戦論を唱える。大江はもともと京都の下級貴族であり、朝廷の脆《もろ》さをよく知っていた。さらに、北条政子が武士らを激励・叱咤し、流れは一変する。北条義時のもとに多数の武士が集まり、幕府軍は各地で朝廷軍を破り、京都を占拠した。

北条義時は、後鳥羽上皇を隠岐、順徳上皇を佐渡、土御門《つちみかど》上皇を土佐に流した。上皇が武家に流刑にされるのは前代未聞のことであり、朝廷の権威は崩れた。

さらに鎌倉幕府は、朝廷に味方した西国武士の所領を没収した。東国の武士を領主のいなくなった西国に移し、これにより鎌倉幕府は全国を支配する政権となった。京都には**六**《ろく》**波羅探題**《はらたんだい》を設置し、西国統治ににらみをきかせた。

こうして、武家による全国政権を確立した北条氏は、執権・泰時の時代の貞永元年（一二三二）に**御成敗式目**を制定する。五一カ条からなる武家の基本法であり、以後の裁判の基準となった。その法思想は、江戸時代に至るまで引き継がれることになる。

文永の役／弘安の役
最強の帝国を相手になぜ負けなかった？

鎌倉時代最大の事件といえば、モンゴル帝国軍の襲来、いわゆる**元寇**である。

一三世紀後半、モンゴル帝国はユーラシア大陸に大帝国を築いた。東アジアでは、中国北部にあった金帝国を滅亡させ、朝鮮半島にたびたび侵攻、高麗《こうらい》王朝を服属させた。フビライ率いるモンゴル（中国大陸での国号は「元」）は、高麗を通じて日本にも朝貢を求めた。一方、鎌倉幕府には外交経験がほとんどなく、モンゴルに対して頑な姿勢を取りつづける。時の執権・北条時宗は、モンゴルの国書を無視し、返書を送らなかった。モンゴルと鎌倉幕府の間には交渉というものがなく、仲介にあたった高麗は困惑するばかりだった。やがて、その高麗も日本に領土的野心を持ちはじめ、フビライは日本征討を決意する。一方、北条時宗は北九州の守りを固めた。

モンゴル帝国は、文永一一年（一二七四）と弘安四年（一二八一）の二度に渡って襲来した。それぞれの元号から、**文永の役**、**弘安の役**と呼ばれる。

文永の役では、高麗兵がモンゴル軍の主力となり、弘安の役では、その直前にモンゴルによって滅ぼされた南宋軍が主力となった。文永の役は総勢三万人、弘安の役は総勢一四万人が襲来したとみられる。

文永の役では、モンゴルは上陸して大勝利を上げるものの、すぐに退却した。モンゴルがなぜすぐに退却したのか、その理由はよくわからないが、少なくともいわゆる神風が吹いたからではないようだ。有力なのは、モンゴルはそれを既定の方針とし、日本を一撃したうえで、外交姿勢の軟化を待とうとしたという説だ。

次の弘安の役では、日本側が十分に準備を整えていたため、モンゴル軍は上陸できないまま、約一か月間も洋上にとどまることになった。そこに台風（いわゆる神風）が吹き、多くの船が沈んでモンゴル軍は撤退した。

フビライはその後も日本遠征を企図するが、内乱もあって、三度目の遠征は不発に終わった。こうして、日本は、世界最強の大帝国から国土を守ることができたのだ。

鎌倉幕府の滅亡／建武の新政
そのとき後醍醐天皇はどう動いた？

鎌倉幕府は、元弘三年（一三三三）に滅亡する。滅亡に追い込んだ主役は、**後醍醐天皇**

である。歴代天皇のなかでは、異色中の異色、最も強烈なキャラクターを誇る帝《みかど》といっていい。

後醍醐天皇が登場するころ、朝廷では皇統が二つに分かれるという事態が生じていた。**持妙院統**と**大覚寺統**であり、鎌倉幕府の助言によって、両統から交互に天皇を即位させるという両統迭立《てつりつ》がつづいていた。

後醍醐天皇は大覚寺統から即位すると、**両統迭立**をつづけるのではなく、自分の息子を天皇の座につけたいと考えた。加えて、平安初期の天皇親政を理想とし、その復活を政治目標とした。

すると、邪魔になるのは鎌倉幕府である。後醍醐天皇は、鎌倉幕府の打倒を画策しはじめる。

二度にわたる倒幕計画は失敗し、隠岐に流された後醍醐天皇であったが、話はこれで終わらなかった。

流れを変えたのは、河内を根拠地にしていた楠木正成である。楠木正成はまず赤坂城で挙兵、赤坂城落城後は千早城でふたたび挙兵した。幕府は千早城攻めに大軍を送り込むが、楠木正成の巧みな戦術のまえに苦戦、千早城をなかなか落とせない。その間に、後醍醐天皇は隠岐を脱出する。

幕府軍の思わぬ苦戦は、満天下に幕府の脆さを知らしめることになる。それが、各地の武士の中にくすぶっていた野心に火をつけた。全国で反幕府（反北条氏）の機運が高まり、挙兵が始まった。

その流れを決定づけたのは、足利高氏である。源氏の名族である彼は、幕府の命で関東を出発するが、京都に向かううちに倒幕を決意、京都の六波羅探題を攻め滅ぼした。

この一撃によって、鎌倉幕府の命運は決した。

一ヶ月後、同じく源氏の血をひく新田義貞が鎌倉を攻め、元弘三年（一三三三）、北条一族は滅び、鎌倉幕府は滅亡した。

幕府滅亡後、京都に復帰した後醍醐天皇は天皇親政（**建武新政**）に着手する。

室町幕府の成立／南北朝時代
複雑な状況が生まれたのはどうして？

建武新政は、後醍醐天皇のワンマン政治だったので、大多数の武士はたちまち不満を抱きはじめ、新たなボスを求めはじめる。その筆頭となったのが、六波羅探題を滅ぼした**足利尊氏**（高氏からの改名）である。足利尊氏は武士たちの声に押されて、反後醍醐天皇勢力の頭目となる。

足利尊氏がその立場を鮮明にするきっかけは、建武二年（一三三五）に起きた**中先代《なかせんだい》の乱**である。最後の執権だった北条高時の子・時行の起こした乱であり、足利尊氏は天皇に討伐の許可と征夷大将軍への就任を求めた。

天皇はこれを拒否するが、にもかかわらず尊氏は軍勢を進め、乱を鎮圧した。これを境に、足利尊氏対後醍醐天皇の戦いが火蓋を切る。

足利軍は、まず天皇側の新田義貞軍を箱根竹の下の戦いで破る。つづいて京都に進軍、占拠するが、奥州から駆けつけた北畠顕家《あきいえ》の軍勢に敗れて、いったんは九州まで落ち延びる。

足利尊氏は九州で勢力を蓄えて西上し、**湊川《みなとがわ》の戦い**で楠木正成軍を打ち破り、正成を自刃に追い込む。

足利軍の勢いに後醍醐天皇は降伏し、三種の神器を手放すが、隙をついて吉野（奈良県）に逃走、そこを新たな根拠地とした。

とりあえずの勝者となった足利尊氏に必要だったのは、自らの権威を保証してくれる新たな天皇だった。尊氏は、持明院統の光明天皇を即位させ、同時に**建武式目**を発表し、これにより**室町幕府**が事実上成立した。尊氏は暦応元年（一三三八）に征夷大将軍に任じられている。

ただし、それは奇妙な時代の始まりでもあった。京都には足利将軍家の擁立する天皇（北朝）、吉野には後醍醐天皇（南朝）がいる。二人の天皇が並立して存在する**南北朝時代**が始まったのだ。

その後、戦況はさらに複雑化していく。足利側が二つに分かれたからだ。それまで足利尊氏を支えていたのは、弟の**直義**《ただよし》と執事の**高師直**《こうのもろなお》である。直義は保守的な統治者であり、師直は下克上的な武将だった。その二人が対立し、やがて尊氏と直義の兄弟対立にも発展した。

足利三強はそれぞれが軍を率いて戦い、自らを有利に導くためには、南朝とも同盟関係を結んだ。

結局、直義が高師直を殺害、その直義を兄・尊氏が毒殺し、足利尊氏はなんとか権力を持ちこたえた。その一連の戦いを**観応**《かんのう》**の擾乱**《じょうらん》と呼ぶ。

北山文化
足利義満が建てた金閣寺の姿には、どんな意味がある？

南北朝の混乱を収拾したのは、三代将軍・**足利義満**である。南朝側は、年を追うごとに北朝を擁立する足利幕府側に押され、明徳三年（一三九二）、ついに皇位をあきらめる。南朝の後亀山天皇が、北朝の後小松天皇に譲位するという形をとって、**南北朝は合一**した。

その後、足利義満は足利幕府の全盛時代を築く。有力守護の土岐氏、山名氏、大内氏らの力を次々と削いでいった。永和四年（一三七八）には、京都の室町に花の御所と呼ばれた邸宅を築き、そこで政務をとった。その地名から、室町幕府、室町時代という名称が生まれた。

義満が目指した国家像は、通商国家だったといえる。その目標はある程度実現し、彼は大陸の明帝国との通商開始にこぎつけ、巨利を得た。

義満の時代を象徴するのは、彼が京都の**北山**に建てた邸宅・金閣である。その後、寺院となったため、現在では**金閣寺**の名で有名な建物だが、その一階は平安朝以来の寝殿造、二階は和様、三階は禅宗様の建築となっている。

公家文化と武家文化の融合は、この時代の文化全体の特色といえ、金閣のあった土地の名から、**北山文化**と呼ばれていく。

北山文化の時代、とりわけ盛んになったのは、**猿楽能**《さるがくのう》である。猿楽能はもともとは滑稽な踊りだったが、義満が寵愛した**観阿弥・世阿弥**父子によって芸術の域にまで高められ、それが今日の能になる。

また、茶の湯も盛んになりはじめ、足利義政を中心とする**東山文化**の時代に、村田珠光《しゅこう》によって侘《わび》茶に発展、安土桃山時代の**千利休**によって完成された。

嘉吉の乱／一揆の時代

どのように戦国時代は準備された？

室町時代は、一時期を除いて戦乱が絶えなかった。一五世紀になると、早くもプレ戦国時代的な様相を帯びてくる。その象徴的な事件が、応永二三年（一四一六）に起きた**上杉禅秀の乱**である。

室町幕府では、鎌倉公方《くぼう》を関東統治のトップとし、その補佐に関東管領《かんれい》を置き、管領職は上杉氏の世襲とされていた。その関東管領の前職・上杉禅秀が、鎌倉公方・足利持氏に対して反乱を起こしたのだ。

乱は鎮圧されたものの、それを契機に、関東では鎌倉公方、関東管領に諸勢力がからみあって、果てしない抗争が始まる。東国では、西日本に先駆けて、戦国時代に突入したともいえる。

一方、西日本では土一揆が始まっていた。正長元年（一四二八）には、**正長の土一揆**が京都周辺で始まる。運送業者である馬借《ばしゃく》が、借金棒引きである徳政を要求、また民衆が金貸し業である土倉《どそう》を襲撃したのだ。

そんな不穏な空気の中、京都では、六代将軍・足利義教《よしのり》が恐怖政治を敷いていた。多くの者は将軍の前に息をひそめていたが、嘉吉《かきつ》元年（一四四一）、守護の赤松満祐《みつすけ》が自らの地位に不安を感じて将軍を暗殺する（**嘉吉の乱**）。その後、赤松満祐は滅びたものの、幕府の体制はさらに不安定になった。同年、嘉吉の土一揆が発生、一揆勢力に押されて室町幕府は徳政令を出さざるをえなかった。

土一揆が起きた背景には、村落内の変化があった。南北朝の動乱によって、強力な統治機構が消滅すると、村落で暮らす人々は、無秩序状態のなか、自らの力で自らを守るしかなくなった。そこで、**惣村**《そうそん》と呼ばれる自律・自衛的な村が生まれ、小さいながらもそれぞれが一つの勢力を形成した。彼らは、それまでの民とは異なり、領主に唯々諾々とは従わなくなる。

加えて、この時代には貨幣経済が浸透をはじめ、貨幣で年貢を納める農民もいた。一方、高利貸しを営む土倉が現れる。惣村の農民たちは土倉に借金をすることが多かったので、その借金を帳消しにしようと土一揆を起こしたのだ。

鎌倉仏教

なぜ平安仏教が廃れ、新しい仏教が流行したの？

鎌倉時代から室町時代にかけては、宗教界に大きな変化が訪れた時代でもあった。真言宗や天台宗といった既成仏教（平安仏教）が一時的に見離され、**浄土宗**、**浄土真宗**、**時宗**《じしゅう》、**日蓮宗**、**臨済宗**、**曹洞宗**といった新仏教（**鎌倉仏教**）を信仰する人が増えたのだ。その背景には、旧仏教の限界があった。

平安時代までに成立した既成仏教は、国家のための仏教という色彩が濃かった。奈良仏教だけでなく、平安仏教の天台宗や真言宗もまた、国家を背景としていた。既成仏教は国家や貴族を守護する宗教であり、民の救済には関心がなく、無力であった。だからこそ、民を救おうとする新仏教が現れたのだ。

新たな仏教には、次のような三つのタイプがあった。第一に、念仏を唱えることによって救いを得られるとした**法然**の浄土宗、**親鸞**の浄土真宗、**一遍**の時宗。第二に、坐禅による悟りを重視した**栄西**の臨済宗、**道元**の曹洞宗の禅宗。そして、法華経の教えを大切にした**日蓮**の日蓮宗である。

それらの新仏教は鎌倉時代に誕生したが、その時代にはさほど広まらなかった。臨済宗のみが鎌倉で執権・北条氏に支持され、盛んになった程度だ。北条氏は禅宗である臨済宗を奉じることで、天台宗や真言宗と結びついた京都朝廷と一線を画そうとしたともいえる。

残る新仏教が発展するのは、室町時代になってからのことである。南北朝に始まる混乱のなか、民は宗教に救いを求めた。鎌倉時代に生まれた新仏教は、その願いに応えるものだった。

新仏教は多数の信者を獲得し、彼らからの寄付によって財力を築き、さらには政治的な力を持ちはじめる。

その典型が浄土真宗であり、やがて戦国時代になると、その本拠地である石山本願寺はミニ国家の様相を呈するようになる。

また、臨済宗は室町時代にも幕府から支持されて、雪舟に代表される水墨画、庭園の枯《かれ》山水《さんすい》など、同時代の文化に強く影響をおよぼす。

応仁・文明の乱
地方では、どんな勢力が台頭したか？

一五世紀、東国がプレ戦国時代に突入し、西国で乱や一揆が多くなると、中央で大きな争乱が起きるのも歴史の必然だったといえるだろう。応仁元年（一四六七）、京都で**応仁・文明の乱**が勃発する。この乱は、応仁・文明年間の約一一年間におよぶ長い争乱となり、京都は焼け野原となった。

その発端は、八代将軍・足利義政のあとの将軍家の跡目争いと、管領・畠山家内の勢力争いである。そこに、幕府の有力者と守護大名がそれぞれの陣営に味方して、大乱となった。乱の中心となったのは**細川勝元**、**山名持豊（宗全）**という二大有力者であり、細川方が東軍、山名方が西軍となって京都の町中で対峙した。

当初は東軍が優勢だったが、やがて一進一退の戦いとなる。戦乱の間に細川勝元、山名持豊という双方の実力者が病没、両軍は戦いに疲れ果て、文明九年（一四七七）、和議を結んだ。

勝者のいない戦いが終わってみると、室町幕府の権威は完全に失墜し、近畿すら勢力範囲として維持できなくなった。

この戦乱で京都は壊滅状態に陥った。京都を焼き、荒し回ったのは足軽といわれる歩兵たちである。彼らの乱暴狼藉は地方にも飛び火し、地方での戦乱をより加速させた。

一方、戦乱のなか、地方では国人《こくじん》と呼ばれる人々が台頭しはじめた。国人は地侍であり、独立した村落である惣村の代表者でもあった。守護大名らが領国を離れ、京都の戦乱で消耗しているうちに、その地元では国人が勢力を伸ばし、守護大名の権力と権威を脅かしはじめたのだ。

文明一七年（一四八五）には、山城国の国人衆が団結して、守護の畠山氏を国外に追放した。これが、**山城の国一揆**だ。長享二年（一四八八）には、**加賀の一向一揆**が起きる。加賀の国人衆と一向宗（浄土真宗）勢力が結びついて、領主・富樫政親を滅ぼし、独立国を築いた。

この応仁の乱以降、下が上を倒すという下克上の風潮が全国的に広まった。本格的な戦国時代が始まったのだ。

また、そのころ、文化面では、能楽から**狂言**が派生した。武士が能楽を愛好したのに対して、武士や僧らを皮肉る狂言は民衆に支持された。ここにも、下克上の風潮が影響をおよぼしていたといえる。

戦国時代
群雄はそもそも何を目指していたのか？

応仁・文明の乱以降、日本は一世紀を越える乱世の時代を迎える。**戦国時代**が到来したのだ。

その時代の主役は、むろん戦国大名である。戦国大名は、それまでの守護や守護大名とはタイプの異なる統治者だった。戦国大名は、基本的に彼らを守ってくれる後ろ楯（朝廷や幕府）をもたなかったので、頼れるのは自らの実力だけだった。

生き残るためには、自国経済を豊かにし、領民を隣国の侵略・略奪から守らなければならない。戦国大名は戦い続けなければならず、逆にいうと、戦えない戦国大名は滅びるしかなかった。

戦国大名の第一号は、小田原を根拠地とした**北条早雲**（伊勢宗瑞）とされる。彼は駿河の名家・今川家の縁戚であり、今川家を足場にして隣国の伊豆に進出、戦国大名化した。その子孫は関東一円に勢力を築き上げ、屈指の戦国大名となった。

北条早雲は、戦国大名としては変わり種の履歴の持ち主だが、多くの戦国大名は、次の三つのタイプに分かれる。

一つは、守護代が戦国大名化したケースである。守護大名が領国を留守にしている間に、留守を守っていた守護代が国人衆を味方につけ、守護大名を滅ぼしたタイプである。越後の上杉謙信、尾張の織田信長、越前の朝倉孝景らが、このタイプに属する。

二つめは、国人が守護大名や守護代を滅ぼし、戦国大名に成り上がったケースである。山陽・山陰の覇者となった毛利元就《もとなり》がその典型で、陸奥の伊達稙宗、土佐の長宗我部元親、のちに将軍となる徳川家康もこの範疇にはいる。

三つめは、守護大名が戦国大名へと進化したケースである。このケースは意外に少なく、薩摩の島津貴久、駿河の今川氏親、甲斐の武田信玄などだ。守護大名が下克上の中で生き残るためには、自ら変わる必要があり、それは下から成り上がる以上に困難な作業だったといえそうだ。

各地の戦国大名がひと通り出そろうと、次は戦国大名どうしの潰し合いとなり、トーナメント戦のような戦いを勝ち抜けた者が強力な戦国大名化した。中日本から東国にかけては、越後の上杉謙信と甲斐の武田信玄、相模の北条氏康、駿河の今川義元などが強大化する。

なかでも、一時期最強と目されたのは**今川義元**だったが、尾張の**織田信長**との**桶狭間の**

戦いで敗れ、勝った信長が一躍、戦国時代の主役に浮上する。

鉄砲とキリスト教の伝来
その前後で世の中はどう変わった？

戦国時代は、日本とヨーロッパ勢力が歴史上初めて直に接した時代であった。一五世紀後半、大航海時代に突入したヨーロッパ勢力は、世界中へ進出し、やがて極東の日本にも到着。**鉄砲**と**キリスト教**をもたらした。

鉄砲が日本に伝わったのは、天文一二年（一五四三）のこととされる。種子島にポルトガル人を乗せた中国船が漂着、領主の種子島時尭がポルトガル人から入手したというのが、これまでよく語られてきた話だ。だが、実際には、鉄砲はそれ以前から伝来していた可能性もある。

すでに中国には鉄砲が伝来していたとみられるうえ、当時は倭寇とともに私貿易が盛んだったので、より早い時期に鉄砲は日本列島に伝わっていたと考えられるのだ。

なお、種子島に漂着した船も中国人を頭目とする倭寇の船だったという説が浮上している。

一方、キリスト教は天文一八年（一五四九）、イエズス会の宣教師**フランシスコ＝ザビエル**によって伝えられた。

鉄砲とキリスト教、そして火薬は、日本とヨーロッパ勢力との関わりにあっては、ワンセットともいえた。戦国大名は鉄砲とともに、鉄砲用の火薬の原料となる硝石をヨーロッパ勢力に求めた。当時の日本では、硝石を国産できなかったからだ。

そこで、戦国大名のなかには、鉄砲と火薬を得るために、キリスト教に入信する者も現れた。

九州の大友義鎮、有馬晴信などで、彼らはキリシタン大名と呼ばれた。一方、宣教師にすれば、鉄砲・火薬貿易は布教のための強力な〝武器〟となった。

ヨーロッパ勢力が日本に続々と渡来した目的は、日本の銀にあった。

当時、石見《いわみ》銀山で銀が大量に産出し、一時期は銀の産出量で日本は世界の三分の一を占めていた。

すでに、ヨーロッパには新大陸からも銀が大量にもたらされ、それによって価格革命が始まり、経済の本質が変わりつつあった。ヨーロッパは、自国経済発展のために、日本の銀を欲していたのだ。

室町幕府の滅亡
トドメをさしたのは一体誰？

ヨーロッパ勢力がもたらした鉄砲と火薬を駆使して、天下統一寸前までこぎつけたのが、**織田信長**である。

信長は、尾張の守護代の家臣であった織田信秀の子である。信長は父・信秀の死後、血みどろの一族間の闘争に勝利して、尾張を統一した。

信長の飛躍のきっかけとなったのは、ご存じのように永禄一〇年（一五六七）の**桶狭間の戦い**である。当時、戦国最強と目された駿河の今川義元軍が尾張に侵攻、信長はこれを返り討ちにして今川義元の首を取るという大戦果を上げた。

以後、信長は三河の**松平家康**（のちの**徳川家康**）と同盟して東の守りを固めたうえ、美濃攻略戦を展開、斎藤氏を美濃から追い出す。

そこまでの信長の戦いは、他の戦国大名と同様、領地の分捕り合戦だったが、以後は天下統一を目指す戦いになる。信長は、京都に近い美濃に入ると、「**天下布武**」という印判を使い、天下統一を意識する。そこに、十三代将軍・足利義輝の弟・**義昭**が、明智光秀の仲介によって頼ってくる。足利義輝は暗殺され、弟・義昭は流浪の身であった。信長は足利義昭を擁して京都に進出した。

当初こそ、足利義昭と信長は蜜月関係にあったが、まもなく義昭は信長追い落としの策謀をめぐらせはじめる。朝倉義景、浅井長政、武田信玄ら有力戦国大名による信長包囲網を完成させ、一時は信長を窮地に陥れる。

だが、信長にとって最大の強敵・武田信玄の病没もあって、信長は危機を脱出、浅井長政、朝倉義景を滅ぼし、天正元年（一五七三）、義昭を京都から追放した。これにより室町幕府は滅亡、信長の時代が訪れる。

❸ 日本の「近世」を15分で総ざらいする！

織田信長と豊臣秀吉の時代
天下統一までの「道のり」は？

室町幕府滅亡後の**織田信長**の時代を**安土時代**という。徳川家康との連合軍によって、宿敵・武田軍を**長篠の戦い**で破り、やがて武田氏を滅ぼす。一一年に渡って抗争を繰り広げた**石山本願寺との戦い**も、天皇の仲介によって終わらせた。天正四年（一五七六）からは、天下統一の本拠として近江に**安土城**を築いている。

織田信長の天下統一は時間の問題かと思われたが、天正一〇年（一五八二）、家臣の**明智光秀**の軍勢に**本能寺**で襲われ、命を落とした。

本能寺の変で、信長が落命すると、いち早く動いたのは、織田軍の武将・羽柴秀吉だった。羽柴軍は、中国の毛利軍と対陣中だったが、信長死すという情報を受けると、たちまち毛利軍と和睦する。

羽柴軍は急ぎ畿内にとって返し（中国大返し）、山崎の合戦で明智光秀を破って、明智一族を滅ぼした。秀吉は信長の法要を営み、織田軍団の第一人者となる。翌年、同じ織田家の家臣・柴田勝家を**賤ケ岳《しず》の合戦**で破ると、織田信長の子らをしのいで、信長の後継者となった。

羽柴秀吉は大要塞・**大坂城**を築き、信長の同盟者だった徳川家康を配下とし、四国、九州を平定する。残る大国は小田原を拠点とする北条一族だったが、天正一八年（一五九〇）、北条氏は秀吉の大軍に小田原城を囲まれて降伏し、奥州の伊達政宗も帰順した。秀吉は、朝廷から豊臣の姓を賜り、ここに豊臣秀吉による天下統一が達成された。

豊臣政権は、日本史の中で久々に現れた強力な統一政権だった。秀吉は強大な武力と金銀の産出による豊かな財政を背景にして、平和と秩序を実現しようと考えた。

その手始めは、兵農分離である。戦国時代は、農民が兵士を兼ねることが多かったが、豊臣政権では、兵士と農民を分離させ、その一環として**刀狩り**を行った。農民から刀や武器を提出させ、農業に専念させようとしたのだ。それは、一揆を防ぐため、農民から武力を奪い、武士による統治を円滑にするという目的もあった。それは、新たな身分制の始まりを告げる政策でもあった。

さらに、豊臣政権は**検地**を行い、年貢の確保を図る。検地はすでに各地の戦国大名によって行われていたが、いわゆる太閤検地では、それが全国的な統一基準にもとづいて行われた。その目的の一つは、農民の領地を明確にすることである。それまで紛争原因の大半を土地争いが占めていたので、その元を絶ったのだ。以後、日本では土地争いが劇的に少なくなる。

同時に、その土地の石高《こく》が明らかとなり、土地生産力がはっきりしたので、課税しやすくなった。それは、豊臣政権の財政をより豊かにすることにつながった。

朝鮮出兵／関ヶ原の戦い

豊臣政権が徳川家康にひっくり返された理由は？

文禄元年（一五九二）、豊臣秀吉は一五万人の軍勢を朝鮮半島に渡らせる。朝鮮侵略の始まりであり、いったん中止後、慶長二年（一五九七）に再開される（**文禄・慶長の役**）。

当初、日本の軍勢は進撃をつづけるものの、明が李氏朝鮮に加勢したうえ、李舜臣率いる朝鮮水軍の活躍もあって、戦線は膠着状態となった。慶長三年（一五九八）に豊臣秀吉が没すると、日本側は撤兵した。

秀吉が朝鮮に兵を送り込んだ意図をめぐっては、いまだ諸説あり、定説はない状態だ。たとえば、秀吉の真の目的は明王朝の征服にあり、明の都に天皇を移すつもりであったという説。あるいは、恩賞欲しさに戦いを求める武将たちを満足させるためだったという説もあれば、ヨーロッパ勢力の東アジア侵入を予防するためだったといった見方もある。さらには、秀吉の主だった織田信長の構想を継承したという説や、単に老いからくる秀吉の誇大妄想の結果だったともいわれる。

ともあれ、朝鮮出兵は朝鮮半島に惨禍をもたらし、明王朝を疲弊させ、その崩壊の原因にさえなった。また、国内的には、強力であった豊臣政権が崩壊する原因になった。秀吉が死に、朝鮮から撤兵すると、そのわずか二年後に**関ヶ原の戦い**が行われ、徳川家康が天下を奪いとるのだ。

じつは朝鮮出兵によって、豊臣政権内には修復不可能なヒビがはいった。豊臣政権内では、**石田三成**に代表される文吏派と、加藤清正、福島正則らの武闘派が、ことあるごとに対立し、武闘派は石田憎しの感情から、**徳川家康**に与《くみ》するようになる。家康が関ヶ原の合戦で率いた主力部隊には、福島正則をはじめとする豊臣政権の武闘派武将が加わっていた。

一方、石田三成は豊臣政権安泰のためには、家康と一戦する必要があると決意し、西軍を組織する。家康はその挑戦を受けて、慶長五年（一六〇〇）の関ヶ原の戦いに至る。開戦から数時間の間、西軍は東軍相手に拮抗した戦いを展開したが、味方の裏切りによって崩壊、石田三成はいったんは逃亡するものの、捕縛・処刑された。

関ヶ原の合戦が終わると、勝者となった徳川家康の前に、豊臣家の存在は相対的に小さくなった。豊臣家が六五万石余の大名に落とされる一方、慶長八年（一六〇三）、徳川家康は征夷大将軍に任じられ、徳川幕府の時代（**江戸時代**）が始まる。

元和元年（一六一五）、家康は、豊臣氏の籠もる大坂城を攻め、豊臣氏を滅ぼした（**大坂の陣**）。日本における大名同士の戦いは、これが最後となる。

桃山文化

日本一派手な文化が生まれたワケは？

豊臣秀吉の時代は**桃山時代**と呼ばれ、同時代の文化は**桃山文化**の名で知られる。桃山とは秀吉の居城があった伏見の地名である。

その文化は、日本文化の中ではきわめて異色なものだった。それまでの文化は、仏教文化を背景とするものがほとんどだったが、桃山文化では仏教色が薄れ、格別豪華で派手なものになったのだ。

それは、秀吉の派手好きな性格に由来するとともに、時代の風潮を繁栄したものでもあった。戦国大名や侍は、明日をも知れぬ命と覚悟する一方、生あるうちは華麗、絢爛《けんらん》でありたいという美意識を抱いた。そのような、命知らずの成り上がり者たちの美意識が、派手さや豪華さを求めたのだ。

加えて、当時の日本は財力が豊かだった。石見銀山で多量の銀が採掘され、佐渡などの金山も豊かな産出量を誇っていた。また、西国の諸大名や商人は、**南蛮貿易**によって大きな富を得ていた。

その富と美意識から生まれたのが、巨大な城郭である。城の天守閣や御殿は、華麗に内装された。室内の障壁画は、安土桃山時代は狩野永徳、江戸時代初期は狩野探幽に代表される狩野派によって描かれ、海北友松《かいほうゆうしょう》や長谷川等伯らがつづいた。

室町時代に盛んになった茶道は、桃山時代、**千利休**によって完成された。茶道は、織田信長や豊臣秀吉らに好まれ、富裕な町衆の人気も集めた。ただ、千利休は、後に豊臣秀吉、石田三成らと対立し、切腹に追い込まれた。

桃山文化のもう一つの特徴は、ヨーロッパ文化（南蛮文化）の影響を大きく受けていたことである。カステラやタバコは、この時代にもたらされている。

鎖国体制
徳川幕府は何を企図していたのか？

豊臣政権時代から、徳川幕府の初期にかけて、いわゆる「鎖国」政策が進められていく。日本はある日突然、国を閉ざしたわけではなく、約半世紀間にわたって、さまざまな消極的な外交政策を積み重ねることによって、じょじょに国の門戸を閉ざしていった。

まずは、天正一五年（一五八七）、豊臣秀吉が九州平定の折りに、**バテレン**（**宣教師**）**追放令**を発する。九州地方でキリシタンが驚くほどに増え、力をつけていたことを、秀吉自身が目のあたりにしたことが、その動機になったとみられる。

徳川幕府の時代になると、家康は貿易を熱心に進め、慶長九年（一六〇四）から**朱印船貿易**をスタートさせている。海外渡航を許可する朱印状を持った船のみが、貿易できるという制度を設けて、幕府の収入の柱にしようとしたのだ。

その一方で、幕府は慶長一七年（一六一二）、直轄領内にキリスト教の禁教令を出す。

その頃から、貿易制限も始まって、中国船以外の外国船は、平戸、長崎にしか入港できなくなり、やがて幕府はスペイン船の来航を禁じた。

鎖国を完成させるきっかけとなったのは、一六三七年（寛永一四）に起きた**島原の乱**である。乱の中心にいたのは、元キリスト教徒らだった。以後、幕府は、国内のキリスト教の絶滅を目指すとともに、ポルトガル船の来航を禁じた。

ヨーロッパ国で唯一交易を許されるのはオランダのみとなり、長崎の出島にはオランダ商館がつくられた。ただし、オランダ人と役人などを除く日本人との交流は禁じられ、日本は海外からの人を閉ざした状態となった。

こうして、日本がいわゆる鎖国体制をとった理由はさまざまにあるが、その一つはキリスト教に対する警戒心からである。

また、家康が当初もくろんだ貿易の拡大は徳川幕府に富をもたらしたが、それは同時に幕府を脅かすものでもあった。もし、西日本の外様大名が貿易によって巨利を得れば、それは打倒徳川幕府への資金源になりかねない。そこで、幕府は西日本の大名を窮乏化させるため、あえて自らの利益を捨ててでも、貿易統制に乗り出したのだ。

とはいえ、長崎では中国、オランダとの交易が行われ、対馬藩は朝鮮半島の釜山に倭館を置いて朝鮮との交易を営んでいた。薩摩藩は、幕府の黙認のもと、琉球王国に侵攻して支配下に置き、琉球経由での中国貿易を行った。さらに、北海道では、松前藩がアイヌを通して外国と交易していた。

元禄文化

生類憐みの令は、本当に天下の悪法だった？

徳川幕府は、豊臣政権の目指した国内平和の構築路線を継承した。大名には**武家諸法度**、朝廷には**禁中並公家諸法度**を発布し、武家と朝廷を統制した。また大名には、領国と江戸を往復する**参勤交代**を義務づけた。江戸滞在費と旅費は各藩の財政に重くのしかかり、大名、とりわけ遠国《おんごく》の外様大名の力を削ぐことにつながった。その一方で、江戸や街道筋を富ませるという結果を生んだ。

幕政が安定していく一方で、慶安四年（一六五一）には**由比正雪の乱**が起きた。当時、幕府は支配力を強めるため、大名を次から次へと取り潰していた。そのため、大量の浪人が生まれ、それを憂えた軍学者・由比正雪が幕府転覆を計画するが、事前に漏れて反乱は不発に終わる。以後、幕府は大名の処分をじょじょにゆるめたので、不満の芽はしぼんでいった。

貞享四年（一六八七）、五代将軍・徳川綱吉は**生類憐みの令**を発し、犬や生き物の虐待を禁じた。

これは、天下の悪法、奇法とされるが、当時の為政者としては、世の中の荒々しい気分を静めようとする政策的な意図があった。

綱吉の時代は、**元禄時代**と呼ばれる。徳川政権が誕生して初めて安定を得られた時代でもあり、江戸の長い平和が始まった時代でもあった。

平和な時代にあって、日本列島では河村瑞賢《ずいけん》らによって海運が発達し、江戸・大坂間はもちろんのこと、日本全体で物流が盛んになった。伏見や灘で造られた清酒が、江戸に届くようになった。

その一部の経済的繁栄を背景にして、元禄文化が花開く。元禄文化の中心となったのは、江戸よりも早くに都市化していた大坂である。

その文化を担ったのは町人であり、庶民の読む文学が興隆した。**井原西鶴**は『**好色一代男**』『**日本永代蔵**』といった**浮世草子**を著し、**近松門左衛門**は『**曾根崎心中**』『**国姓爺《こくせんや》合戦**』などを描いて、人気を集めた。

また、松尾芭蕉が現れ、俳諧を芸術の高みに押し上げた。また、**菱川師宣《もろのぶ》**によって**浮世絵**が創始されたのも、この時期だ。

享保の改革

徳川吉宗は何を改革し、何につまずいたのか？

元禄時代が終わると、まもなく八代将軍・**徳川吉宗**の時代を迎える。彼が行った**享保の改革**は、財政再建と風紀の取り締まりを目的としたものだった。

それは、他の改革も同様だったが、享保の改革が他の改革と違うのは、唯一、一応の成功を収めたという点だ。

吉宗登場以前の一七世紀末ごろから、幕府の財政は悪化しはじめていた。すでに金山・銀山の産出量が減少していたうえ、**明暦の大火**（一六五七年）後の江戸再建に多額の資金を必要としたためだ。

そこで、綱吉の元禄時代には、勘定吟味役の荻原重秀《おぎわらしげひで》が貨幣の改鋳を進言、貨幣の中の金銀含有率を落とし、貨幣を水増しした分の「出目《でめ》」を幕府の財源にした。ところが、貨幣の数量が増えたため、その価値が下落してインフレが進行する。六代将軍・徳川家宣《いえのぶ》の時代になると、新井白石が抜擢され、貨幣を元に戻した。

また、新井白石は正徳五年（一七一五）、海舶互市新令を出して、長崎貿易を制限した。

長崎貿易によって多量の金銀が流出していたため、その阻止を図ったのだ。だが、白石の改革も中途半端に終わる。

享保元年（一七一六）、徳川吉宗が八代将軍の座につくと、新井白石を退けて、大岡忠《ただ》相《すけ》（越前）らを抜擢する。

吉宗がとった財政再建策は、倹約と年貢徴収を増大させることであった。**倹約令**を出して支出を抑制する一方で、**定免法**《じょうめんほう》という新たな年貢法を定め、年貢を増やして財政収入の拡大を図った。現実に年貢収入は増えて、幕府の財政は好転した。

また、吉宗は、新田開発や商品作物の栽培を奨励して、経済規模を拡大させようともした。

そのような吉宗の財政再建策はおおむね成功したのだが、やがて米価コントロールでつまづいた。米を増産すれば、当然需要と供給の関係から、米価は下落傾向にならざるをえない。

すると、俸禄として米を与えられる武士の収入は、相対的に減っていき、武士の生活を圧迫することになった。

吉宗は、武士の生活を救済すべく、米価の引き上げを試みるが、それはうまくいかなかった。以後、米価の低落基調が長くつづき、幕府財政はいよいよ苦しくなっていく。

田沼時代／寛政の改革

近頃、田沼意次が見直されているのは？

徳川吉宗による享保の改革が一応の成功を収め、幕府の財政は一時的に好転するものの、ふたたび財政は行き詰まった。そこで新たな改革者として登場したのが、**田沼意次**《おきつぐ》である。

田沼は、吉宗の年貢増大策や米価の釣り上げ策に限界を感じていた。すでに米経済の時代ではなく、発展し続ける貨幣経済に合わせた経済政策が必要であることに、田沼は気づいていたのだ。経済活動を活発にし、そこに新たな財源を求めれば、米価に関係なく、幕府の収入は増えていくというわけである。

田沼がとった経済活性化策のひとつは、一種の公共事業である。下総《しもうさ》の印旛沼や手賀沼を埋め立てて新田を開発するという大型プロジェクトを手がけたのだ。吉宗も新田開発を奨励したが、田沼は開発資金を年貢によらず、大商人の財力に求めた。それが、従来の幕政との違いである。

さらに、田沼は蝦夷地にも目をつけた。当時、蝦夷はまったく未開発だったので、田沼は大規模開発を行い、経済を振興させようともくろんだ。

ところが、田沼の積極的な経済政策は、他の幕閣の納得を得られるものではなかった。そこに天災による飢饉、賄賂政治に対する批判も加わって、田沼は改革の成果をあげられないままに、失脚した。

代わって、新たな改革者として登場したのは、老中・**松平定信**である。松平定信は、享保の改革を成功させた徳川吉宗の孫にあたる。定信は祖父・吉宗の改革を理想とし、田沼時代の政治を悪と断罪した。定信は、田沼派の者たちを一掃し、田沼時代の逆を行く**寛政の改革**を断行した。

それは、吉宗の改革以上に禁欲的であり、貨幣経済を悪として、人の自由や楽しみを束縛するものだった。彼は、大名から農民に至るまで、徹底的な倹約を求めた。

また、**棄捐令**《きえんれい》を出し、旗本や御家人が、金貸しである札差《ふださし》から借りた金を返済しなくてもよいとした。それは、旗本や御家人の困窮を救うための策だったが、むろん経済的な混乱を招くことになった。

寛政の改革は、倹約という面では一定の成果をあげたが、それは江戸の経済を窒息させるだけに終わった。結局、寛政の改革は多方面からの反発を招き、六年で挫折した。

北辺探査／蘭学の時代
間宮林蔵は、なぜ北を目指した？

金権主義を批判された田沼意次だが、彼の政策は、その後の日本の領土問題に大きな影響をおよぼしている。田沼が、蝦夷地を開拓する構想を抱き、北辺探査に力を入れたからだ。

田沼の目を北方に向かわせたのは、仙台藩の医師・工藤平助が著した『赤蝦夷風説考』という書物だった。同書では、赤蝦夷（ロシア）との交易や蝦夷地の可能性が説かれ、その主張に触発された田沼は、最上徳内らを蝦夷地に派遣する。最上は千島までを踏破、最上の後継者、近藤重蔵も探査に活躍し、その流れは**間宮林蔵**に受け継がれる。

間宮は、樺太から海峡を渡って沿海州に達する。そのさい、間宮は樺太が島であることを確認したが、それはロシアすら知らない地理的発見だったので、後世、樺太と沿海州間の海峡には間宮海峡という名がついた。

なお、その間宮が測量を学んだ人物が、**伊能忠敬**である。伊能は日本全国を測量し、『大日本沿海輿地《よち》全図』を完成させている。

また、田沼の時代は、蘭学が興隆した時代でもあった。すでに、徳川吉宗の時代に蘭学は導入されはじめていたが、田沼の時代に開花、隆盛期を迎える。医者の**前野良沢**《りょうたく》と**杉田玄白**は、解剖書『ターヘル＝アナトミア』を辞書抜きで翻訳し、『**解体新書**』として出版した。

それが一つの突破口となって、蘭学は日本人にとって比較的学びやすい学問になる。以後、西洋の学問・文化が蘭学を通じて、知識人には知られるようになる。

蘭学塾も生まれ、大坂では**緒方洪庵**が**適塾**を開く。後に、緒方門下から、福沢諭吉、大村益次郎ら、幕末・明治維新に活躍する者が現れてくる。

化政文化

江戸の文化はどうやって完成した？

十九世紀の前半、文化・文政年間の文化は「**化政文化**」と総称される。それは、江戸文化の集大成といえる。

武士の時代として始まった江戸時代だが、町人たちは大衆文化を生み出し、文化面では主導権を握りつづけた。十九世紀の江戸の人口は、推定一〇〇万人にも達し、江戸は当時、世界最大級の大都市に成長していた。江戸には、その分、豊かな多様性があり、それが化政文化という町人文化として結実したといえる。

まず、文化・文政年間には、多種多様な読み物が生まれた。寺子屋の普及に伴って、識字率が上昇し、町人にも文字を読める者が増えていた。その結果、文化年間には、江戸の貸本屋が六〇〇軒を超えるほどに、町人たちは文字を通した娯楽を楽しむようになっていた。

そのうち、まず好まれたのは、絵の入った読みやすい娯楽本である。遊里の人情や滑稽さを描いた洒落《しゃれ》本、庶民の生活をおもしろおかしく描いた滑稽本、男女の痴情を描いた人情本などのジャンルだ。

十返舎一九《じっぺんしゃいっく》の『**東海道中膝栗毛**《とうかいどうちゅうひざくりげ》』は大ベストセラーとなって、旅行ブームの火をつけた。また、**為永春水**《ためながしゅんすい》の『**春色梅児誉美**《しゅんしょくうめごよみ》』もヒットしたが、天保の改革で処罰の対象となった。

絵のない本では、**上田秋成**が『**雨月物語**《うげつものがたり》』、**滝沢馬琴**《たきざわばきん》が『**南総里見八犬伝**《なんそうさとみはっけんでん》』という後世に残る作品を生み出した。絵がなくとも、おもしろければ、小説や物語が売れる時代を迎えたのだ。

歌舞伎も、町人らの人気を集め、**鶴屋南北**の『**東海道四谷怪談**』、**河竹黙阿弥**《かわたけもくあみ》の『**白浪**《しらなみ》

五人男《ごにんおとこ》』などが話題を呼んだ。

ただ、そのような町人文化の隆盛は、経済的に困窮した幕府・武士にとっては目障りなものであり、幕府はたびたび弾圧した。ところが、弾圧してもなお、町人文化は爛熟しつづけていく。

天保の改革

幕末前夜ってどんな様子だったの？

一八三〇年から始まる天保年間は、幕末の動乱を予感させる時代となった。幕藩体制が決定的に軋《きし》みはじめたのだ。

まず、天保三年（一八三二）から凶作がつづき、**天保の大飢饉**となった。これに対して、幕府はまったくの無策であり、大坂では大商人らが米を買い占めて大儲けし、庶民たちは飢えはじめた。

そこで起きたのが、**大塩平八郎の乱**である。大塩は大坂町奉行所の元与力。幕府の役人であったものの、貧民救済のために門弟らと蜂起、大商人の屋敷を襲撃した。

乱自体は半日で鎮圧され、逃亡した大塩は後に爆死を遂げるが、それは幕府の体制を大きく揺るがした。大塩の行動を真似る者が各地に現れ、越後では国学者・生田万《よろず》が乱を起こした。

そのような不穏な情勢のなか、幕政改革を目指して新たに登場したのが、老中・**水野忠邦**である。

水野が行った**天保の改革**は、松平定信が行った寛政の改革の徹底的な模倣だった。寛政の改革につづいて、貨幣経済の伸展を無視して倹約を唱え、風俗面の統制に乗り出して、出版物の検閲を行った。

加えて、天保年間は、外圧が高まった時代でもあった。

話を少し戻すと、一八世紀末以来、外国船が日本近海に近づく頻度が増えていた。そこで、幕府は文政八年（一八二五）、**異国船打払令**を出す。しかし、一八四〇年、アヘン戦争で、大国・清の軍隊が、イギリス相手に完敗したという情報が入ってくると、幕閣はたちまち列強の力を恐れるようになる。

打払令から政策を一変させて、漂着した異国船に食糧や燃料を与えることを許可する**薪《しん》水給与令**《すいきゅうよれい》を出したのだ。

だが、その政策転換も問題を先送りしたにすぎず、幕府は外国船の接近にも無策なまま、ペリーの黒船来航というXデーを迎えることになる。

雄藩の改革

諸藩の改革が成功した理由は？

幕府が何度も改革を試みては失敗していくなかにあって、改革に成功した勢力もあった。**薩摩藩**、**長州藩**をはじめとする西国の諸藩である。

江戸時代も時代が下るにつれ、財政に困窮するようになったのは、大方の藩も幕府と同様だった。そんななか、財政再建に成功する藩が登場しはじめたのである。

薩摩藩では、下級武士である調所広郷《ずしょひろさと》が抜擢され、藩の借金を強引に棚上げにしてしまったうえ、密貿易にも手を染めて、奄美の大島、徳之島、喜界島でとれる黒砂糖の専売に力を注いだ。当時は、ヨーロッパ勢力も植民地で砂糖を生産し、一儲けしていた。薩摩はそれと同じ手法をとったのだ。その時期の薩摩は、贋金作りにまで手を染めたともいわれる。

調所の財政改革は成功し、薩摩藩の財政はにわかに豊かになる。後に、島津斉彬《なりあきら》が藩主として登場したさい、洋式工場を建設するなど、富国強兵政策を行えたのも、薩摩がいち早く財政再建に成功していたからだ。

また、長州藩では、村田清風が登場し、やはり藩の莫大な借金を強引に整理した。佐賀藩では、藩主・鍋島直正自身が藩政改革に乗り出し、特産である陶磁器の専売などによって利益をあげた。

直正は、その資金をやはり富国強兵に注ぎ込んで、日本で初の反射炉を完成させるなど、佐賀藩を雄藩に押し上げた。

薩摩藩や長州藩、佐賀藩は、幕末には実力のある雄藩として注目され、やがては動乱の時代の中心的な存在になっていく。

ペリー来航

尊皇攘夷の時代の幕開けになったのは？

嘉永六年（一八五三）、アメリカの**ペリー提督**率いる黒船四隻が浦賀に来航した。それまでに日本を訪れた他の外国船と違ったのは、ペリーがアメリカ大統領の開国を要求する国書を携えていたことである。この正式な外交使節の到来に、幕府はあわてた。

幕府は、従来どおり、鎖国をつづける方針を基本としながらも、ペリー艦隊の威容におびえ、翌安政元年（一八五四）、アメリカと**日米和親条約**を結ばざるをえなくなった。

アメリカが和親条約締結の次に求めたのは、通商条約の締結だった。それは本格的な貿易がスタートすることを意味するため、朝廷とそれを担ぐ一派を中心に、開国に反対する勢力が現れ、国論は二つに割れた。

弱腰になっていた幕府が、朝廷に条約締結の勅許を自ら求めたことも火種となって、通商条約の締結をめぐり、開国派と反対派の対立・政争がいよいよ激しさを増した。

その最中、大老の座についた**井伊直弼《なおすけ》**が、安政五年（一八五八）、独断で**日米修好通商条約**を締結する。勅許を得ないまま、条約締結をした井伊直弼への非難の声が高まると、井伊は強権を発動して、反対する大名や公家を次々と隠居に追い込み、その配下の武士らを投獄、処刑した。これが、世にいう**安政の大獄**である。

この安政の大獄で処刑された人物には、長州の**吉田松陰**もいた。彼の門下である高杉晋作らは、松陰の思想に大きく影響を受け、やがて倒幕の活動家となる。

安政の大獄は、それまではまだ一線を超えていなかった志士たちを憤激《ふんげき》させることになった。

水戸の浪士たちは、江戸城の桜田門外で井伊直弼を襲撃、殺害する（**桜田門外の変**）。幕府の最高権力者が白昼路上で殺害されるというこの前代未聞の事件によって、幕府の権威は大きく失墜した。

井伊なき徳川幕府は、朝廷との妥協を図るため、孝明天皇の妹である和宮を一四代将軍・家茂《いえもち》の夫人に迎える。

これが**公武合体政策**であり、有力大名も公武合体を支持した。その時期、薩摩藩の島津久光は兵を従え、京都から江戸へとのぼり、幕府に政治改革を要求、徳川方のホープと期待されていた一橋慶喜が将軍後見職となった。

その一方、諸藩の下級武士は、いよいよ過激化していく。彼らは、もはや公武合体ではあきたらず、過激な**尊皇攘夷思想**を信奉した。尊皇攘夷の志士たちは、開国派とおぼしき人物に次々と天誅を加えた。

尊攘派志士の多くは京都周辺に集まっていたが、そこで勢力争いが起きる。久坂玄瑞《げんずい》ら長州藩の過激志士たちが朝廷を独占するようになったことを妬んで、薩摩藩と京都守護職にある会津藩が結託した。

文久三年（一八六三）、**八月一八日の政変**によって薩摩藩と会津藩は、長州藩とそれに同調する公家らを京都から追放した。

その後、長州藩は巻き返しを図るが、有力な志士は、京都の池田屋で、近藤勇率いる新撰組に襲撃され、闘死する。長州藩の怒りは沸点に達し、京都に向けて出兵した。

長州藩は、天皇に訴えて勢力の回復を図ろうと、御所に近づき、それを阻もうとする薩摩藩、会津藩と軍事衝突する。それが**禁門の変**（**蛤御門の変**）で、長州軍は完敗を喫し、久坂玄瑞は自刃した。

この一連の戦いを経て、長州の単純かつ過激な尊皇攘夷派は壊滅、幕末に新たな流れが生まれはじめる。

大政奉還

徳川慶喜は、どこでつまずいて権力を失った？

尊皇攘夷に代わって浮上した政治路線が、開国倒幕である。その方針変更のきっかけは、薩摩藩と長州藩がともに対外戦争を経験したことにあった。

文久二年（一八六二）、薩摩藩士が神奈川の生麦村でイギリス人を斬殺する事件を起こし、薩摩藩とイギリスは対立した。

翌文久三年（一八六三）、イギリス艦隊が鹿児島湾に侵入、薩摩藩と砲撃戦を展開する（**薩英戦争**）。鹿児島の市街は焼けたが、イギリスの損害も大きく、両者は和解、薩摩藩は列強の軍事力を体験して、以後、攘夷路線を捨てる。

一方、長州藩は攘夷を実行、外国船に砲撃を行ったため、イギリス、フランス、オランダ、アメリカの四ヶ国艦隊の報復を受ける。

下関が砲撃され、長州藩は惨敗を喫する（**四国艦隊下関砲撃事件**）。長州藩も、やはり攘夷が不可能なことを悟る。

長州は、蛤御門の変、四国艦隊との戦いに相次いで敗れて、虫の息状態となっていたが、幕府はその長州の征討にかかる。

その長州藩の危機を救ったのが、薩摩の**西郷隆盛**である。西郷はここで長州藩を抹殺してしまうと、幕府を蘇らせることになると考え、政治工作によって長州征伐を実質的に中止に追い込む。

危機を救われた長州藩は、いったんは幕府に対して恭順の姿勢を示すものの、まもなく**高杉晋作**や**桂小五郎**（**木戸孝允**）らの改革勢力が実権を奪取する。長州藩は、兵学者・**大村益次郎**を登用、農民を兵として使うなど、軍政改革を行った。

さらに、土佐出身の**坂本龍馬**の斡旋《あっせん》によって、薩摩と長州は同盟を結んだ。坂本の奔走と薩摩からの援助を得て、長州は軍事力を蓄え、幕府による第二回長州征討を迎え撃って、連戦連勝した。西郷は、幕府の軍事的な脆弱《ぜいじゃく》さを目のあたりにして、倒幕を構想しはじめる。

長州征討に失敗した幕府では、徳川家茂が病没し、代わって**徳川慶喜**が一五代将軍となり、幕政改革に乗り出す。しかし、衰退に向かう流れを変えることはできず、慶応三年一〇月一四日、徳川慶喜は**大政奉還**を申し出た。

ただ、その時点で、徳川慶喜はまだ諦めてはいなかった。いったんは大政奉還し、朝廷に政権を渡したところで、朝廷には政治を動かす力も経験もない。やがて、実権は徳川家に戻ってくるはずと、慶喜は読んでいたとみられる。

しかし、薩摩の西郷や公家の**岩倉具視**《いわくらともみ》は、それを許さなかった。彼らは、徳川家をあくまで排除すべき対象と考え、**王政復古の大号令**を発したのち、小御所《こごしょ》会議で親徳川派の大名らを威嚇、圧倒する。これにより、徳川慶喜復権の目は消滅した。

4 日本の「近代」を15分で総ざらいする！

戊辰戦争／明治維新
明治新政府が考えた国のかたちとは？

前将軍・徳川慶喜は、西郷隆盛や岩倉具視らによって追い詰められ、西郷の挑発に乗る形で、ついに軍事行動を起こす。

慶応四年（一八六八）、旧幕府軍は、大坂から京都に向かう途上、鳥羽・伏見で新政府軍と戦いの火蓋を切った（**戊辰《ぼしん》戦争**）。しかし、錦の御旗《みはた》が出て新政府軍が官軍となると、旧幕府軍は総崩れとなる。大坂城に籠もっていた徳川慶喜はここですべてを諦め、江戸へと逃亡した。

新政府軍は徳川家を打倒するため、東に兵を進め、江戸城総攻撃をもくろむ。その直前、旧幕臣・**勝海舟**と西郷の会談によって、総攻撃は中止、江戸城は無血開城された。

江戸に代わって、官軍の攻撃にさらされたのは、東北や新潟の諸藩である。とりわけ長州は、禁門の変などで戦った会津藩を幕府に代わる標的にしようとした。東北諸藩は会津藩への同情もあって奥羽越列藩同盟を結び、新政府に対抗する。とりわけ、長岡藩は、河井継之助の奮戦により新政府軍を苦しめるが、最後には敗北した。会津藩は白虎隊の自刃に象徴される凄絶な抵抗戦を繰り広げたのち、降伏する。

新政府にとって残る敵は、箱館の五稜郭で北海道政権を構想した榎本武揚《たけあき》らであったが明治二年(一八六九)、榎本軍を降伏に追い込み、一連の戊辰戦争は終結した。

明治新政府は、江戸を東京と改称して首都とし、**明治維新**がスタートする。すでに、明治天皇は**五箇条の誓文**を発し、国のあり方を示していた。

新政府の基本方針は、欧米の植民地化を防ぐため、**富国強兵・殖産興業**を推進することにあった。欧米の近代化、産業化をモデルとして、国立銀行を設立し、電信・電話や郵便のシステムを導入、鉄道の敷設も始めた。外国人技師を積極的に招いて、各地に官営工場を建設、その一方で徴兵システムを採用して、軍備の充実を図った。

教育にも力を入れ、江戸時代のように民間の寺子屋まかせではなく、官による学校教育を進めた。その一方で、福沢諭吉の慶応義塾、新島襄《にいじまじょう》の同志社などの私学も生まれている。

西南戦争

士族の反乱の原因は何だった？

明治四年（一八七一）、明治政府は明治維新のひとまずの仕上げに取りかかった。**廃藩置県**を行ったのである。江戸幕府を打倒したとはいえ、まだ国内には約三〇〇の藩が残り、藩のトップには藩主がそのまま横滑りしていた。藩があるかぎり、中央集権化は進まず、国家としての力を集結することはできない。そこで、明治政府は藩を県に置き換え、県知事に中央から役人を送り込み、旧藩主らの権力・特権をすべて奪うことを計画した。

廃藩置県の実行に当たっては、旧藩主やその側近の抵抗が予想されたので、西郷隆盛、大久保利通《としみち》らはひそかに事を進め、東京に兵力を集めておいたうえで、一気に決行した。すると、旧藩主たちは意外なほどに抵抗せず、藩から県への移行は、予想を超えてすんなりと進んだ。その背景には、すでに多数の藩が窮乏し、旧藩主には、その座を投げ出したい者が少なからずいたことがある。あるいは、中央集権化の意味を理解し、政府に協力した者もいた。

だが、廃藩置県や文明化の反動は、やがてやってきた。日本各地で、士族の反乱が相次いだのである。明治政府の方針、あり方には、かつて倒幕に協力した者にも、不満を抱く者が少なくなかった。不満を持つ各地の士族は、明治政府の官職を離れて下野した実力者を担ぎはじめた。

いわゆる征韓論論争に敗れた西郷の下野をきっかけにして、鹿児島には西郷を慕う者が集まり、一種の独立国の様相を呈していた。明治一〇年(一八七七)、西郷は周囲に担がれる恰好で挙兵、**西南戦争**が勃発する。

西郷の挙兵は新政府にとって最大の脅威であり、政府倒壊さえ噂された。西郷軍は北上したが、熊本城で政府軍の抵抗にあい、進軍速度を鈍らせたのち、田原坂《たばるざか》の戦いで新政府軍に敗れる。半年以上にわたる激闘のすえ、西郷は自殺、反乱は終息した。

西郷軍の敗北は、士族の敗北と、おもに農民からなった徴兵軍の勝利を意味した。不満を抱く士族らはもはや武力で勝てないことを悟り、言論活動に闘争の場を見つけていく。

大日本帝国憲法

発布されるまでの紆余曲折とは?

日本が政治的に近代化していくうえで、大きな節目となったのは、**憲法の制定**と**議会**の

創設である。幕末に結んだ不平等条約を改正し、欧米と対等な関係を結ぶためにも、欧米のような立憲体制を整えることが必要だった。

その点では、政府側も、政府を去って下野した者も一致していたが、いつどのようにそれを実現させるかが、明治一〇年代の政治的争点となった。

すでに明治七年（一八七四）には、**板垣退助**、**後藤象二郎**、**江藤新平**らによって、民撰議員設立の建白書が出されていた。その後、板垣退助は立志社を結成、**自由民権思想**を広めていく。自由民権運動はしだいに加熱し、明治一三年（一八八〇）、大阪で国会期成同盟が結成され、国会開設運動が盛り上がっていく。

政府内でも、立憲政治を目指す議論が交わされたが、そこで深刻な対立が生じた。大隈重信は早期の国会開設を唱え、一方、伊藤博文は時間をかける必要があるとし、この政争に勝利したのは伊藤のほうだった。明治一四年（一八八一）に、国会を明治二三年（一八九〇）に開くという国会開設の勅諭が発せられた。

その政府方針に応じて、在野の政治家らは、政党結成を始める。まずは、板垣が自由党を結成、つづいて大隈の立憲改進党、福地源一郎の立憲帝政党などが結成された。

そのころから、自由民権運動は過激化し、暴動事件も起こる。それに対して、政府は検挙、弾圧を強め、自由民権運動は一時的に下火となった。

一方、政府では伊藤が渡欧し、立憲君主国家であるプロイセンの憲法などを研究、明治憲法制定の参考にした。帰国した伊藤は、明治一八年（一八八五）、政府機構を改革し、内閣制度をスタートさせる。内閣総理大臣がそのトップとなり、初代首相の座には伊藤がついた。

その後、伊藤は憲法の作成にかかり、明治二二年（一八八九）、**大日本帝国憲法**が発布された。同憲法では、天皇が主権者であり、天皇が国民に憲法を与えるという形がとられた。帝国議会は衆議院と貴族院からなり、明治二三年（一八九〇）、第一回衆議院議員総選挙が行われた。こうして、日本はアジア初の民選議会をもつ立憲国家として新たに船出したのである。

日清戦争

日本が朝鮮半島にこだわったのは？

明治時代の前半は、世界史的に見ると、帝国主義のまっただ中であり、西洋列強はアジアやアフリカの諸地域を次々と植民地化し、大国・清も蚕食《さんしょく》していた。日本も西洋列強から身を守らなければならなかったが、そのためには朝鮮半島を確保することがきわめて重要と考えられた。

当時、朝鮮半島には李氏朝鮮があり、清の保護下にあったが、その清が弱体化、李氏朝鮮も列強の前には無力だった。南下姿勢を強めているロシアに朝鮮半島を奪われると、こんどは日本列島がロシアに対して無防備になることを意味した。

そこで、日本は朝鮮半島に近代的な国家、あるいは親日国家が生まれることを期待して、朝鮮半島に介入した。その外交方針が、日清戦争、日露戦争という二つの戦争につながっていく。

まず、**日清戦争**は、日本と清のどちらが、朝鮮半島に影響力を持つかをめぐっての戦いだった。明治二七年（一八九四）、朝鮮半島で農民反乱（甲午農民戦争）が起きる。かつては東学党の乱と呼ばれたこの乱に朝鮮政府が対応できないでいると、清が軍勢を送り、日本も送り込んだ。乱を収めたのち、日本と清は対立を深め、伊藤内閣は開戦を決意する。

日本軍は清軍に連勝し、鴨緑江《おうりょくこう》を渡って遼東半島までが戦場となった。黄海海戦でも、日本海軍は清の北洋艦隊を打ち破り、北京が危なくなった清は、講和を申し入れる。

明治二八年（一八九五）、下関で講和条約が結ばれ、清の保護国であった朝鮮の独立が認められた。さらに、清は日本に対し、台湾や澎湖《ほうこ》諸島、遼東半島を割譲、二億両（日本円にして約三億円）を支払うことになった。

日本は、対外戦争に勝利したことに沸き立ったが、それは一瞬の喜びだった。すぐに、ロシアがドイツ、フランスを誘って、遼東半島を清へ返還せよという**三国干渉**に出た。

当時、ロシアは満州進出を狙っていたので、南満州の要地である遼東半島を日本に渡すわけにはいかなかった。その時点では、日本がロシアをはじめとする三国に勝てるはずもなく、日本はやむなく遼東半島を清に返還する。すると、ロシアは遼東半島を清から事実上奪いとり、旅順に大要塞を建設した。これで、日本のロシアに対する敵愾心《てきがいしん》はいよいよ高まった。

その一方で、日本は台湾の統治を開始する。台湾に送り込まれた後藤新平らは、殖産興業に力を入れ、台湾を日本同様、近代化させることを目指していく。

日露戦争
どうしてロシアに勝つことができた？

日清戦争後、朝鮮（韓国）は中国から離れるが、日本が意のままにできるような親日政権は生まれなかった。韓国には親ロシア政権が誕生し、ロシアは朝鮮半島を影響下に組み入れようとしていた。

その情勢下、日本政府の外交方針は、ロシアとの関係をめぐって二つに割れる。まず、ロシアとの融和を目指したのが伊藤博文である。満州でのロシアの行動を認める代わりに、朝鮮半島では日本の優位を求めるという方針だった。伊藤はロシアに渡って交渉を進めるが、不首尾《ふしゅび》に終わる。

その一方、イギリスとの同盟締結が浮上していた。当時、世界帝国を築いていたイギリスは、ユーラシア大陸全体でのロシアの南下を防ぐため、極東ではロシアに対抗しうる勢力として日本に目をつけた。明治三五年（一九〇二）、**日英同盟**が結ばれ、日本は対ロシア戦の決意を固めていく。

明治三七年（一九〇四）、日本は対ロシア戦に踏み切り、軍を朝鮮半島、遼東半島に送り込んだ（**日露戦争**）。陸戦の舞台は遼東半島から南満州で、日本軍は旅順要塞を陥落させ、奉天の会戦で辛勝する。つづく日本海海戦で、東郷平八郎提督率いる日本連合艦隊がロシアのバルチック艦隊を壊滅させた。

そのタイミングで、アメリカ大統領セオドア・ルーズヴェルトが和平を仲介、アメリカのポーツマスで講和会議が開かれた。

講和会議では、日本は、韓国に対する指導権という、開戦当初の目的は手に入れた。加えて、樺太の南半分、旅順・大連の租借権、長春・旅順間の鉄道およびその付属の権利も得たものの、賠償金は得られなかった。それが国民の不満を呼んで暴動を招き、日比谷焼き討ち事件が起きた。

戦後、日本は、韓国に対する介入を進め、韓国統監府を設置。伊藤博文が初代統監となるが、安重根に暗殺される。それをきっかけにして、明治四三年（一九一〇）、**韓国を併合**した。

日本の産業革命

戦前の日本にも世界的な科学者がいたって本当？

明治時代は、日本で**産業革命**と**資本主義**がスタートした時代であった。江戸時代、手工業はかなりの程度、発達していたが、明治以後、欧米にならって産業革命が始まった。国家主導のもと、まずは一八八〇年代から、紡績業で蒸気機関を動力とする産業革命がスタートする。

製糸業には多数の民間業者も参入して機械化が進められ、明治末には日本は世界トップの輸出規模を誇るようになる。

紡績業から始まった日本の産業革命が加速したのは、明治二八年（一八九五）、日清戦争に勝利してからのことである。清王朝から得た賠償金がその資本になった。

第一次世界大戦／大正デモクラシー
なぜ日本はつかのまの繁栄をえたのか？

日本の大正時代は**大正デモクラシー**という言葉に象徴される。大正デモクラシーの生みの親は、大正三年（一九一四）に勃発した**第一次世界大戦**だったといえる。

この大戦中、ヨーロッパでは空前の大量殺戮戦が展開された。日本も参戦はしたものの、主戦場はヨーロッパだったので、大きな被害を受けることはなかった。それが、ヨーロッパの衰退と日本の地位の相対的な浮上をもたらした。

大戦がドイツの降伏によって終結し、大正八年（一九一九）、パリで開かれた講和会議に、日本はアメリカ、イギリス、フランス、イタリアとともに五大国として参加した。幕末から、植民地化の脅威にさらされてきた日本が、世界列強の仲間入りを果たした瞬間だった。

それ以前、大戦中の日本経済は空前の好況を呈していた。ヨーロッパの主要国が戦っている間に、日本はアジアを中心とする市場を奪いとったのだ。それまでは、農業生産額が工業生産額を上回っていたが、大戦による景気で逆転。日本は工業国家に変化しはじめた。

第一次世界大戦には、民主主義（デモクラシー）対専制主義の戦いという側面もあった。日本が加わったのはイギリスやアメリカの民主主義陣営側であり、そこから日本でもデモクラシーの気運が高まる。大戦による好景気で得られた豊かさが、政治参加を求める声を後押しした。

大正デモクラシーを理論化したのは、政治学者の吉野作造である。彼の唱えた「民本主義《みんぽんしゅぎ》」は、普通選挙運動の理論的基盤となった。それまで、日本の選挙権は一定額以上の納税者（男子）に与えられていたが、普通選挙は一定年齢以上のすべての男子に選挙権を与えることを求める運動だった。大正一四年（一九二五）、加藤高明内閣のもと、普通選挙法案は可決される。

また、第一次世界大戦中にロシア革命が起きて、帝政ロシアが崩壊、世界初の共産主義国家ソ連が誕生する。マルクス主義はすでに日本に流入していて、大正デモクラシー下の日本で、社会主義政党をつくる動きが活発となり、大正一一年（一九二二）には日本共産党が結成されている。

政党政治／昭和恐慌

政党政治は、経済危機に対処できた？

大正デモクラシーは、大正末から昭和初期にかけて、選挙で選ばれた第一党から首相が選ばれるという**政党政治**を実現する。しかし、相次ぐ恐慌に見舞われるなか、それは短期間で力を失っていく。

日本の政党政治は、大正一三年（一九二四）、憲政会の加藤高明が首相の座について、本格的に始まる。以後、立憲民政党の若槻礼次郎や浜口雄幸《おさち》、立憲政友会の犬養毅や高橋是清《これきよ》ら、第一党の党首が首相の座につき、約八年間の政党政治の時代が訪れる。

ところが、その時代は恐慌の時代と重なっていた。大戦景気が終了すると、その反動から戦後恐慌が起き、その後、大正一二年（一九二三）に**関東大震災**によって首都圏は壊滅、不況（**震災恐慌**）はさらに深刻化していく。

昭和がはじまるとともに、金融恐慌が発生する。金融恐慌下、当時の財閥・鈴木商店が倒産する。昭和四年（一九二九）秋には、ニューヨークで株式が大暴落、**世界恐慌**が始まった。

ところが、昭和五年（一九三〇）、立憲民政党の浜口雄幸首相は、世界恐慌の最中に、金の輸出解禁に踏み切る。日本は第一次世界大戦中から金輸出を禁止し続け、それが国際収支を悪化させ、円安を招いていた。そこで、財界の声に応えて、金解禁に踏み切ったのだ。

だが、それは「台風が吹き荒れるなか、窓を開けるようなもの」と評されたように、最悪のタイミングで行われた。世界恐慌の真っ只中に金解禁したことにより、金流出が止まらなくなり、日本経済は恐慌状態に陥った。それが、**昭和恐慌**である。

昭和恐慌下、大卒者にすら職がなくなり、昭和六年（一九三一）には失業者が二〇〇万人にものぼった。

昭和六年末に組閣した立憲政友会の犬養毅内閣は、高橋是清蔵相のもと、金輸出を停止し、経済の建て直しに着手する。だが、国民の政党不信を払拭《ふっしょく》することはできなかった。

満州事変

政党に代わって軍部が台頭した理由は？

昭和六年（一九三一）、関東軍（満州駐在の日本陸軍）の謀略によって、**満州事変**が起きる。

関東軍は、満州を対ソ連の防波堤とし、また権益を拡大するため、満鉄線路を爆破するという**柳条湖事件**を起こし、それを口実にして軍事行動を起こし、南満州を制圧したのだった。

それは、政府の許可を得た行動ではなく、関東軍の独断で始まった軍事行動だった。当時の若槻礼次郎内閣は関東軍の行動を押さえようとするが、止めることはできなかった。世論も関東軍に味方し、その行動を後押しした。翌昭和七年（一九三二）、関東軍は、清帝国のラストエンペラーであった宣統帝溥儀《ふぎ》を執政の座につけ、満州国を建国した。

この満州事変から満州建国までの過程で、日本は昭和恐慌から脱出する。戦後まもなく、朝鮮戦争が日本経済復活の呼び水になったように、満州事変は日本経済に特需をもたらした。国内経済が持ち直したこともあって、国民は関東軍を支持したのである。

しかし、関東軍の独断行動を許したことで、国家統治のルールは大きく崩れた。統帥権《とうすいけん》を盾にした軍人の政治介入を許し、世の中は一気にきなくさくなる。テロとクーデターの時代が始まったのだ。

まず、昭和六年（一九三一）には、三月事件と十月事件が起きた。ともに政党内閣を打倒し、軍人による政権を打ち立てようとしたクーデター計画だったが、未遂に終わっている。しかし、首謀者が処罰されることがなかったので、軍の規律は大きくゆるんだ。

翌七年（一九三二）には、海軍の青年将校らによる**五・一五事件**が起きた。「話せばわかる」とたしなめた犬養毅首相が射殺され、これで政党政治の時代は終わりを告げる。

テロとクーデターの仕上げとなったのは、昭和一一年（一九三六）の**二・二六事件**である。陸軍将校らが兵を率いてクーデターを起こし、東京の永田町一帯を占拠、高橋是清蔵相、斎藤実《まこと》内大臣らを殺害した。陸軍首脳はこの事態に対応できず、最後は昭和天皇の命令によってクーデターは収拾される。

これらのテロとクーデターによって、政党政治を支えていた政治家たちは命を失い、残る政治家も軍部に対抗できなくなった。

日本は大戦前夜の外交戦でどこを失敗した？

国際連盟脱退／日独伊三国同盟

日本による満州国の建国は、国際社会から強い非難を浴びた。国際連盟はリットン調査団を送り込み、日本はその報告をもとにした決議に反発し、昭和八年（一九三三）、**国際連盟を脱退**した。

ところが、国際連盟は日本を制裁することができなかった。それが、ドイツのヒトラーや、イタリアのムッソリーニ、ソ連のスターリンら独裁者の野心を刺激して、第二次世界大戦勃発の遠因にもなっていく。

日本は、国際連盟脱退後、さらに満州への進出を強め、中国との関係が緊迫。昭和一二年（一九三七）、ついに中国との全面戦争に至る。

北京郊外の**盧溝橋**《ろこうきょう》で、日中両軍の小競り合いが発生し、それが全面戦争に発展したのだ。その後、近衛文麿首相が「国民政府を対手とせず」という声明を出したため、日本は交渉相手を失って和平の機会を逸し、戦いは長期化していく。

一方、ヨーロッパでは、ヒトラーのドイツがオーストリアを併合、チェコのズデーデン地方に進駐したのち、昭和一四年（一九三九）秋にポーランドに侵攻、第二次世界大戦が始まった。

翌年、ドイツはフランスを屈伏させ、ヨーロッパ大陸の大半を席巻したので、日本は「バスに乗り遅れるな」を合言葉にドイツに近づき、昭和一五年（一九四〇）、**日独伊三国同盟**を締結する。

しかし、それはアメリカを敵に回す外交決断だった。アメリカは中国に接近し、日本は米中相手に太平洋地域で孤立した状況となった。やがて、アメリカは日本への経済制裁を強めてくる。

その間、日本国内では、日中戦争を戦っていたこともあって、戦時体制が急ピッチで完成されようとしていた。日本の軍部や官僚は、第一次世界大戦で国家総力戦の凄まじさを観察していただけに、これからの戦争に勝つためには国民総動員体制が必要と見ていたのである。

ドイツ流の統制主義こそ生き残りの方法と考え、昭和一三年（一九三八）には近衛内閣のもと、国家総動員法が発布され、国家は議会を通さずに、国民を統制できるようになった。

日本経済は統制経済化され、国民生活はどんどん不自由になっていった。

太平洋戦争
日本が〝泥沼〟にはまってしまったのはなぜ？

アメリカに追い詰められた日本は、対米交渉を開始するが、アメリカの強い姿勢もあって、事態は好転しなかった。昭和十六年秋、近衛に代わって、陸軍大臣の東条英機が組閣、ついに対戦を決意する。

十二月八日、日本海軍の連合艦隊の艦載機がハワイの真珠湾を奇襲して、**太平洋戦争**が始まった。

日本の戦略目標は南洋資源の確保であり、その戦略の名目として、欧米列強からアジアを解放するという大東亜共栄圏を提唱した。日本軍は、開戦から約半年の間、イギリス軍やオランダ軍、アメリカ軍を破り続け、彼らの植民地だった東南アジアの大半を勢力下に置いた。

だが、日本軍の快進撃もそこまでだった。ミッドウェイ海戦で主力空母部隊が全滅、ガダルカナル島の攻防戦では、激しい消耗戦を強いられた。昭和十八年になると、日米の工業力の差が戦況に影響をおよぼしはじめる。当時の日本の工業力は、アメリカより一桁下だった。

アメリカは、サイパン島での戦いに勝利すると、日本本土空襲を開始。昭和二十年になると、日本の東京、大阪をはじめとする都市が次々と空爆により破壊された。アメリカの巨大爆撃機Ｂ29に対抗できる戦力は、すでに日本にはなかった。

八月、アメリカは広島、長崎に原爆を落とし、壊滅的被害を与えた。その二発の原爆投下の間に、ソ連軍が日ソ中立条約を破って満州に侵入してくる。

昭和二〇年（一九四五）八月一五日、日本政府はついに**ポツダム宣言**を受諾し、無条件降伏した。

こののち、日本は連合軍最高司令官総司令部の統治を受けることになる。実質的には、アメリカ太平洋陸軍の総司令官であるマッカーサーの総司令部、つまりはＧＨＱによって統治された。

ＧＨＱの統治のもと、財閥解体指令や農地改革指令などが出され、婦人にも参政権が与えられた。

ＧＨＱの最大の仕事のひとつは、**日本国憲法**の制定だった。ＧＨＱは、当初は日本政府に新憲法の草案作りをまかせるが、できあがった草案はＧＨＱを満足させるものではなかった。そこで、ＧＨＱは自らチームを編成して、憲法を起案する。そのＧＨＱ案をベースとして日本国憲法案がつくられ、国会を通過、昭和二一年（一九四六）一一月三日に公布された。主権は天皇から国民へとうつり、戦争の放棄がうたわれた。

ＧＨＱによる日本統治が終わったのは、昭和二六年（一九五一）のことである。サンフランシスコで講和会議が開かれ、日本は自由主義陣営の四八の国と条約を結ぶ（**サンフランシスコ平和条約**）。日本は独立を回復すると同時に、**日米安全保障条約**を結び、アメリカの駐留軍はじょじょに縮小されていくものの、日本に置かれたままとなった。

戦後復興／高度経済成長

日本経済を押し上げた最初のきっかけは？

太平洋戦争の被害により、日本の都市は崩壊、日本経済は破綻状態に陥った。終戦後も経済は大混乱し、インフレが進行した。日本経済が本格的に復興しはじめるのは、昭和二五年（一九五〇）ごろからである。**朝鮮戦争**の勃発が浮上のきっかけとなった。

同年、朝鮮半島で北朝鮮軍が韓国に侵入した。アメリカを主力とした国連軍が韓国を守るために参戦、中国軍がこれに反撃するために北朝鮮側に立って参戦し、東西両陣営の最初の代理戦争状態となった。米軍を中心とする国連軍は多くの物資を必要とし、日本はその基地となり、工場となった。その特需で日本経済は復興のきっかけをつかんだのだった。

昭和三〇年（一九五五）になると、日本経済は戦前の最高水準にまで立ち直り、「もはや戦後ではない」という言葉が流行した。以後、日本は**高度経済成長時代**に向かって驀進《ばくしん》していく。日本の国民総生産は、朝鮮戦争から昭和四十年代後半のドルショックに至るまで、約二十年にわたって、ほぼすべての期間、高い成長率を記録し続ける。

日本が高度経済成長できた背景のひとつには、**東西の冷戦**があった。戦後まもなくから、一九八〇年代の終わりまで、アメリカを中心とする自由主義陣営とソ連を盟主とする共産主義陣営は対立し、日本はその間日米安全保障条約のもと、軍備を最小限にとどめ、経済活動に専念し続けた。アメリカも、日本を自由主義・資本主義陣営にとどめておくため、日本の工業化、経済成長を歓迎したのだった。

さらに、日本には、戦前からの技術の蓄積があり、それが家電を中心とする民生技術に生かされた。さらに石油が安価な時代であったことも大きい。日本では、石炭から石油へのエネルギー転換が比較的スムーズに進んだ。

国内政治が安定していたことも、経済成長に寄与した。昭和三〇年、それまで二つに分かれていた社会党が統一、その一方で自由党、日本民主党という保守政党も合同して、自由民主党が生まれた。与党・自由民主党と、社会党ら野党勢力はほぼ二対一となり、そこに一つの政治的均衡状態が生まれ、自民党による長期政権が続いた。その状態は後に「**五五年体制**」と呼ばれることになる。

昭和三五年（一九六〇）、日米安保条約の改定を阻止するための運動で、国内は揺れたものの、その後は池田勇人首相による所得倍増計画によって、日本人の多くは経済を優先させる政治を是《ぜ》とするようになる。そうした政治の安定と国民の意識も、高度成長をもたらした一因だったといえる。

ドルショック／プラザ合意／バブル経済
どうして日本経済は失速したの？

日本の高度経済成長を終わらせたのは、昭和四六年（一九七一）の**ドル＝ショック**である。それまで、アメリカは世界最大の経済大国として、国際通貨体制を支え、金とドルを交換可能にしていた。その信用を背景に、一ドル＝三六〇円の**固定相場時代**が長くつづき、経済力をつけた日本はアメリカ相手に貿易黒字を重ねていた。

そのアメリカがベトナム戦争の泥沼化に足をとられて、経済的にも低迷し始めた。ニクソン大統領は、事態を打開すべく、経済政策の大転換を図る。金とドルの交換を停止し、為替レートの変更を求めたのである。これにより、一時的に一ドル＝三〇八円（固定相場）の時代が始まるが、アメリカにとっては、それでも不十分だった。昭和四八年（一九七三）以降、円とドルは**変動相場**に移行し、円高がさらに進行していく。それは、対米輸出で稼いでいた日本の輸出型産業にとって大きな打撃となった。

加えて、昭和四八年には、イスラエルとアラブ諸国との間で、第四次中東戦争が始まった。アラブ産油国は自陣営を優位に導くため、石油の輸出制限と値上げを行う。これにより、エネルギーを安価に調達できる時代も終わりを告げた。日本企業にとっては、さらなる打撃となって、高度経済成長の時代は完全に終わりを告げた。

その後、日本は経済ショックからいち早く立ち直って、約十年の間、安定成長の時代を迎えるが、昭和六〇年（一九八五）の**プラザ合意**以降、円高が再び加速する。

安定成長の時代、日本企業は企業努力を怠らず、やはり大きな貿易黒字を上げていた。それがさらなる円高を呼んで、ついに一ドル＝一〇〇円の大台を突破した。

これによって円高不況が始まると、政府・日銀は景気回復を図るため、金融を一気に緩和した。それが、一九八〇年代末のいわゆるバブル経済を生む。土地も株式も暴騰、空前の投資ブームが起き、日本列島は好景気と祝祭的な気分に酔いしれた。

しかし、その時代は長くは続かなかった。政府・日銀が金融を引き締めると、たちまちバブルは崩壊。その後遺症はひじょうに大きく、銀行をはじめ、日本の金融機関は不良債権の処理に悩まされる。その過程で、山一証券、北海道拓殖銀行、日本長期信用銀行などが倒れた。

バブル崩壊から金融危機に至る時代は、政治的にも揺れた時代だった。平成五年（一九九三）、自由民主党は総選挙で敗北して下野、代わって日本新党、新生党、社会党などによる連立政権が誕生、五五年体制は崩壊した。

■参考文献

「図説江戸時代食生活事典新装版」日本風俗史学会編（雄山閣出版）／「江戸を知る事典」加藤貴編（東京堂出版）／「武士生活史入門事典」武士生活史研究会編（柏書房）／「ビジュアル・ワイド江戸時代館」竹内誠監修（小学館）／「大江戸意外なはなし３６６日事典」大石学（講談社）／「考証江戸事典」南條範夫編（人物往来社）／「図説大江戸おもしろ商売」北嶋廣敏（学習研究社）／「大江戸曲者列伝・太平の巻」野口武彦（新潮社）／「特報！徳川将軍15代事件簿」（新人物往来社）／「時代劇のウソ・ホント」笹間良彦（遊子館）／「武家事典」稲垣史生編（青蛙房）／「早わかり江戸時代」河合敦（日本実業出版社）／「面白いほどよくわかる江戸時代」山本博文監修（日本文芸社）／「目からウロコの江戸時代」武田櫂太郎（ＰＨＰエディターズグループ）／「図説大江戸知れば知るほど」小木新造監修（実業之日本社）／「イラスト図解大江戸暮らし」大江戸探検隊（ＰＨＰエディターズグループ）／「江戸城大奥の謎」邦光史郎（光文社）／「江戸ものしり４７５の考証」稲垣史生（ＫＫロングセラーズ）／「１００問１００答日本の歴史」歴史教育者協議会編（河出書房新社）／「日本史用語集」全国歴史教育研究協議会編（山川出版社）／「お江戸の武士の意外な生活事情」中江克己（ＰＨＰ研究所）／「おもしろ大江戸生活百科」北村鮭彦（新潮社）／「東京小さな隠れ名所」正井泰夫監修、インターナショナル・ワークス編著（幻冬舎）／「東京の地名がわかる事典」鈴木理生編著（日本実業出版社）／「図説幕末・維新おもしろ事典」奈良本辰也監修（三笠書房）／「戦国合戦事典」小和田哲男編著（三省堂）／「織田信長合戦全録」谷口克広（中公新書）／「目からウロコの戦国時代」谷口克広（ＰＨＰ研究所）／「戦国時代ものしり事典」「戦国武将ものしり事典」奈良本辰也監修（主婦と生活社）／「戦国時代なるほど事典」川口素生／「忍者の謎」戸部新太郎（以上、ＰＨＰ文庫）／「日本の歴史・合戦おもしろ話」小和田哲男（三笠書房）／「日本合戦史１００話」鈴木亨（中公文庫）／「たべもの戦国史」永山久夫（旺文社文庫）／「戦国ものしり１０１の考証」稲垣史生（ＫＫロングセラーズ）／「３日でわかる戦国史」武光誠監修・ダイヤモンド社編（ダイヤモンド社）／「日本の城の謎」井上宗和（祥伝社）／「日本の合戦なぜなぜ百貨店」「日本史知ってるつもり」（以上、新人物往来社）／「にっぽん歴史秘話」秋吉茂（河出文庫）／「豊臣秀吉99の謎」楠戸義昭（ＰＨＰ文庫）／「日本の歴史」（中央公論社）／「日本の歴史」（小学館）／「古代史の基礎知識」吉村武彦（角川書店）／「日本の誕生」吉田孝／「考古学の散歩道」田中琢、佐原真（以上、岩波新書）／「邪馬台国」大林太良／「大化改新」遠山美都男／「古墳の発掘」森浩一／「天武朝」北山茂夫（以上、中公新書）／「女帝の古代史」成清弘和（講談社新書）／「図解雑学古事記と日本書紀」武光誠（ナツメ社）／「古代日本七つの謎」文芸春秋編（文春文庫）／「日本史の謎と素顔」佐治芳彦（日本文芸社）／「日本列島なぞふしぎ旅」山本鉱太郎（新人物往来社）／「ちょっとまじめな日本史Ｑ＆Ａ」五味文彦、野呂肖生（山川出版社）／「目からウロコの古代史」武光誠（ＰＨＰ）／「考古学がわかる事典」鈴木公雄（日本実業出版社）／「不思議日本史」南條範夫監修（主婦と生活社）／「日本史・疑惑の重大事件１００」（人物往来社）／「異説日本人物事典」桑田忠親監修／「異説日本史事典」樋口清之監修（以上、三省堂）／ほか

＊本書は『ここが一番おもしろい！日本史の舞台裏』（２００４年／小社刊）『ここが一番おもしろい！　戦国時代の舞台裏』（２００６年／同）『ここが一番おもしろい！　江戸３００年の舞台裏』（２００７年／同）『ここが一番おもしろい！　古代史の舞台裏』（２００８年／同）『なぜか語られなかった日本史の意外な顛末』（２００９年／同）『15分でスッキリ！「日本史」大人の常識力』（２０１１年／同）をもとに、改題のうえ、新たに編集したものです。

編者紹介

歴史の謎研究会

歴史の闇にはまだまだ未知の事実が隠されたままになっている。その奥深くうずもれたロマンを発掘し、現代に蘇らせることを使命としている研究グループ。

本書では〝歴史通〟でも答えに詰まる禁断のネタを収集。

日本史3000年の流れと意外なポイントが面白いほどわかる決定版！

誰《だれ》もがその顚末《てんまつ》を話《はな》したくなる 日本史《にほんし》のネタ全書《ぜんしょ》

2016年8月5日　第1刷

編　　者　歴史《れきし》の謎研究会《なぞけんきゅうかい》

発行者　小澤源太郎

責任編集　株式会社プライム涌光

電話　編集部　03(3203)2850

発行所　株式会社青春出版社

東京都新宿区若松町12番1号〒162-0056

振替番号　00190-7-98602

電話　営業部　03(3207)1916

印刷・大日本印刷　　製本・ナショナル製本

万一、落丁、乱丁がありました節は、お取りかえします

ISBN978-4-413-11185-0 C0021